国家社科基金重大项目（项目编号：11&ZD142）成果
江苏省高校"青蓝工程"优秀（跨境电商产教融合创新）教学团队
（项目编号：JSQL202004）成果
电子商务创业实训系列教材

跨境电商网店运营

主　编◎唐德淼　曹　翔

清华大学出版社
北京

内 容 简 介

跨境电子商务产业在经济全球化、数字化、网络化和智能化的推动下，呈现快速发展态势。跨境电商运营人才培养和供给不可或缺，跨境电商方面的教材可为其提供基础性支撑。本书主要包括跨境电商概论、跨境电商海外市场调研、跨境电商产品的选择与定价、跨境电商平台介绍及注册、跨境电商视觉营销、跨境电商营销与推广、跨境电商物流、跨境电商支付与退税等内容。

本书适合商科类学生使用，也可以作为跨境电商产业管理及商业运营人员的参考读物。

本书封面贴有清华大学出版社防伪标签，无标签者不得销售。
版权所有，侵权必究。举报：010-62782989，beiqinquan@tup.tsinghua.edu.cn。

图书在版编目（CIP）数据

跨境电商网店运营/唐德淼，曹翔主编. —北京：清华大学出版社，2024.7
电子商务创业实训系列教材
ISBN 978-7-302-63966-4

Ⅰ.①跨⋯ Ⅱ.①唐⋯②曹⋯ Ⅲ.①网店—商业经营—教材 Ⅳ.① F713.365.2

中国国家版本馆 CIP 数据核字（2023）第 116972 号

责任编辑：徐永杰
封面设计：汉风唐韵
责任校对：王荣静
责任印制：宋　林

出版发行：清华大学出版社
网　　址：https://www.tup.com.cn，https://www.wqxuetang.com
地　　址：北京清华大学学研大厦 A 座　　　邮　编：100084
社 总 机：010-83470000　　　　　　　　　邮　购：010-62786544
投稿与读者服务：010-62776969，c-service@tup.tsinghua.edu.cn
质 量 反 馈：010-62772015，zhiliang@tup.tsinghua.edu.cn

印 装 者：河北鹏润印刷有限公司
经　　销：全国新华书店
开　　本：185mm×260mm　　　印　张：16.25　　　字　数：349 千字
版　　次：2024 年 9 月第 1 版　　印　次：2024 年 9 月第 1 次印刷
定　　价：56.00 元

产品编号：095284-01

前　言

跨境电子商务（以下简称"跨境电商"）是当前发展速度最快、潜力最大、带动作用最强的国际经济新业态。面对复杂多变的贸易环境，跨境电商显示出巨大的市场活力和增长韧性，已成为我国外贸高质量发展的有生力量和新的重要抓手。根据海关总署的统计数据，2017—2022 年，我国跨境电商进出口规模增长近 10 倍。

国家海关数据显示，2021 年，跨境电商进出口金额达 1.92 万亿元，同比增长 18.6%；其中出口金额 1.39 万亿元，增长 28.3%，占总出口金额的比重从 2015 年的不到 1% 上升为 6.4%。在行业迅速壮大的同时，跨境电商发展环境也在不断优化。截至 2022 年 11 月，经国务院批准的中国跨境电商综合试验区数量已达 165 个，覆盖 31 个省份，在跨境电商综合试验区线上综合服务平台备案的企业已超 4.6 万家，成为外贸创新发展的一股新势力。

跨境电商行业的迅速发展，使得该行业对相应人才的需求激增，但目前高职院校还无法培养出完全符合市场需求的具备良好创新意识和实践能力的复合型跨境电商人才，原因之一是跨境电商运营类的教材有所欠缺。高校教学以及企业培训都对跨境电商运营类教材提出了较高的要求，迫切需要一套知识体系完整、理论与实践结合程度高的跨境电商运营类教材。然而，当前的跨境电商类教材由于知识体系、理论与实践结合程度不紧密等原因，不太适用于市场营销、电子商务、国际贸易等商科类专业的"跨境电商运营"课程。

本书在编写过程中注重跨境电商理论与实践的有机结合，编写思路明确，内容广度和深度合理，理论知识体系完整，基本覆盖跨境电商运营的各个环节。全书内容以跨境电商的业务流程为主体框架，结合跨境电商案例，系统、全面地介绍跨境电商的理论与实操。全书由曹翔副教授执笔，唐德淼教授进行修改完善和统稿。

在编写过程中，编者参考了众多的书籍和有关网站及全球速卖通（AliExpress，以下简称"速卖通"）、敦煌网（DHgate.com）、亚马逊等平台的资料，在此一并向相关作者和平台表示诚挚的谢意。感谢无锡环境科学与工程研究中心、江苏省高校"青蓝工程"优秀

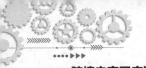

教学团队项目的支持；同时对清华大学出版社、苏州工业职业技术学院表示感谢。

由于编者水平和经验有限，书中难免有不足之处，恳请读者批评指正，以便再版时修正。

编者
2023 年 12 月

目　录

第 1 章　跨境电商概论 ·· 1
 1.1　跨境电商的概念及特点 ·· 2
 1.2　跨境电商的作用 ·· 5
 1.3　跨境电商的分类 ·· 9
 1.4　主流跨境电商平台介绍 ·· 12
 1.5　跨境电商运营与管理 ·· 17

第 2 章　跨境电商海外市场调研 ·· 25
 2.1　海外市场调研的目的和意义 ···································· 26
 2.2　海外市场调研的相关理论 ······································ 27
 2.3　海外市场调研的常用方法 ······································ 31
 2.4　海外市场调研的常见问题 ······································ 34
 2.5　搜索引擎寻找和分析客户的方法 ································ 35
 2.6　海外市场调研数据的收集与分析 ································ 45
 2.7　东南亚跨境电商市场分析 ······································ 48

第 3 章　跨境电商产品的选择与定价 ······································ 51
 3.1　主要国家消费人群分析 ·· 52
 3.2　主要国家市场需求分析 ·· 55
 3.3　跨境电商的选品策略 ·· 63
 3.4　定价策略及主流跨境电商平台的价格构成 ························ 70

第 4 章　跨境电商平台介绍及注册 ·· 80
 4.1　阿里巴巴国际站 ·· 81
 4.2　速卖通 ·· 84
 4.3　敦煌网 ·· 88

4.4　eBay 89
4.5　亚马逊 92
4.6　Wish 98
4.7　平台选择 100

第5章　跨境电商视觉营销 103

5.1　视觉营销的意义 104
5.2　视觉营销的主要任务 106
5.3　页面管理 108
5.4　样式编辑 116
5.5　模板管理 117
5.6　装修市场与高级模板 118
5.7　详情页排版布局 121
5.8　文案与图片 126

第6章　跨境电商营销与推广 132

6.1　Google SEO 的理论与应用 133
6.2　Facebook 的理论与应用 142
6.3　YouTube 的理论与应用 146
6.4　站内推广 154

第7章　跨境电商物流 176

7.1　跨境物流主要方式 177
7.2　运费模板管理 195
7.3　海外仓运输模板设置 201
7.4　线上发货 206

第8章　跨境电商支付与退税 213

8.1　跨境电商支付方式 214
8.2　出口跨境电商退税 238
8.3　网上跨境支付交易风险 239

参考文献 242
附录 245

第1章
跨境电商概论

大学生跨境电商创业逆势飞扬

1996年出生的刘玉红是河北省张家口市的农村姑娘，2016年来到衡阳上大学，就读机械自动化专业。大学期间，她利用假期打工的机会，接触到跨境电商业务，感觉利用跨境电商平台在电脑上就可以获得"货通全球"的优势和商机。

在海外贸易和制造业摸爬滚打后，刘玉红对未来有自己的判断，她说，只要国家稳定，制造业就有更大发展。俄乌冲突爆发以来，欧洲电力、能源价格暴涨，那里的制造企业不可能承受得了，要么破产关门，要么搬到中国来。我们公司要抓住这个机遇，实施大客户战略，尽快由简单的贸易商向品牌商转变，以强大的获单能力，整合机械产品设计、研发、生产、服务等全产业链资源，成为海外客户智能仓储设备需求方案的解决商。

2022年9月30日，在衡阳市蒸湘区创新创业服务中心，刘玉红在电脑上收到一封来自美国的邮件，翻译过来的中文意思是：您是我们准备支付首期预付款的公司，合同在走流程，我会随时通知您。祝您快乐！26 岁的刘玉红开心地笑着说："这是国庆节收到的最好的礼物。从这个订单开始，创业 3 个年头的荣鑫达要在跨境电商智能仓储设备领域由贸易商向品牌商迈进。"

公司销售越来越好，2020 年 200 万元，2021 年 500 万元，2022 年前 9 个月实现销售接近 800 万元。她的创业之舟正在跨境电商的蓝海中劈波斩浪、扬帆远航……

资料来源：女大学生刘玉红创业跨境电商逆势飞扬 [EB/OL].（2022-10-14）.https：//moment.rednet.cn/pc/content/2022/10/14/11934779.html.

思考讨论：境内卖家从事跨境电商主要面临哪些方面的问题？

（1）了解跨境电商的概念及特点。
（2）了解跨境电商的作用。
（3）掌握跨境电商的分类。
（4）了解主流跨境电商平台。
（5）掌握跨境电商运营与管理。

1.1 跨境电商的概念及特点

跨境电商包括进口和出口两种贸易类型。从国家和企业层面看，跨境电商有助于拓宽国际市场，优化多边资源配置；从消费者层面看，跨境电商有助于消费者获取全球物美价廉的商品。随着经济全球化和信息化进程的加速，跨境电商正在引领世界经济贸易大变革，并受到各国追捧。

新华社北京 2022 年 10 月 28 日电，国务院关于数字经济发展情况的报告于当日提请十三届全国人大常委会第三十七次会议审议。报告显示，2021 年我国跨境电商进出口规模近 2 万亿元。我国已与 16 个国家签署"数字丝绸之路"合作谅解备忘录，与 24 个国家建立"丝路电商"双边合作机制，中国—中东欧国家、中国—中亚五国电子商务合作对话机制建设取得积极进展，中国—东盟信息港、中阿网上丝绸之路建设成效日益显著。中国电商平台助力全球中小企业开拓中国市场，在非洲 20 多个国家实施"万村通"项目，共享数字经济发展红利。报告称，我国网民数量、数据资源、数字化应用场景全球领先，人民日益增长的美好生活需要将催生更大规模、更加多元的内需市场，将为数字经济发展创造无限可能。到2025年，数字经济迈向全面扩展期，数字化创新引领发展能力大幅提升，智能化水平明显增强，数字技术与实体经济深度融合取得显著成效，具有国际竞争力的数字产业集群初步形成，数字经济治理体系更加完善，数字经济竞争力和影响力稳步提升。展望2035年，数字经济迈向繁荣成熟期，力争形成统一公平、竞争有序、成熟完备的数字经济现代市场体系，数字经济发展基础、产业体系发展水平位居世界前列。

1.1.1 跨境电商的概念

跨境电商是指分属于不同国家（地区）的交易主体，以电子商务手段将传统进出口贸易中的展示、洽谈和成交环节电子化，并通过跨境物流及异地仓储送达商品、完成交易的一种国际商业活动。

我国跨境电商主要分为跨境零售和跨境B2B（business-to-business，指电子商务中企业对企业的交易方式）贸易两种模式。跨境零售包括B2C（business-to-customer，指电子商务中企业对消费者的交易方式）和C2C（consumer-to-consumer或customer-to-customer，指电子商务中消费者对消费者的交易方式）两种模式。B2C模式下，我国境内企业直接面对境外消费者，以销售个人消费品为主，物流方面主要采用邮政物流、商业快递及海外仓储等方式，其报关主体是邮政或快递公司。

1.1.2 跨境电商的流程

从跨境电商出口的流程看，生产商或制造商将生产的商品在跨境电商企业的平台上展示，在商品被选购、下单并完成支付后，跨境电商企业将商品交付给物流企业进行投递，经过两次[出口国（地区）和进口国（地区）]海关通关商检后，最终送达消费者或企业手中。也有的跨境电商企业直接与第三方综合服务平台合作，让第三方综合服务平台代办物流、通关、商检等一系列环节，从而完成整个跨境电商交易的过程。跨境电商进口除了流程方向与出口不同外，其他内容基本相同。跨境电商的流程如图1-1所示。

跨境电商成为抢占全球网络经济高地的重要手段，成为扭转我国外贸局面的主力军。那么，与传统外贸相比，跨境电商的优势到底体现在哪些方面呢？要回答这个问题，需要先分析跨境电商的特点。

1.1.3 贸易过程多边化

跨境电商贸易过程涉及信息流、商流、物流、资金流，相对于传统国际贸易体现的两国（地区）双边贸易，跨境电商可以借助A国（地区）的交易平台、B国（地区）的支付

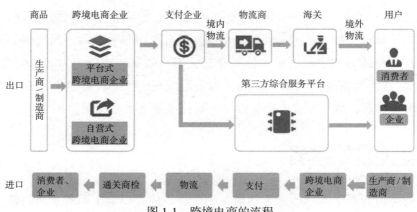

图 1-1 跨境电商的流程

资料来源：艾瑞咨询 . 2022 年中国跨境电商服务行业趋势报告 [R]. 2022.

结算平台和 C 国（地区）的物流平台完成贸易过程，充分体现了跨境电商贸易过程的多边化。比如，中国卖家借助速卖通平台销售给俄罗斯买家一件童装，物流选择 UPS（美国联合包裹运送服务公司）配送，现金结算选择 Visa 支付，那么本次跨境贸易虽然是中国与俄罗斯的双边贸易，但其物流配送和支付结算选择的是美国平台。

1.1.4 交易过程直接化

跨境电商借助交易平台可以实现企业之间、企业与消费者之间的直接交易。相对于传统国际贸易的多级分销过程，跨境电商交易过程更直接，减少了贸易环节，节省了时间与资金成本。

1.1.5 订单小批量、高频度

自 2008 年金融危机以来，各国消费者的消费能力下降，企业为了降低风险，逐渐倾向于小批量、高频度的采购模式。相对于传统贸易而言，跨境电商交易环节和交易时间的缩减以及交易成本的降低，促使更多企业选择跨境电商的方式按需采购。

1.1.6 企业形态多样化

传统贸易以货物贸易和服务贸易为主，参与国际贸易的企业多为大企业或代工工厂。其资金周转和交易周期长，交易过程复杂，使中小企业往往无法企及。由于生产模式、销售模式、物流模式以及支付模式的改变，跨境电商使越来越多的中小企业借助自身研、产、销生存并发展成熟。

1.2 跨境电商的作用

在跨境电商快速发展的今天，传统的外贸企业或是新型的外贸企业都需要利用跨境电商来提高自身的国际市场竞争力，再造业务流程，逐步建立和完善竞争优势。

跨境电商具有开放性和全球性等特征。首先，企业可以通过建立自己的网站和借助支持跨境贸易的跨境电商平台，向全球范围内的潜在客户提供有关产品和服务的供求信息，借助网络宣传企业形象，扩大知名度，吸引相关客户的注意。其次，企业可以主动上网搜索信息，及时与客户进行沟通，通过线上业务和线下业务的相互支持与企业内联网及外联网跨境电商的发展，形成企业的价值渠道，进而完成由分散管理到集中管理的转变，实现外贸企业创汇的经营目标。

企业将经营任务层层分包后，经营管理相对分散，不能发挥企业的整体优势，资源得不到有效整合，更不能为客户提供综合服务。将跨境电商应用于外贸企业，则可把各个部门或是分公司的经营情况，通过网络及时汇总到总公司数据库中，实现企业内部的数据汇总自动化，同时，各部门或分公司也可通过网络随时访问总公司相应的数据库。

在传统的管理模式中，金字塔式的管理层次结构被看作最为有效的组织结构，但是，跨境电商的发展使得传统的管理模式弱化了中间管理层的功能，这在很大程度上要求企业由原来的层级管理制度向扁平的集中管理制度发展。以客户为主导、服务为宗旨的团队协作模式，将会取代分散式的管理体制。企业人员的精减、组织结构的优化对于企业管理水平的提高是有益处的。进入智能时代后，人们将根据自己的爱好选择工作，实行松散的工作时间和制度。

1.2.1 促进新跨境贸易环境的形成

跨境电商的兴起为跨境贸易提供了一个完备的市场环境和运行机制，创造了一种新的贸易方式。

跨境电商解决了传统跨境贸易的三大问题：信息问题、时间问题和空间问题。

网络通信和信息技术发展，特别是跨境电商的应用，实现了资源的跨境传递和信息共享，提高了跨境贸易确定性和国际市场发展的目的性，使现代商业发生了巨大的变化，增强了跨国公司的竞争力，具体表现如下。

1. 跨境电商有助于降低成本

企业获取成本优势有两种主要方式：一是控制成本增长因素；二是优化价值链。跨国公司与跨境电商相结合使其价值链发生变革，进而降低成本。

传统企业应用跨境电商模式形成规模以后，企业价值链中的基本活动环节，包括采购、进货、经营销售、发货后勤以及服务的一部分都将通过互联网和第三方物流实现。同时，辅助活动中的若干环节，如人力资源管理和技术开发中的部分活动也都可以通过跨境电商的方式在网上完成。这些变化共同促进了新经济时代跨国公司价值链的建立。跨境电商的应用，使传统商务环节发生变化，成本下降，产品周期缩短，资金使用率提高，利润明显上升。

采用跨境电商，仅在线采购成本这一项，与传统采购交易相比就给跨国公司带来相当程度的降低。

2. 跨境电商有助于产品差异化

跨国公司在跨境电商的推动下进行企业流程再造（BPR）。其实施的是以客户为中心、面向过程的管理方式。这就使跨国公司始终以客户的个性需求来设计产品、管理产品、销售产品。其中所形成的新 eCRM（电子客户关系管理）起着尤其重要的作用。与传统的 CRM（客户关系管理）相比，eCRM 更能提供一对一（one to one）的个性化、快捷、实时的互动服务，使跨国公司及时了解客户信息、提供优良的售后服务。更重要的是，跨国公司能依据客户的个性化需求生产产品，从而提高其产品的差异性、扩大销量、增加利润。

1.2.2 促进新跨境贸易商务模式的产生

跨境电商推动了跨境贸易的发展，使跨境贸易呈现与以往不同的形式。

（1）跨境电商改变了跨境贸易交易工具，实现了无纸贸易。

（2）跨境电商使电子货币成为跨境贸易的支付方式。

（3）跨境贸易的管理实现了电子化、在线化。

跨境电商全球化的结果形成了全球大市场，全球大市场各个不同角色间的信息交流与沟通形成了一个方便交易与信息传输的平台。随着新技术日新月异地发展，跨境电商将会不断完善，为跨境贸易带来一个全新的发展空间。

EDI（电子数据交换）技术已有近 60 年的历史，但其应用并未广泛普及。在信息技术高度发达的美国也仅有 5% 的企业使用 EDI。在跨境贸易领域，EDI 技术主要被大贸易公司或综合企业所采用。互联网和 EDI 的联系为 EDI 的发展带来了生机，也节省了近 75% 的 EDI 实施费用。

1.2.3 促进跨境贸易的发展

跨境电商加速了资本、商品、技术等生产要素的全球流动，推动了全球网络经济的崛起。在这种网络贸易环境下，各国间的经贸联系与合作大大加强。

电子交货手段可以代替其他交货手段。跨境电商贸易额的上升将会被其他方式贸易额的下降所抵消，如通过互联网交易的国际商业交易额的上升意味着相应的那些通过信件等传统方式交易的额度的下降。当然在固有的交易额之外还会有新增长的交易额。

跨境电商通过降低交易成本和交易价格，提高效率，不断创造额外的商业机会。这些额外的商业机会一方面来自跨境电商能够降低价格、增加国际需求；另一方面来自它能够创造新的贸易，让那些成本过高或执行困难的交易变得可行。此外，跨境电商能作为传统交易手段的补充，与有形货物运输一起完成交易。

跨境电商建立了一个虚拟市场，虚拟市场的出现形成了一个跨境贸易的新的运行环境。跨境电商通过网上虚拟信息的交换，开辟了一个开放、多维、立体的崭新市场空间，突破了传统市场必须以一定的地域存在为前提的条件，使全球以信息网络为纽带连成一个统一的大市场，促进了世界经济市场全球化的形成。

现代信息沟通技术通过由众多公司联合而成的公司网络，实现由一个公司不能承担的市场功能，以便更加有效地向市场提供商品和服务。这种新型的企业组织形式，在资本关系上不具有强制各个公司发生联系的权力，但是其发挥了一定的信息功能，因而具有某种实体性质。也就是说，虚拟公司使跨境贸易的经营主体发生了改变。

跨国公司战略联盟便是这种虚拟公司的主要表现形式。这种创新型的跨国公司战略联盟与虚拟经营采取合作竞争的经营方式，揭开了信息社会公司组织及运作方式变革的序幕。通过开放系统的动态网络组合寻找资源和联盟，这种虚拟公司能够适应瞬息万变的经济竞争环境和消费需求，其向个性化、多样化方向发展的趋势，给跨国公司带来分工合作、优势互补、资源互用、利益共享的好处。

在跨境电商时代，跨境贸易的经营管理方式发生了重大变化。跨境电商提供的交互式网络运行机制为跨境贸易提供了一种信息较为完备的市场环境，通过跨境贸易达到跨境资源和生产要素的最优配置，使市场机制在全球范围内充分、有效地发挥作用。这种贸易方式突破了传统贸易以单向物流为主的运作格局，建立了以资金流为形式、信息流为核心、物流为主体的全新跨境贸易体系，这一新的体系通过信息网络提供全方位、多层次、多角度的互动式的商贸服务。生产者与消费者通过网络使及时供货制度和零库存生产得以实现，商品流动更加顺畅，信息网络成为最大的中间商，使信息不对称形成的委托-代理关系发生动摇，贸易中间商、代理商和专业进出口公司的地位相对降低，引发了跨境贸易中间组织结构的革命。

随着跨境电商的发展，一种新型的贸易——国际信息贸易产生。作为国民经济先导产业的信息产业的发展是人类历史上的又一次产业革命。在未来的知识经济社会中，知识作为最重要的生产要素，其产生和传递都是通过信息产业完成的。因此，信息产业将成为未来产业结构中的基础产业，成为带动全球经济发展的引擎。

当然，跨境电商的出现也对跨境贸易提出了挑战，最重要的是对传统跨境贸易立法的挑战。跨境电商应用后产生的一系列法律问题，都要求在贸易立法上作出相应的调整和变更。

跨境电商由于突破了时空限制，使信息跨境传递和资源共享真正实现，满足了跨境贸易快速增长的要求，从而促进跨境贸易的发展。

1.2.4 促进跨境贸易方式的创新

跨境电商带来了跨境贸易方式的创新，主要集中在贸易的主体、载体、手段及有关法律法规等方面。

1. 引发跨境贸易主体的创新

随着跨境电商在跨境贸易中的不断应用，信息流在供应链中越来越处于主导地位。单个企业利用跨境电商技术将同类企业连接成网络形式，以更有效的方式向经济市场提供商品或服务。在这种背景下，跨境贸易的整体结构发生了重大变化，大批向经济市场提供产品或服务的虚拟企业应运而生，跨境贸易中的经营主体与消费主体都超出了时间和空间的限制。同时，企业在这种虚拟组织的推动下，其能力已经大大超出原来单个企业的极限能力范围。各虚拟企业可以联合起来向全球范围任意扩张，使得各组织企业的利益最大化，同时，它们又不像传统经济模式那样受到各种资本关系关联的影响，进而不受强制性权力的制约。跨境电商的这种虚拟组织并不具有实体性，因此，跨境电商又为中小企业进入跨境贸易虚拟市场提供了便利，扩展了跨境贸易中的经营主体数量。

2. 引发跨境贸易载体的创新

进出口商和进出口贸易公司已经不再作为国家（地区）间商品及服务的主要载体。商流与物流取代传统跨境贸易中的载体，为进出口商品及服务提供代理报关、商检、仓储运输等服务，并及时向各成员提供商贸信息咨询、市场分析、进口产品的保税展示等信息，降低了跨境贸易经营主体的经济投入，提高了经营效率。

3. 引发跨境贸易手段的创新

跨境电商对跨境贸易改变的最大特点是对贸易手段的创新，且这种创新方式在跨境贸易的各个阶段都有所体现。

（1）在跨境贸易交易前期，生产商通过跨境电商扩大产品的贸易范围和产品市场占比。消费者利用网络技术和网络贸易信息，查找自身需要的产品，锁定消费选择。跨境贸易交易前期的这种推拉互动，共同完成了商品信息的供需过程，突破了传统跨境贸易模式的局限，是对交易前准备工作的创新。

（2）在跨境贸易的磋商中，买卖双方通过跨境电商系统和专用数据交换协议进行磋商，跨境电商自动完成网络信息传递，减少了传统交易磋商中人工干预导致的失误。这是跨境电商对跨境贸易磋商方式的创新。

（3）传统贸易中的合同需要进行实体性的签订，效率不高，且由于地域关系，大多数合同的签订都未能实际进行或是被取消。而以跨境电商为基础的合同订立则可以通过网络完成，电子签名已为法律所认同，提高了交易完成率。这是跨境电商对跨境贸易合同订立方式的创新。

（4）跨境电商完成了对跨境贸易中的合同履行监督，交易双方需要认真承担交易过程的所有合同责任，才能完全得到交易过程的应有利益。这是跨境电商对跨境贸易合同履行方式的创新。

4. 引发健全跨境贸易有关法律法规的创新

虽然在法律范畴内跨境电商只是一种新出现的模式，但相关的法律法规却已经有了一定的发展。《中华人民共和国民法典》规定："书面形式是合同书、信件、电报、电传、传真等可以有形地表现所载内容的形式。以电子数据交换、电子邮件等方式能够有形地表现所载内容，并可以随时调取查用的数据电文，视为书面形式。"我国已承认电子合同的法律地位，并且通过颁布《中华人民共和国电子签名法》来规范电子合同签订。同时，世界范围内已经有许多国家和地区制定了有关跨境电商方面的法律，对规范电子签名、保障电子交易等跨境电商活动起到了促进作用。联合国《电子商务示范法》第二条规定："'数据电文'系指经由电子手段、光学手段或类似手段生成、储存或传递的信息，这些手段包括但不限于电子数据交换、电子邮件、电报、电传或传真。"联合国提出的与跨境电商有关的文件内容，已经对世界各个国家和地区的跨境电商产生了一定的影响。

1.3 跨境电商的分类

1.3.1 按交易模式分类

从交易模式的角度，跨境电商主要分为跨境电商 B2B、跨境电商 B2C、跨境电商 C2C 和跨境电商 O2O（线上到线下）。

1. 跨境电商 B2B

跨境电商 B2B 是指分属不同关境的企业，通过电商平台达成交易，进行支付结算，并通过跨境物流送达商品、完成交易的一种国际商业活动。

由于 B2B 交易量级较大，且订单较为稳定，未来跨境电商交易中 B2B 交易仍然是主流之一。目前，B2B 跨境电商平台的代表企业主要有敦煌网、中国制造网、阿里巴巴国际站、环球资源网等。

2. 跨境电商 B2C

跨境电商 B2C 是指分属不同关境的企业直接面向消费者个人开展在线销售产品和服务，通过电商平台达成交易、进行支付结算，并通过跨境物流送达商品、完成交易的一种国际商业活动。

随着跨境交易订单趋向于碎片化和小额化，未来 B2C 交易占比会出现一定的提升。目前，B2C 跨境电商平台的代表企业主要有速卖通、DX、兰亭集势、米兰网、大龙网等。

3. 跨境电商 C2C

跨境电商 C2C 是指分属不同关境的个人卖方对个人买方开展在线销售产品和服务，主要通过第三方交易平台实现个人对个人的电子交易活动。

C2C 的平台效应可以满足碎片化的用户个性化需求，并形成规模。但 C2C 模式还是有它固有的痛点，C2C 平台销售的商品真假难辨，在获取消费者信任方面还有很长的路要走。另外，C2C 平台服务体验的掌控度小，个人代购存在法律政策风险，买手制平台的转化率目前普遍只有 2% 左右。具有代表性的 C2C 跨境电商平台有淘宝全球购、洋码头、海蜜等。

4. 跨境电商 O2O

O2O 即 online to offline，跨境电商 O2O 主要作用于商品消费领域，将线下的商业机会与互联网结合，让互联网成为线下交易的前台，实现实体资源和虚拟资源的互通互用。跨境电商 O2O 分为两大类：B2B 跨境电商 O2O 和 B2C 跨境电商 O2O。前者以出口为主，后者又分为跨境电商进口 O2O 和跨境电商出口 O2O。目前，B2B 跨境电商 O2O 中的佼佼者有广交会电商平台等。

B2C 跨境电商 O2O 主要集中于进口电商领域，顾客到实体店体验商品，然后在网上下单。B2C 跨境电商进口 O2O 模式主要有以下几种。

（1）线上下单，机场提货。该模式主要面向出境旅游购物者。消费者看中了境外机场免税店的商品后，可以在相关购物平台下单，回境时直接到机场免税店或就近地点自提货物，实现轻松旅行。采用该模式的主要企业有天猫国际、韩国乐天免税店、携程网旗下的"随行购"平台、中国免税集团旗下的中免网。

（2）前店后仓（保税仓库）。设立跨境贸易 O2O 前店后仓，通过在每个区设立保税仓储，与电子商务、海关、税务、外管、物流、快递等连接，整个购物过程可以在 10 分钟内完成。商店展示最新进口商品，仓库可以储存商品。采用该模式的主要企业有美市库、海岛网。

（3）在闹市区开体验店（线下展示，线上购买）。企业在闹市区开设门店，展示商品，顾客对有意向的商品可以网上下单，甚至扫码完成线上购物。采用该模式的主要企业有 Choice 西选、洋码头、美悦优选、聚美优品、步步高等。

（4）与线下实体商家合作。电商平台利用线下实体商家的品牌影响力和客流量实现引流，顾客进入合作实体商家后，可以通过手机扫码的方式直接下单。采用该模式的主要企业有蜜芽等。

（5）利用自身物流渠道设立社区便利店。企业借助自身在物流行业的庞大渠道，在各地设立社区便利店，顾客可以在便利店中选购商品，通过扫描二维码订购商品，选择快递自提服务提取货物。采用该模式的典型企业是顺丰嘿客等。

对于 B2C 跨境电商出口 O2O 模式来说，由于跨境电商的市场在境外，因此，电商公司需要在境外设立线下体验店。采用该模式的主要企业有大龙网和苏宁易购等。

1.3.2 按商品流向分类

从商品流向的角度，跨境电商可以分为进口跨境电商和出口跨境电商。

1. 进口跨境电商

进口跨境电商涉及的主要环节及流程如图 1-2 所示。其中，货源组织供应、国际仓储物流、境内保税清关、模式选品等环节的不同选择，使进口跨境电商表现出了众多商业模式。

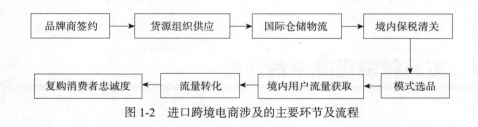

图 1-2　进口跨境电商涉及的主要环节及流程

（1）M2C 模式。M2C 模式即生产厂家对消费者（manufacturers to consumers），是生产厂家（manufacturers）通过网络平台直接对消费者（consumers）提供自己生产的产品或服务的一种商业模式。该模式的优势是用户信任度高，商家需要有境外零售资质和授权，商品境外直邮，并且提供本地退换货服务；其缺点在于大多为代运营，价位高，品牌端管控力弱。采用这种模式的典型企业如天猫国际等。

（2）保税自营+直采模式。采用该模式的电商平台直接参与货源的组织、物流仓储、买卖流程，采购商品以爆款商品为主，物流配送方面采用在保税区自建仓库的方式。该模式的缺点是品类受限，同时有资金压力，不论是上游供应链、物流清关时效，还是在保税区自建仓库，又或者做营销打价格战，补贴用户提高转化复购，都需要充裕的现金流支持。采用这种模式的典型企业如京东、聚美、蜜芽等。

（3）境外买手制。该模式中，境外买手（个人代购）入驻平台开店，从品类来看，以长尾非标品为主。该模式最大的问题是商品真假难辨，缺乏消费者信任。采用这种模式的典型企业如淘宝全球购、洋码头、海蜜等。

（4）内容分享／社区资讯模式。该模式借助境外购物分享社区和用户口碑提高转化率，以内容引导消费，实现自然转化。其优势在于该模式能够形成天然境外品牌培育基地，将流量转化为交易。采用这种模式的典型企业如小红书等。

2. 出口跨境电商

出口跨境电商主要分为如下两类。

（1）基于 B2B 的信息服务平台模式和交易服务平台模式。信息服务平台模式中，通过第三方跨境电商平台进行信息发布或信息搜索完成交易撮合的服务，盈利模式包括会员服务和增值服务。其代表企业有阿里巴巴国际站、环球资源网等。交易服务平台模式中，买卖双方能够在跨境电商平台完成网上交易和在线支付，其主要盈利模式包括收取佣金和展示费，代表企业有敦煌网、大龙网等。

（2）基于 B2C 的开放平台和自营平台模式。开放平台的内容包括出口电商商品、店铺、交易、物流、评价、仓储、营销推广等各环节和流程的业务，实现应用和平台系统化对接，并围绕平台建立自身开发者生态系统。其代表企业有亚马逊（Amazon）、速卖通、eBay（易贝）、Wish 等。自营平台对其经营的产品进行统一的生产或采购、产品展示、在线交易，并通过物流配送将产品投放给最终消费者群体。其代表企业有兰亭集势、米兰网等。

1.4 主流跨境电商平台介绍

1.4.1 亚马逊

亚马逊现在已成为全球商品品种最多的网上零售商和全球第二大互联网企业（图 1-3），也是电子商务的鼻祖，平台成立较早，1995 年 7 月 16 日由杰夫·贝佐斯（Jeff Bezos）成立。

图 1-3　亚马逊首页

亚马逊欧洲站点只需要一个国家的账户就可以面向整个欧洲市场销售。亚马逊对于中国卖家提供中文注册界面和卖家中文版店铺后台，不用担心弄不懂各项数据指标的含义。其运营中心遍布全球，全球14个站点中有11个已对中国卖家全面开放，通过亚马逊物流服务（FBA），全球149大运营中心将商品配送至全球180多个国家和地区的消费者手中。完善的物流系统是更多卖家选择亚马逊的原因之一。亚马逊主要针对中高端客户，拥有庞大的客户群体，客户对于价格并不敏感，所以商家在平台的产品利润率有保证。

（1）主要销售的国家。亚马逊目前主要销售的国家有澳大利亚、巴西、加拿大、中国、法国、德国、印度、意大利、日本、墨西哥、西班牙、英国。

（2）优势行业。亚马逊的优势行业主要集中在亚马逊Kindle、婴儿用品、书籍、电子类、厨具、办公用品、个人电脑、体育器材及户外用品、汽车用品及家居装修、视频、DVD（数字激光视盘）和蓝光光碟。

（3）物流服务。亚马逊为卖家构建了亚马逊体系内的完善生态循环，包括海运、空运、国际快递、船务代理、仓储及配送、码头服务、清关服务等。跨境物流服务包括货运代理（海外仓预约、订单管理、报关报检、提单及各类文件管理、码头空港现场操作）、相关增值服务（贴标签、商品分拣包装等）以及合规服务（检验检疫及清关）。

（4）金融支付服务。亚马逊有五种收款方式：美国银行账户、中国香港银行账户、World First账户、Payoneer卡（以下简称"P卡"）和金融服务公司。美国银行账户需要用户本人到美国或找中介公司代理注册美国公司，然后开通美国银行账户。中国香港银行账户需要先注册香港公司，费用为几千元人民币，周期在1个月以上。World First账户分为个人账户和公司账户。个人账户持个人身份证即可开通，公司账户需提交公司营业执照。开通时间一般为1~3天。World First支持开通美元、欧元、英镑和加元4个币种，开户过程全免费。P卡可开个人账户和企业账户，支持两个币种，即美元和欧元。金融服务公司主要指PingPong金融，它是2015年成立的国内首家跨境收款平台，专为中国跨境电商提供亚马逊收款服务。

（5）目标客户。亚马逊的目标客户主要分两类：一类是买家；另一类是卖家。卖家分为专业卖家和个人卖家。在费用上，专业卖家每月收取39.99美元的固定费用；个人卖家则按照每笔0.99美元的手续费收取。除此之外，亚马逊还会根据所卖产品的不同，收取不同比例的交易费。

1.4.2 速卖通

阿里巴巴集团控股有限公司成立于"中国电子商务元年"1999年，是目前国内最大的电子商务企业。速卖通作为阿里巴巴国际化的拳头产品，近年来发展迅猛，已成为全球最活跃的跨境平台之一。速卖通平台上企业众多，用户对价格比较敏感。速卖通的侧重点在新兴市场，特别是俄罗斯和巴西。作为"阿里系列"的电子商务平台，速卖通的中英文版操作页面均较为简洁易用，新注册用户能较快学会操作。另外，阿里巴巴建立了完善的网上社区和用户培训平台，通过网上社区和客户培训平台，小微企业可以快速熟悉速卖通平台。速卖通平台上卖家的产品能符合目标市场需求，并且所售商品有供应链优势，如从工厂直接拿货，有明显的价格优势，速卖通也因此被广大卖家称为国际版"淘宝"（图1-4）。

图1-4　速卖通首页

（1）订单最多的国家。速卖通的订单主要来自俄罗斯、巴西、以色列、西班牙、白俄罗斯、美国、加拿大、乌克兰、法国、捷克、英国。

（2）优势行业。速卖通的优势行业主要集中在服装服饰、手机通信、鞋包、美容健康、珠宝手表、消费电子、电脑网络、家居、汽车和摩托车配件、灯具等。

（3）物流服务。速卖通提供的物流服务主要有邮政物流、专线物流和商业快递三种。其中邮政物流包括中国邮政小包、中国香港邮政小包、新加坡邮政小包、瑞士邮政小包、中国邮政大包、中国香港邮政大包等。专线物流主要有中俄航空和俄罗斯、南美航空专线。商业快递主要涉及DHL（中外运敦豪）、FedEx（联邦快递）、UPS、TNT（天地物流）等。2015年，速卖通正式开启包括美国、俄罗斯、印度尼西亚、澳大利亚等9个国家的海外仓服务。海外仓服务保证了物流上的本土发货，能够解决很大部分的跨境物流纠纷，并且能够在某种程度上降低物流费用。

（4）金融支付服务。速卖通可选择的支付方式包括信用卡、Moneybookers、Western Union（西联支付）、Bank Transfer（T/T银行转账）以及其他境外本地化信用卡和借记卡支付。其中Western Union和Bank Transfer属于线下汇款模式，其他支付方式属于线上支付。

（5）目标客户。速卖通平台上的目标客户主要分为两类：一类是买家；另一类是卖家。这两类客户中，速卖通平台只向卖家收费。向卖家收取的费用有3%~9.15%的交易佣金、会员费、广告费。卖家主要由外贸生产型企业、外贸公司、外贸SOHO（小型家居办公室）一族组成。这类人群同时很有可能是 eBay、DHgate.com、tradetang.com 以及淘宝等各类 C2C 平台上做生意的卖家。这几类卖家中，以中小型的外贸公司以及外贸 SOHO 一族为主，一些有实力的外贸生产型企业参与的比例较小。买家主要包含两类人群：线上的是在诸如 eBay、亚马逊等平台上的零售商；线下的主要是一些实体店中的中小零售商。

1.4.3 Wish

Wish 最初只是向用户推送信息，并不涉及商品交易，2013 年 3 月起升级为购物平台，同年 6 月推出移动 App，当年经营收入就超过 1 亿美元。

Wish 销售的类目主要是服装服饰，尤其是时尚类服装服饰，同时也销售美妆、配饰、3C（计算机、通信、消费类电子产品）配件、母婴用品、家居用品等。Wish 买家的浏览方式决定了平台上最受欢迎的商品具有以下特点：种类丰富、使用更换频率高、具有话题性。唯有如此，才容易激发买家用手机浏览的兴趣。

与其他平台不同的是，Wish 迎合了美国人的喜好，即倾向于随意浏览。因此，Wish 有 60% 以上的用户来自美国和加拿大，其余的主要来自欧洲国家。Wish 已经成为北美最大的移动购物平台，98% 的流量和 95% 的订单来自移动端。

在促销方面，Wish 根据买家的行为偏好数据，选择相应的商品信息推送给买家，以促成交易。为了确保购物体验，它每次只推送极少量的商品，这种"物以稀为贵"的推送方式更容易受到买卖双方的欢迎。

正因如此，卖家要注意销售的商品一定具有差异性和独特性，并且以图片展示为主。如果说在其他跨境电商平台上销售同样的商品，可以用更低的价格来吸引流量、抢夺市场的话，那么在 Wish 平台上这样做就不可能取得良好的效果。因为这意味着你的商品永远不会有曝光的机会——该平台在同一页面或同一推送下，自动屏蔽那些重复或相似度高的商品。至于以图片为主，主要是为了适应手机浏览的特点，并且要求图片的质量高，如清晰度高、多角度拍摄等，但同一商品组图不宜超过 6 张。

除此以外，因为 Wish 买家不注重搜索，所以商品标题优化、关键词等在这上面都不是很重要，重要的是简洁明确，如包括必要的品牌名称、商品名称、关键属性词，另外，不能出现敏感词和侵权词。

Wish 卖家在平台上上传任何商品都是免费的，只有在交易成功后才需要向平台支付佣金。另外，在采用 PayPal 收款的情况下，每笔款项还要支付一定的费用，所以卖家实际收到的款项略少。

Wish 不像其他平台那样有比价功能，也就是说，买家对 Wish 上的商品价格是不敏感的，买家中冲动消费者居多，他们的敏感点是商品差异性。如果卖家中途有降价行为，会被平台监测到，从而增加免费推送机会。Wish 的缺点主要是送货速度较慢。

Wish 默认卖家承诺确保"100% 保证买家满意",即"买家收到货物后 30 天内无条件退换货"。如果卖家做不到这一点,便需要在"后台"—"账户"—"设置"—"退款政策"中加以明确,以免产生无谓的纠纷。

(1) 主要销售的国家和地区。目前 Wish 卖家大多在中国,产品主要销售到北美、欧洲等发达地区。

(2) 优势行业。Wish 平台热销的产品主要有电子类、母婴类、美容类、服饰类。

(3) 物流服务。Wish 平台销售支持的物流服务有邮政渠道、商业快递、自主专线和海外仓。

(4) 金融支付服务。Wish 平台支持的网络支付方式有 Google Wallet(谷歌钱包)、易联支付(PayEco)以及 Bill.com。

(5) 盈利模式。Wish 平台的主要收入来自卖家每次交易的佣金,收费以交易额的 15%(即产品和运费总和的 15%)为基准,不收取平台费、推广费等额外费用。

1.4.4 敦煌网

敦煌网创建于 2004 年,是我国成立较早的一家跨境电商平台,是商务部重点推荐的对外贸易第三方电子商务平台之一,是工业和信息化部国家电子商务认证机构管理中心示范推广单位,也是全球领先的在线外贸交易平台。敦煌网官网显示,目前其拥有五大竞争优势,即品牌优势、技术优势、用户优势、运营优势、全链路赋能优势。

敦煌网实行免费注册,采用佣金制,买卖双方交易成功后收取 7%~15% 的费用,它的优势项目是手机和电子产品。

敦煌网的最大特点是拥有完善的在线交易环境和配套的供应链服务。它把跨境电商的各环节整合在自身服务体系中,将买卖双方从繁杂的交易过程中解放出来,从而使跨境电商交易简单化,大大降低了交易成本。

敦煌网提供特有的拼单砍价服务,把同一时间发往同一个地方的许多货物信息收集起来一并发送,帮助互不相识的客户把货物集中在一个集装箱里运输,从而达到降低运输成本的目的。敦煌网首页如图 1-5 所示。

(1) 主要销售的地区。敦煌网目前销售的地区主要集中在北美、欧洲和大洋洲等,包括美国、俄罗斯、加拿大、澳大利亚等国。

(2) 优势行业。敦煌网销售的产品以快消品为主,分类包括服装、鞋类、手包、美容美化、照明以及消费电子等。

(3) 物流服务。敦煌网支持的物流方式有海外发货 [DHL 海外发货、UPS 海外发货、TNT 海外发货、FedEx 海外发货、USPS(美国邮政管理局)海外发货]、四大快递(UPS、DHL、FedEx、TNT)、一般快递(俄速通、俄速递、佳成在线、捷利安专线、顺

图 1-5　敦煌网首页

丰国际等）和平邮挂号（中国邮政、中国香港邮政、新加坡邮政、TNT邮政、瑞典邮政）。2015年，敦煌网一站式海外仓服务正式投入使用，它除了信息系统、整合物流、仓储等基本功能外，还创新性地为卖家提供分销服务。相比国内发货，一站式海外仓具有如下优势：设有专门的产品展示区，并定期举行活动，大大提高了产品的曝光率；实现了本地发货，运输时间短，缩短了交易周期；突破了常规运输的限制；退换货可以在本国完成，提升了海外买家的购物体验；更具价格优势。

（4）金融支付服务。敦煌网支持的支付方式有Visa、MasterCard、American Express、Moneybookers、Bank Transfer、Western Union等。

（5）盈利模式。敦煌网的卖家分为企业卖家和个人卖家。在收费上，采用统一的佣金率，实行"阶梯佣金"政策。

1.5　跨境电商运营与管理

在跨境电商目前的发展阶段，对于一个从事跨境电商行业的团队而言，"产品"和"运营"是其工作的两大基石，也是最主要的两个工作方向。

1.5.1　跨境电商运营的内涵

1. 跨境电商运营的内涵

从理论的角度界定"运营"的内涵，它是基于某一具体项目的存在与发展而存在的，是对项目运行过程的计划、组织、实施和控制，是与产品生产和服务创造密切相关的各项管理工作的总称。换句话说，运营就是洞察产品所处的不同阶段和用户需求，通过整合资源找到有效的目标用户，实现阶段性业务目标，从而实现最终的商业价值。因此，跨境电商运营就是针对跨境电商项目中的产品开发、产品销售、服务维护、品牌建设等工作的稳定运行所付出的管理实践的总和。

目前的跨境电商主要是通过店铺的形式来运营的，对于一个从事跨境电商行业的团队而言，跨境电商的运营也可以说是跨境店铺的运营。店铺运营是整个店铺生存并正常运转的保障和核心。跨境店铺运营就是针对所在跨境电商平台上的店铺进行策划、管理、信息发布、完善、优化、推广宣传、售后服务等工作，能有效地提高店铺的成交量，快捷、专业、安全地提升跨境店铺的核心竞争优势。

2. 跨境电商运营的重要性

电商企业不同的运营模式具有不同的盈利潜力和竞争优势。跨境电商企业运营管理给企业带来的竞争优势最终可以归纳为能为顾客创造更大的价值。创新电商企业运营模式，也就是提升客户价值创造能力，延续企业的竞争优势，最终实现企业持续发展。

如今，中国电商企业置身于全球经济一体化的大背景下，要想求生存、谋发展，就必须善于汲取经济变革的新因素。只有大力培育企业的核心竞争能力，才能在较长时期内超过同行业平均投资回报率，为企业创造可持续的竞争优势，使企业在竞争中保持长期的主动性。企业的竞争优势综合体现在客户（customer）、质量（quality）、时间（time）、成本（cost）和服务（service）等关键要素的指标体系上，这些要素反映了企业实际的市场竞争能力。固然，出色的技术和雄厚的资金都可以是核心能力，但它们只是核心竞争力的体现方式。如果没有一种很好的管理运行方式和盈利模式将这些要素结合在一起，再出色的技术也会失败。好的运营经理应具有专业和丰富的企业运营经验，有效地协助企业完善运营管理模式，对企业运营管理方面出现的问题进行诊断，运用科学的方法调查分析，提出解决办法并进行改进，进而提高经济效益。

3. 跨境电商企业运营团队应具备的条件

（1）企业内部的领导分工、系统分工、部门工作职责、员工岗位职责等要求清晰明确，因为它们是建立企业运营制度和运营流程的基础。

（2）企业内部部门间的配合度、员工的协作性和领导团结度是影响企业运营的重要因素。这些因素能够为企业运营提供良好的环境和执行力氛围，保证企业内部工作效率提升。

（3）企业诚信的服务态度不容忽视。有的企业对客户很有诚信，但对员工却做得不够好；有的企业对员工很关怀，但对客户却隐藏欺瞒、不负责任。这种服务态度对企业的发展影响非常大。

（4）企业良好的执行力是保证。跨境电商企业运营团队是一个整体，各个岗位需要配合才能把运营经理的运营策略落实下去。

1.5.2 跨境电商运营的内容

要经营好一家跨境店铺，从售前咨询到最后评价，每一个环节都不容忽视。优秀的运营团队对跨境店铺起核心作用，它会将店铺运营得井井有条，合理分工，共同配合，降低退货率。

1. 跨境电商运营的工作

跨境电商运营的工作一般包括：负责店铺整体规划、营销、推广、客户关系管理等系统经营性工作；负责店铺日常改版策划、上架、推广、销售、售后服务等经营与管理工作；负责店铺日常维护，保证店铺正常运作，优化店铺及商品排名；执行与配合公司相关营销活动，策划店铺促销活动方案；负责收集市场和行业信息，提供有效应对方案；制订销售计划，带领团队完成销售业绩目标；负责客户关系维护，处理相关客户投诉及纠纷问题。

运营、美工、客服及物流仓储是正常运作的店铺不可缺少的几个组成部分，其中运营是一家店铺的核心。运营的一切工作要围绕产品进行。要想产品卖得好，就要做好产品定位和策略，制定有利于产品推广、维护的策略。运营人员每天首先要做的工作是分析数据，这是因为店铺良好运营的前提条件是理解产品的流通数据，所以拿到数据分析就相当于有了制定下一步策略的依据。其次是检查店铺所用推广渠道的运行情况，如速卖通直通车的账户、时间、计划的优化等工作。在店铺的运营策略确定下来后，店铺的日常管理工作就是落实这些运营策略。产品选定后，从采购到构思产品详情页，再从美工设计到测试等一系列工作都需要各部门员工密切配合。

2. 评价跨境电商运营的指标

在企业真实的运营过程中，因为多种因素的影响，运营总是陷入各种各样的困境中，如活动没有效果、用户增长缓慢、用户活跃度低、转化率始终不见提升等。此时，运营人员需要了解店铺的业务状况，发现问题所在，迅速找到解决问题的切入点。把握重点的一个很好的方法是使用关键绩效指标（key performance indicators，KPI）。但是KPI并不是一成不变的，很大程度上取决于店铺所必需的信息。电商平台KPI的计算公式为

$$销售额 = 流量 \times 转化率 \times 客单价$$

因此，跨境店铺中能反映店铺业务状况的四个指标是浏览用户数、转化率、利润、平均评级。有了这四个指标，运营人员就能很快地掌握店铺的业务情况，并且知道应该将注意力放在哪里，因为它们代表店铺命脉的关键组成部分，即店铺吸引了多少顾客量、产品的转化率怎样、店铺的销售业绩如何、客户如何评价店铺的产品。

店铺的流量与品牌、渠道有关，转化率与产品、运营相关，客单价可以通过提供增值服务、打包销售等方式来提升。因此，KPI的计算公式可以具体为

$$销售额 = （品牌 \times 渠道） \times （产品 \times 运营） \times 客单价$$

从这个公式可以看出店铺运营团队目前的发力点在哪里，运营不管花费多少精力都不见成效的原因；自己的品牌和渠道的作用是大于1还是小于1；产品功能体验是大于1还是小于1。

关于品牌，如果企业在同行业中没有形成品牌的差异化，甚至没有一定的品牌知名度，用户对品牌的感知就几乎为零，那么品牌对提升消费意愿的功效也几乎为零。品牌建设是一个长期的过程，跨境电商品牌建设较为成功的代表性企业是 Anker。

关于渠道，如果没有做精细化的用户画像分析，不确定自己店铺的用户群体主要聚集在哪，他们喜欢什么样的产品和服务，那么推广效果就会大打折扣。在渠道拓展之前，店铺应在用户调研上投入成本，充分、全面地了解目标用户群体，再有针对性地做推广。

关于产品，重点在于产品体验，只有提升产品体验，后面的运营效果才能大大提升。

品牌、渠道在运营中的目的是触及更多的目标用户，并引导他们浏览自己的店铺。这需要根据品牌的差异进行建设。对于市场推广，店铺则可以借助宏观分析工具来把握信息的传播路径和用户的行为路径。

1.5.3　跨境电商管理的目标与内容

很多跨境电商企业同时经营多家店铺，甚至在不同的平台开设不同的店铺。为了使这些店铺更好地运转，企业需要对店铺进行有效的管理。跨境电商管理的主要内容一般包含商品管理、采购管理、订单管理、库存管理、分销管理、物流管理、售后管理和财务管理等。

1. 单店铺管理的目标与工作内容

单店铺管理的目标与工作内容（图1-6）主要是：订单快速处理，高效发货，实现灵活的发货模式；精准统计实时库存数据，及时安排补货，避免商品缺货；建立完善的退换货流程，有效提升退换货效率，提高店铺好评率；与供应商、往来客户的对账快速、准确，账目清晰可查。

图1-6　单店铺管理的目标与工作内容

2. 多店铺管理的目标与工作内容

多店铺管理的目标与工作内容（图1-7）主要是：店铺订单高效处理，派单、分配仓库、物流匹配有效处理，提升订单处理效率；发货效率有效提升，审单—打单—验货—称重—发货，多人协作参与；库存数据实时更新，精准统计，建立有效的库存预警制度，及时安排补货，避免商品缺货，有效防止超卖；完善退换货流程，多店铺统一退换货流程，有效提升退换货效率，提高店铺好评度；多店铺账目清晰，与供应商、往来客户的对账快速、准确，每笔账目都清晰可查；多店铺经营利润统一核算，店铺日常运营数据分析准确、多店铺利润准确核算，掌握公司盈亏状况。

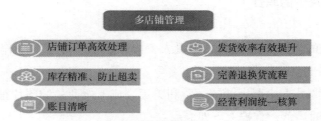

图1-7 多店铺管理的目标与工作内容

3. 跨境电商管理工具

现代管理理论认为，管理是在社会组织中，以人为核心，为实现预定目标而进行的协调活动。具体来说，管理的目的是实现组织目标，本质是协调，而中心是人。组织内部的分工与合作是管理的前提。跨境电商的店铺管理也是如此，就是如何组织人员，如何实现团队协作，提高人员的配合度。由于跨境电商店铺管理的工作比较细，也比较杂，店铺在业绩持续增长时可以借助一些ERP（企业资源规划）管理软件。现在的ERP管理软件基本是通过网络提供软件服务（SaaS），电商平台和ERP管理软件可以实现订单同步推送、商品与库存实时同步、发货订单回传，还能全面提高仓储管理能力和发货效率，减少差错。

合理地利用管理工具，更好地规划和设计产品内容。店铺可以根据自身的情况选择工具，有能力的大型卖家可以借助开发平台来管理店铺，因为使用ERP工具，店铺的后台数据情况将无法得知。

1.5.4 跨境电商运营岗位分析

跨境电商运营不是一个独立的岗位，而是整个团队分工合作、配合的过程。这是因为运营经理的店铺运营策略、方案需要靠店铺中所有员工的配合才能落实到位，运营才能有成效。

1. 跨境电商运营岗位设置

跨境电商运营团队一般包括店长、运营、美工、客服和物流仓储等岗位，如图1-8所示。

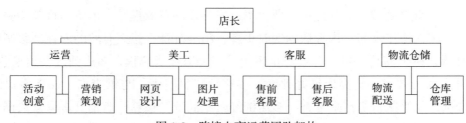

图 1-8 跨境电商运营团队架构

2. 跨境电商各岗位的职责

1）店长

跨境电商店铺的店长是店铺的总负责人，协调店铺各岗位的工作，其具体职责介绍如下。

（1）选择上架商品，协调店铺的运营和美工完成上架商品的图片拍摄、美化、文案撰写等工作，监督店铺运营，维护上下架商品。

（2）确定店铺营销策划及日常活动方案，监督运营完成销售思路及活动方案的撰写，并完成店铺员工的告知及培训工作。

（3）确定店铺装修版式，负责日常改版工作，监督美工完成店铺日常改版。

（4）负责店铺与总公司、其他部门的对接工作，保证店铺的日常运营。

（5）负责店铺员工的管理工作，确定客服、营销策划、物流配送、财务管理等日常工作的流程及相关安排。

（6）完成店铺各职能工作等标准化工作。

（7）协调店铺账户管理，保证店铺账户的安全。

（8）协助客服解决客户投诉及纠纷问题。

2）运营

运营影响店铺的经营状况和运转效率，对店铺的发展起至关重要的作用，因此应具备以下能力。

（1）协助店长完成营销策划及日常活动方案。

（2）完成店铺营销策划方案的数据统计工作，根据店铺的历史数据，对市场需求做好产品定价。

（3）完成选定商品的文案编辑及排版工作。

（4）协助美工完成选定商品的拍摄、图片处理工作，并按照店铺要求发布商品。

（5）完成选定商品的上架工作。

（6）完成平台活动报名工作，负责平台的官方活动与店铺的活动。

（7）负责商品推广，提高商品的曝光率和排名，为店铺引进更多流量，打造店铺爆款产品，带动产品销量。

（8）协助物流仓储管理库存，结合店铺的实际情况，避免断货或积货，做好订单统计。

（9）监督店铺评价问题，协助客服解决中差评等问题。

图1-9所示为运营岗位的工作内容。

图1-9 运营岗位的工作内容

3）美工

美工决定着店铺门面与商品图片是否美观，因此需要具备以下能力。

（1）负责店铺装修，设计出别具一格的店铺页面，延长买家的停留时间。

（2）店铺促销活动离不开相应的海报宣传，这要求美工具备设计海报的能力，让活动达到最佳效果。

（3）保证拍摄的商品照片的质感与清晰度，提高转化率。

（4）商品详情页影响商品的收藏加购率与转化率，所以要尽量突出商品的细节与卖点。

4）客服

店铺的客服对商品转化率的影响非常大，因此应具备以下能力。

（1）境外买家在下单前通常会询问商品的材质等问题，这就要求客服熟悉商品，专业、快速地回复。

（2）店铺一些特别的售后问题，需要与平台的客服进行沟通。

（3）负责订单管理，因为好评率高会在一定程度上促进产品的转化，所以对给予差评的买家，客服要及时沟通、尽快处理，在维护自身利益的前提下，满足顾客需求。

5）物流仓储

仓储是物流与供应链中的库存控制中心、调度中心、增值服务中心，其目的是满足供应链上下游的需求，因此物流仓储人员需要具备以下能力。

（1）收到订单后 24 小时内联系物流公司，完成已销售商品的物流发运工作。

（2）负责在店铺后台输入发货单号，并及时更新物流状态。

（3）负责店铺仓库的库存管理工作。

（4）完成店铺下设提货点的资质验收、库存管理及对账等工作。

思考与作业

1. 跨境电商和境内电子商务的区别有哪些？
2. 当前背景下传统外贸企业向跨境电商转型面临哪些挑战和机遇？
3. 跨境电商的内涵和特点是什么？
4. 列举几个传统外贸电商向跨境电商转型的例子，分析做好跨境电商的成功要素。

第 2 章
跨境电商海外市场调研

跨境电商改变世界

美国东部时间早上 9：00，纽约的进口贸易商业务员朱迪打开计算机，看到她上周在阿里巴巴国际站（alibaba.com，全球最大的跨境电商）发布的采购需求，已经有超过 10 个中国供应商发来了报价，提出可以提供对应的商品。她看到有两家供应商拥有较高的信用保障额度，不假思索地立刻回复了自己的进一步要求和付款条件。

此时在杭州，已是深夜。刘老板对自己经营的小便利店进行了盘点。他发现食品、酒类和母婴类的进口商品近期热销，但在传统的进口商品渠道中很难拿到价格合理的一手货，而通过一些批发市场的采购又容易买到质次价高的货品。于是他关注了 1688 上的进口商品专区，拿到了来自好几个国家的商品。通过国外商家和保税区商家的入驻及服务，平台缩短了进口商品供应链条、降低了进货门槛，让中小微零售企业也能享受到便利化的全球商品采购服务。

同一时间在莫斯科，下班不久的娜塔莎正在逛速卖通（aliexpress.com）的俄文页面，

想为自己和家人买一些中国深圳产的手机壳。她看到如果下单成功，商品将会在半个月内到达。她使用了国际支付方式，用自己的信用卡给账户充了值。在俄罗斯人常逛的购物网站中，很多人的首选是来自中国的速卖通，采购圣诞礼物也是如此。她或许还不知道，亚洲和欧洲的许多华人直接在逛中文页面的海外淘宝。

此时在上海，陈女士还在逛天猫，她看到页面上有一个"天猫国际"的导航，于是点了进去。她发现美国 Cosco 品牌商的混合果仁和蔓越莓干在预售，这些商品以往数日甚至数星期的清关时长，在这里可能缩短到几小时，让人感觉和从国内商家收货几乎一样快。

以上这些故事都有一个共同的主题，就是"跨境电商"。朱迪所涉及的是跨境 B2B 电商及对应的外贸综合服务，刘老板体验了进口 B2B 电商，娜塔莎和陈女士的网购触及了跨境电商零售。今天，这些故事在世界上多个地方发生，我们在生活中不可避免地接触到跨境电商这一新兴业态。

资料来源：阿里巴巴集团官方网站。

思考讨论：

（1）跨境电商发展改变人们的生活方式了吗？

（2）跨境电商发展一般有哪几种商业模式？

（1）了解海外市场调研的目的和意义。

（2）了解海外市场调研的相关理论。

（3）掌握海外市场调研的常用方法。

（4）了解海外市场调研的常见问题。

（5）掌握搜索引擎寻找和分析客户的方法。

（6）掌握海外市场调研数据的收集与分析。

（7）了解东南亚跨境电商市场分析。

2.1 海外市场调研的目的和意义

我们在做任何项目之前都必须进行市场调研，只有通过市场调研才能更加明确地知道行业情况、竞争对手情况等，通过调研数据分析总结，写出市场调研报告，制订店铺战略方案，找到产品进入市场的切入点。

2.1.1 了解产品在平台上的市场情况

市场情况包括市场需求量、竞争产品数量、市场发展情况及市场饱和程度等。

2.1.2 了解分析竞争对手的具体情况

例如，行业卖得好的产品和品牌有哪些，分析它们的产品图片、产品描述、标题、详情页、价格、推广手段和营销策略等。

2.1.3 分析总结得出市场调研报告

根据调研数据，分析总结产品在平台上的前景和机会，产品应该如何突破市场。

2.2 海外市场调研的相关理论

2.2.1 特劳特定位理论

特劳特定位理论由"定位之父"杰克·特劳特开创。特劳特于1969年在美国《工业行销》发表论文《定位：同质化时代的竞争之道》，首次提出商业中的"定位"观念。

1972年以《定位时代》论文开创了定位理论，并在40多年的实践中致力于定位理论的不断完善：1981年，出版学术专著《定位》；1996年，推出了定位理论新作《新定位》；2001年，定位理论被美国营销学会评为"有史以来对美国营销影响最大的观念"；2009年，他推出了定位理论落定之作《重新定位》。

特劳特根据军事中"选择决战地点"的概念提出定位理论。所谓定位，就是让品牌在消费者的心智中占据最有利的位置，使品牌成为某个类别或某种特性的代表。这样，当消费者产生相关需求时，便会将定位品牌作为首选，也就是说这个品牌占据了这个定位。特劳特认为，随着消费者选择的力量越来越大，企业不能像以往一样，仅从盈利角度来经营自己的品牌。只有抢先利用定位理论优势，才能把握住顾客的"心智资源"，在竞争中占据主动地位，获得长远的竞争优势。

在大竞争时代，企业只有两种存在方式：实现差异化生存和无差异化而逐渐消亡。企业必须学习定位理论。商品只有被精准地定位，才能在竞争中脱颖而出，所以差异化和定位对于企业来说是至关重要的。

为验证与发展定位理论，特劳特花了20多年的时间，形成了定位四步工作法。

第一步，分析整个外部环境，确定竞争对手是谁，竞争对手的价值是什么（这与德鲁克在回答管理第一问"我们的业务是什么，应该是什么"时问的"我们的顾客是谁，顾客的价值是什么"不同，因过多的选择、有限的心智，决定了经营方式已从顾客导向转向竞争导向）。

第二步，避开竞争对手在顾客心智中的强势，或利用其强势中蕴含的弱点，确立品牌的优势位置——定位。

第三步，为这一定位寻求一个可靠的证明——信任状。

第四步，将这一定位整合进企业内部运营的方方面面，以将其植入顾客的心智。

值得一提的是，特劳特中国公司总经理邓德隆，在特劳特先生的基础上进一步明确地将定位提升到了企业战略的高度：在外部市场竞争中确立优势定位，引入企业内部作为战略核心，在此基础上评估、改进和规划运营活动，以使企业达到最优化经营，获取更佳绩效，同时建立起可持续竞争优势。2008年，特劳特中国公司服务的加多宝超越可口可乐，成为"中国饮料第一罐"。从那时起，定位日益受到中国企业的关注，定位咨询协助中国企业打造强势品牌的案例越来越多，著名的有江中健胃消食片、乌江榨菜、香飘飘奶茶、长城汽车、东阿阿胶、真功夫快餐、九阳豆浆机、兴业银行、劲霸男装等。

2.2.2　STP 分析

STP 分析即市场细分（segmenting）、选择目标市场（targeting）和产品定位（positioning）的总称。STP 法则是整个营销建设的基础，它对各自的市场进行细分，并选择自己的目标市场，传达各自不同的定位。

市场细分这一概念是由美国市场学家温德尔·R. 史密斯（Wendell R.Smith）于20世纪50年代中期提出来的，它是指营销者通过市场调研，依据消费者的需要和欲望、购买行为和购买习惯等方面的差异，把某一产品的市场整体划分为若干个消费者群的市场分类过程。每一个消费者群就是一个细分市场，每一个细分市场都是由具有类似需求倾向的消费者构成的群体。经过市场细分，在同类产品市场上，就某一细分市场而言，消费者需求具有较多的共性，而不同细分市场之间的需求具有较多的差异性。

1. 市场细分的特性

从市场细分的目的来看，企业进行市场细分的目的是通过对顾客需求差异予以定位，来取得较大的经济效益。众所周知，产品的差异化必然导致生产成本和营销费用的相应增长,所以,企业必须在市场细分所得收益与市场细分所增成本之间做一个权衡。由此,我们得出有效的细分市场必须具备以下特征。

(1)可衡量性。指各个细分市场的购买力和规模能被衡量的程度。如果细分变数很难衡量,就无法界定市场。

(2)可营利性。指企业新选定的细分市场容量足以使企业获利。

(3)可进入性。指所选定的细分市场必须与企业自身状况相匹配,企业有占领这一市场的优势。可进入性具体表现为信息进入、产品进入和竞争进入。考虑市场的可进入性,实际上是研究营销活动的可行性。

(4)差异性。指细分市场在观念上能被区别,并对不同的营销组合因素和方案有不同的反应。

2. 市场细分的阶段

进行市场细分的过程主要有三个阶段,即调查阶段、分析阶段和细分阶段。细分消费者市场的基础主要有以下几点。

(1)地理细分。国家、地区、城市、农村、气候、地形。

(2)人口细分。年龄、性别、职业、收入、教育、家庭人口、家庭类型、家庭生命周期、国籍、民族、宗教、社会阶层。

(3)心理细分。社会阶层、生活方式、个性。

(4)行为细分。时机、追求利益、使用者地位、产品使用率、忠诚程度、购买准备阶段、态度。

3. 市场细分的步骤

(1)选定产品市场范围。企业应明确自己在某行业中的产品市场范围,并以此为制定市场开拓战略的依据。

(2)列举潜在顾客的需求。企业可从地理、人口、心理等方面列出影响产品市场需求和顾客购买行为的各项变数。

(3)分析潜在顾客的不同需求。企业应对不同的潜在顾客进行抽样调查,并对所列出的需求变数进行评价,了解顾客的共同需求,制定相应的营销策略。调查、分析、评估各细分市场,最终确定可进入的细分市场,并制定相应的营销策略。

4. 市场细分的作用

市场不是根据产品品种、产品系列进行划分的,而是从消费者(指最终消费者和工业生产者)的角度进行划分的,是根据市场细分的理论基础(即消费者的需求、动机、购买行为的多元性和差异性)来划分的。市场细分的作用有以下几点。

(1)有利于选择目标市场和制定市场营销策略。市场细分后的子市场比较具体,比较容易满足消费者的需求,企业可以根据自己的经营思想、方针及生产技术和营销力量,确定自己的服务对象,即目标市场。针对较小的目标市场,制定特殊的营销策略。同时,在细分市场上，企业更容易了解信息并得到反馈，一旦消费者的需求发生变化，企业可迅速改变营销策略，制定相应的对策，以适应市场需求的变化；提高企业的应变能力和竞争力。

（2）有利于发掘市场机会，开拓新市场。通过市场细分，企业可以对每一个细分市场的购买潜力、满足程度、竞争情况等进行分析对比，探索出有利于本企业的市场机会，以便及时作出投产、异地销售决策，或根据本企业的生产技术条件编制新产品开拓计划，进行必要的产品技术储备，掌握产品更新换代的主动权，开拓新市场，以更好地适应市场的需要。

（3）有利于集中人力、物力，投入目标市场。任何企业的人力、物力、资金等资源都是有限的。通过细分市场，选择适合自己的目标市场，企业可以集中人、财、物等资源，去争取局部市场上的优势，然后占领自己的目标市场。

（4）有利于企业提高经济效益。前面三个方面的作用都能使企业提高经济效益。除此之外，通过市场细分，企业可以面对自己的目标市场，生产出适销对路的产品，既能满足市场需要，又可增加自身的收入。产品适销对路可以加速商品流转，加大生产批量，降低企业的生产和销售成本，提高生产工人的劳动熟练程度，提高产品质量，全面提高企业的经济效益。

5. 目标市场选择策略

根据各个细分市场的独特性和公司自身的目标，共有以下三种目标市场策略可供选择。

（1）无差异。无差异是指企业只推出一种产品，或只用一套市场营销办法来招徕顾客。当企业断定各个细分市场之间很少有差异时，可考虑采用这种市场营销策略。

（2）密集性。密集性是指企业将一切市场营销努力集中于一个或少数几个有利的细分市场。

（3）差异性。差异性是指企业根据各个细分市场的特点，相应增加某些产品的花色、式样和品种，或制定不同的营销计划和方法，以充分适应不同消费者的不同需求，吸引各种不同的购买者，从而提高各种产品的销售量。该策略适用于大部分大型公司或跨境电商企业，因此接下来阐述目标市场差异性策略的优缺点。

优点：在产品设计或宣传营销上能有的放矢，分别满足不同地区消费者的需求，可提高产品的总销售量，同时可使企业在细分小市场上占有优势，从而提高企业的竞争力，在消费者心中树立良好的品牌形象。

缺点：增加各种费用，如产品改良成本、制造成本、管理费用、储存费用等。

2.2.3 4P营销理论

4P营销理论（The Marketing Theory of 4Ps）被归结为4个基本策略的组合，即产品（product）、价格（price）、渠道（place）、促销（promotion）。由于这4个词的英文首字母都是P，所以简称为4P。4P营销理论产生于20世纪60年代的美国，随着营销组合理论的提出而出现。1953年，尼尔·博登在美国市场营销学会的就职演说中创造了"市场营销组合"这一术语，其意是市场需求或多或少地在某种程度上受到所谓"营销变量"或"营销要素"的影响。

4P实际上是从管理决策的角度来研究市场营销问题。从管理决策的角度看，影响企业市场营销活动的各种因素（变数）可以分为两大类：一是不可控因素，即营销者不可控制的市场或营销环境，包括微观环境和宏观环境；二是可控因素，即营销者可以控制的产品、商标、品牌、价格、广告、渠道等，而4P就是对各种可控因素的归纳，具体的策略说明如下。

（1）产品策略（product strategy）。主要是指企业以向目标市场提供各种适合消费者需求的有形和无形产品的方式来实现其营销目标，其中包括对与产品有关的品种、规格、式样、质量、包装、特色、商标、品牌以及各种服务措施等可控因素的组合和运用。

（2）定价策略（pricing strategy）。主要是指企业以按照市场规律制定价格和变动价格等方式来实现其营销目标，其中包括对与定价有关的基本价格、折扣价格、津贴、付款期限、商业信用以及各种定价方法和定价技巧等可控因素的组合和运用。

（3）渠道策略（placing strategy）。主要是指企业以合理地选择分销渠道和组织商品实体流通的方式来实现其营销目标，其中包括对与分销有关的渠道覆盖面、商品流转环节、中间商、网点设置以及储存运输等可控因素的组合和运用。

（4）促销策略（promoting strategy）。主要是指企业以利用各种信息传播手段刺激消费者购买欲望，促进产品销售的方式来实现其营销目标，其中包括对与营销有关的广告、人员推销、营业推广、公共关系等可控因素的组合和运用。

2.3 海外市场调研的常用方法

海外市场调研的新方法——比较分析模型，不仅有助于提高调研数据的质量，而且可以向调研者提供不同于传统观念的解题新思路。

比较分析模型源自海格勒（T. A. Hagler）1952年提出的比较研究方法，此方法着眼于整个营销市场管理系统。

2.3.1 营销是环境的函数

比较分析模型强调营销过程与环境的关系，营销过程被视为环境的直接函数。营销决

策变量 =F（营销环境变量）。一旦环境因素发生变化，营销决策和营销过程也就随之发生变化。比较分析模型具体运用的是"对偶国家"分析方法。它先研究一国的环境和成功的营销过程，并根据环境的变化做一定的调整。

下面以麦当劳的案例解释这一理论。麦当劳在美国的营销组合内容具体包括以下方面。

（1）产品/服务设计。它注重高标准化、高而稳定的质量、快速的服务和较长的营业时间。

（2）价格。采取低价策略。

（3）分销。在城镇居民集中居住地区设店。

（4）营销。以消费导向型广告为主，尤其针对青年人，主要依靠电视媒体。

凭借这样的营销组合，麦当劳在美国大获成功。20世纪70年代初，麦当劳准备开拓海外市场，这就需要先对可能的目标市场进行评估。传统的理论认为，麦当劳在美国的成功来自其有效的营销战略和自身的努力。而比较分析模型认为，麦当劳的成功是由环境变量决定的。两种理论的差别在于：比较分析模型认为麦当劳应利用现有的机会；而传统的理论认为麦当劳的努力直接导致成功；比较分析模型强调营销组合是现有环境的函数，现有环境也是使既定营销组合成功的因素之一。因此，麦当劳的成功必须分析环境变量。

2.3.2 营销环境变量

1. 自然环境变量

这类变量主要指特定市场对产品使用量的自然约束，包括人口、人口密度、地理位置、气候以及产品使用的自然条件（环境、空间等）。人口变量直接影响绝对市场容量，它和气候一样随时间变化而发生变化。产品使用条件涉及产品在各种环境下的功能。

反观麦当劳的案例，麦当劳的成功离不开自然环境因素。

2. 社会环境变量

这类变量涉及与市场环境中社会、人文有关的因素，包括文化背景（种族、宗教、习俗和语言）、教育体制和社会结构（个人角色、家庭结构、社会阶层和参考群体）。社会环境对购买者的期望有重要的影响，它不因自然环境的不同而有所区别。

一方面，由于国内营销者在决策营销组合时往往下意识地迎合当地的社会文化价值观，所以在国际营销中可能会忽略这一点；另一方面，必须排除一部分营销管理者自觉或不自觉的文化偏见，这就需要客观、公正地考察社会文化环境。麦当劳的案例中同样有许多使其成功的社会文化因素。

美国文化中有一种很重要的价值观：时间价值观念。快餐正是迎合了消费者能随时随地、方便用餐的需求。另一个社会文化因素便是美国普遍的家庭结构和主要以年轻人为导向的文化趋势。由于孩子常常是外出就餐的决定者，所以麦当劳的广告为顺应这种潮流而主要以儿童和青少年为主要目标。美国典型家庭主妇的社会角色也发生了变化，她们越来越多地出去工作，这种变化也增加了外出就餐的市场。

此外，汉堡在美国饮食文化习俗中的地位不容忽视。事实上，汉堡是美国传统食品的代表，这一事实在麦当劳出现之前就已经存在。可以说，麦当劳产品的成功很大程度上是因为选择了这种已经存在并十分受欢迎的食品，也就是说，美国的社会、文化环境为麦当劳的成功做好了铺垫。

各类社会文化互相结合，形成了社会文化模式。比较分析模型要求在考察别国的社会文化环境前，先理解本国当前社会文化模式的本质，即社会文化模式对营销组合的影响。

3. 经济环境变量

这一类环境因素不仅包括宏观上的，也包括微观上的，如国内生产总值、人均国内生产总值、价格水平、收入分配以及竞争产品的服务和价格。经济因素对绝大多数消费购买决策产生影响。由于各国收入水平的差异，理性消费者追求效用最大化的含义不同。即使收入水平相同，不同的物价水平也会改变消费者的购买行为。

国际营销管理人员可先从单独分析收入的水平和价格入手，然后把两者结合起来分析，以考察其对产品、服务成功与否的影响。这种方式也可称为经济模式。

比较分析模型认为，经济模式与营销成功的关系在很大程度上可以借鉴美国的情况。在麦当劳的案例中，影响麦当劳成功的经济变量有收入水平和美国居民的可支配收入情况，这些因素使得美国人经常去麦当劳成为可能。虽然在麦当劳就餐要比在家中自备晚餐贵一些，但麦当劳食品和美国传统饭店的菜肴相比具有比较价格优势。这些因素结合起来，使得去麦当劳就餐成为美国社会的一种经济现象。

4. 法律法规环境变量

法律法规不会直接刺激对某一类产品、服务的需求，它们只是表示"可以或不可以"。企业必须清楚地了解与营销决策有关的法律法规，这在国与国之间可能差别很大，直接影响公司的营销决策。法律法规环境对营销的影响在麦当劳的案例中也可得到证实。麦当劳在儿童电视台的广告促成了它的成功。但在许多其他国家，尤其在欧洲一些国家（如德国），此类广告是完全被禁止的。

2.3.3 分析环境变量

比较分析模型对环境变量的分析与传统的观念不同。相关学者都是在特定的国家、市场考察了环境变量后，试图让营销组合去适应环境。而比较分析模型强调其间的共性，它通过对环境变量的分析，找出对产品、服务成功至关重要的环境变量，而这在任何一个国家都是相同的。此类变量可称为"成功因素"。

从传统观念来看，营销者往往认为成功因素是在自己控制之下的。而比较分析模型把成功因素看成环境的函数，即由许多外部不可控因素组成的特定环境的函数。营销者之所以成功，正是因为充分利用了成功因素的正面效应，即机会。因此，人们只有发现环境中的机会才可能成功。这一观点启发当事者尽可能地对环境变量做详细的研究、分析。

比较分析模型提供了一种研究企业现有市场营销组合和环境之间函数关系的方法论。比较分析模型也提供了一种单独分析关键环境变量的方法，这些变量（成功因素）成为国际市场营销调研的焦点。

在麦当劳的案例中，成功因素包括人口、人口密度、家庭结构、母亲的角色、收入水平以及获得儿童广告媒体的可能性。在考察另一个国家的环境时，企业必须着重研究这些成功因素，并适当调整自己的营销组合。

2.4 海外市场调研的常见问题

前面提到了当前海外市场调研常用的方法——比较分析模型，但是它在实际运用中仍要处理好一些均衡性的问题。若调研者忽视这些均衡性问题，则在调研中进行的分析会变得"貌合神离"。下面就这些问题概括地进行讨论。

2.4.1 模型结构的一致性

因为各国在社会、文化、经济、政治方面均有不同程度的差异，由此所构造的调研模型也会由于内因的不同而无可比性，这就会影响模型的有效性。因此，模型构造的各相关因素必须可比、一致。一般而言，与模型结构相关的要素可归纳为以下四部分。

（1）行为感知。这是指各国消费者对某种消费行为的感知是否可比。举例说明，在美国，给客人递上一杯咖啡完全是出于礼貌，客人可以拒绝；而在沙特阿拉伯，这种递咖啡的行为被赋予某种社会暗示，客人的拒绝可能是一种冒犯。消费行为一般可以从三个方面进行考察：行为内容、行为客体、行为名称。

（2）定义变量。比较分析模型中的变量在各国有不同的定义，这会造成收集的数据缺乏可比性，而使模型产生偏差。例如，在英国和法国，套餐的主食后一般附有甜点，而在中国，套餐中并不一定包括甜点。

（3）时间。市场调研在各国可以同时进行，也可以连续进行或独立进行，而绝对的同步调研是不可能的,这就会给数据造成时间差异。例如,季节、经济周期、通货膨胀等都会给同一变量带来时间差异。

(4)市场结构。对市场结构的分析特别需要市场结构化程度和市场发展阶段等因素。因为不同的分销渠道、广告覆盖率、替代品和竞争激烈程度都会影响比较分析模型的函数关系。

2.4.2 测量

测量的结果与模型的构造有十分密切的关系,但不能认为模型的构造均衡可以自动保证数据测量的均衡。测量时要注意以下问题。

(1)定性标准。如产品质量、安全性、等级在各国会有不同的标准。调研者要识别国别间的差异,并尽量使用国际标准。

(2)翻译。即使所构造的模型本身较为完善,但当使用同种语言进行分析时,仍会产生翻译问题,从而有损模型的精确性。翻译问题包括语言翻译和非语言翻译问题。这方面可以广泛借鉴社会学调研方法,如双向翻译法。

2.4.3 抽样调查

调研中广泛使用抽样的方法。在国际市场调研中,抽样面临两个问题。

(1)分类定义的标准问题。人口抽样根据人口资料进行分类,但分类标准各国相异。例如,"社会地位",在美国主要根据对象所拥有的财产;而在英国,则主要根据对象所处的家族、党派在社会中的地位。

(2)样本范围和代表性问题。调研者在样本范围和代表性问题之间要作出权衡。例如,在对包含习惯进行调研时,可以选择年龄、收入、教育、职业等一般化标准以便于分别比较。

从表面上看,比较分析模型与传统的营销环境因素分析十分相似,但由于二者对于环境因素(环境变量)的认识存在本质上的区别,因而同样的资料所得到的结果就完全不同。当我们面临海外市场调研实施中的种种问题时,比较分析模型的优越性就显现出来。

2.5 搜索引擎寻找和分析客户的方法

在寻找和分析客户方面,谷歌搜索引擎为我们提供了很多方便。例如,我们可以通过已知的邮箱、网址、公司名称等信息搜索出客户的全面信息,了解客户的销售网络、销售产品的类型、公司实力,来决定下一步的应对方式、报价策略等,为拿下订单打下基础。我们也可以利用谷歌地图,查看客户的公司所在地,是中心区还是郊区,是工厂还是中央商务区,来帮助判断客户公司的性质,如是生产型的公司还是贸易型的公司。我们可以以地图测量功能为辅助,推断客户公司的规模和实力;可以在谷歌上搜索客户公司的名称和客户的名称,来了解其过往询盘及求购信息;可以在YouTube频道搜索客户公司的名称,查看与其有关的视频,如产品广告、公司宣传视频等,进一步了解客户;还可以通过谷歌新闻频道,了解客户公司近期或曾经发生的事情。

那么怎样使用谷歌搜索引擎来得到这些信息呢?首先,我们要了解谷歌搜索逻辑符和搜索语法的含义。

2.5.1 谷歌搜索逻辑符和搜索语法

对于从事对外贸易的人来说,用谷歌搜索引擎或必应(Bing)搜索引擎(图2-1)来搜索客户资料是很重要的工作,其中有很多技巧。

图2-1 必应搜索引擎

在使用谷歌搜索引擎以前,首先要了解谷歌搜索逻辑符及搜索语法。这些逻辑符和搜索语法适用于谷歌但不全部适用于Bing。

(1)逻辑符及其含义如表2-1所示。

表2-1 逻辑符及其含义

逻辑符	用途	例子
空格键	表示"与"	AB
"-"	表示"非"	A-B

续表

逻辑符	用途	例子
大写字母 OR	表示"或"	A OR B
"*"	通配符，表示任何文字	客户 * 源
英文引号 " "	搜索包含与引号中的文字完全一样的内容的结果	Alibaba Training Courses

① A-B，在"A"和"-B"之间打上一个空格，如"socks-supplier"，表示搜索到的结果中，无论是页面还是网址或者标题中要有"socks"这个词但不能有"supplier"这个词。

谷歌用"-"表示"非"，"A -B"就是搜索包含 A 但没有 B 的结果。如果搜索海外客户时希望排除国内厂家的信息，就可以用这个语法。例如，使用"产品名字 -factory manufacturer"搜索出来的结果就排除了部分工厂的信息。但是，在这之前，必须先总结出不想搜索的那部分信息的特征。

② A OR B，在"A"和"OR"之间及"OR"与"B"之间要有一个空格，以防计算机将"A"与"OR"误以为是一个词。谷歌用"OR"表示"或"，"A OR B"表示搜索有 A 或有 B 或既有 A 又有 B 的结果。这个语法与在"A"和"B"之间加一个空格不同，后者表示搜索既有 A 又有 B 的信息，相比较而言，前者得到的信息更加宽泛。使用这个语法同样是为了减少工作量，无须用 3 个（A、B、AB）关键词分别搜索，如"socks OR shoes"表示搜索到的结果中有"socks"或"shoes"，或二者都有。

③英文引号 " "，表示搜索包含与引号中的文字完全一致的内容的结果，如 "baby socks"，搜索出来的结果中"baby"和"socks"必须连在一起。而如果"baby socks"两边没有加英文引号，就代表无论连在一起还是不连在一起都可以被搜索出来，也就是说，这个地方有个"baby"，那个地方有个"socks"，但只要二者在一个页面上就可以被搜索出来。我们在 Bing 中输入不加英文引号的"baby socks"，得到的结果是 33 700 000 条，如图 2-2 所示。

而加上英文引号，得到的结果只有 594 000 条（图 2-3），大大提高了精确度。

图 2-2 输入 baby socks 得到的搜索结果

图 2-3 输入 "baby socks" 得到的搜索结果

（2）搜索语法及其含义如表2-2所示。

表2-2 搜索语法及其含义

格式	用途	用法	例子
site:	在指定的网站内进行搜索	关键词（空格）site: 网址	skirt site:alibaba.com
related:	搜索相似的网站	related: 网址	related:alibaba.com
intitle:	搜索的是网页标题中包含关键词的网页	intitle: 关键词	intitle:skirt
inurl:	搜索网址中包含该关键词的网页	inurl: 关键词	inurl:skirt
filetype:	限制所搜索的文件的格式	关键词（空格）filetype:doc 关键词（空格）filetype:xls 关键词（空格）filetype:pdf 关键词（空格）filetype:ppt	skirt filetype:doc skirt filetype:xls skirt filetype:pdf skirt filetype:ppt
intext:	搜索包含该关键词的网页的正文（正文检索）	intext: 关键词	intext:skirt

需要注意的是，搜索时冒号的前后是没有空格的，而且所有的字符都为英文字符。

①关键词（空格）site。网站网址，如"kids wear site: alibaba.com"指的是搜索出来的结果都是Alibaba.com上的信息。

②related。网站网址，如"related: alibaba.com"指的是寻找与这个网站相似的网站，这样我们就可以通过一个客户的官网来寻找其他可能的客户。

③intitle。关键词，搜索出来的是网页标题中包含关键词的网页。标题中包含关键词的网页绝对是相关度极高的网页。使用这个方法搜索国外的客户可以节省很多时间，当然使用这个方法找到的很可能是国内的厂家。对于外贸公司来说，可以顺便了解竞争对手或是供应商的情况。

例如，"intitle: kids wear"，搜索出来的结果如图2-4所示，网页标题中都包含"kids wear"。

图2-4 搜索"intitle: kids wear"的结果

又如，"intitle: kids wear site: JP"，其中JP是日本的域名，搜索出来的就是日本域名网页的标题中包含"kids wear"的网页，如图2-5所示。这里"site"前面要有一个空格。

Wholesale Certified Organic T shirts, Sweats, Hoodies ... 翻译此页
Continental Clothing Australia, wholesale distributor for Earth Positive, Ethical, Sustainable, Organic T-shirts, Sweats, Tops, Children Wear, Baby Wear

Kids Wear for Boys & Girls (Dress/Shirt/Pants, ... 翻译此页
2018-6-14 · Offer to sale kids wear. We are Thai manufacturing of kids wear products. The company can authorize sale agent in all countries including signing contract. (Offer to sell products / ...

【楽天市場】バリアフリーな子供服 ANGEL KIDS WEAR ... 翻译此页
楽天市場:やさしさ工房~介護・ペットケア直販のバリアフリーな子供服 ANGEL KIDS WEAR一覧。介護用品・シニア犬・猫用品・障がい児ウェア 工場直販ならではのお手頃 ...

highking – Kids Wear 翻译此页
highking Blog 日々の業務に忙殺されるハイキングのスタッフによる日常を綴ります。アイテムやイベントなどの情報もいち早くお届けする予定ですのでお楽しみに!

kids WEAR MOI 子供用フータータイツ DIV01 (各色) - ... 翻译此页
kids WEAR MOI 子供用フータータイツ DIV01 (各色)がたくさん揃う通販オンラインショッピングのアイテムポスト。スポーツ・アウトドア・旅行 の商品を価格比較して ... WEAR ...

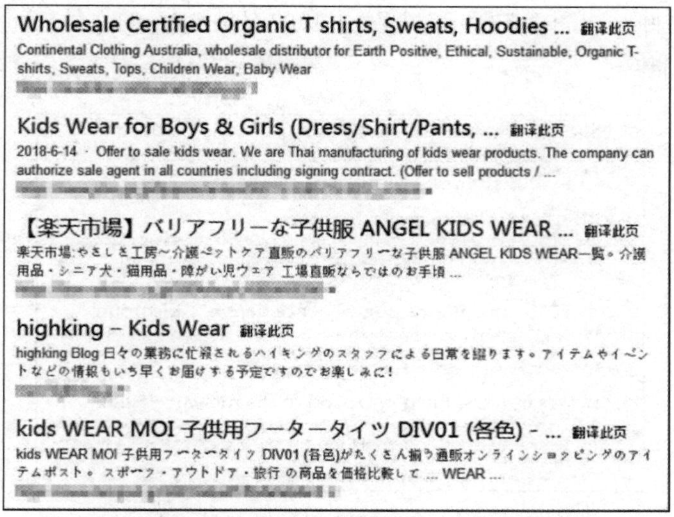

图 2-5　搜索“intitle: kids wear site: JP”的结果

再如，“Clothing intitle: distributor locator”，搜索出来的是网页标题中含有“distributor locator”的服装经销商的网页，如图 2-6 所示。

ESAB Distributor Locator - ESAB Asia Pacific 翻译此页
ESAB Distributor Locator ... Clothing; Eye Protection; Accessories; All Brands. Sandvik Materials Technology; Victor® Gas Equipment; Thermal Dynamics ...

Distributor Locator - Eastman Machine 翻译此页
Please contact Eastman Machine Company headquarters for global sales, service and parts requests or with assistance to locate a distributor near you.

Wholesale beer distributor locator - himfr.com 翻译此页
Wholesale beer distributor locator - buy latest beer distributor locator direct from 1010 beer distributor locator Factories.

Distributor Locator | Elecon 翻译此页
distributor-locator. Your browser is out-of-date! For a richer surfing experience on our website, please update your browser. Update my browser now! ...

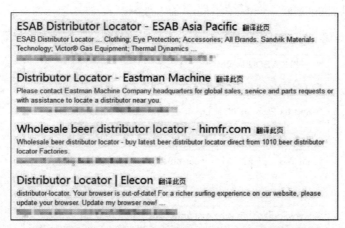

图 2-6　搜索“Clothing intitle: distributor locator”的结果

④ inurl。关键词，搜索出来是网址中包含该关键词的网页。例如，“Projection screen inurl: dealers”，搜索出来的是网址中包含“dealers”的网页。

⑤ intext。关键词，搜索出来的是包含该关键词的网页的正文。

⑥关键词 filetype。doc、关键词 filetype: xls、关键词 filetype: pdf、关键词 filetype: ppt，意思是限制所搜索的文件的格式。在这里，关键词和“filetype”之间要有一个空格。例如，“kids wear filetype: pdf”意思是寻找关键词包含“kids wear”的 PDF（可移

植文档格式）的文件。如图 2-7 所示，搜索出来的都是 PDF 的文件。

图 2-7　搜索"kids wear filetype：pdf"的结果

又如，我们为了寻找客户并写邮件给客户，就会希望搜索出来的结果中含有邮箱，于是我们可以键入"kids wear email filetype: pdf"，这意味着搜索关键词包含"kids wear"和"email"的 PDF 的文件，搜索结果如图 2-8 所示。如果想搜索 xls 格式的文件，就键入"kids wear email filetype: xls"，搜索结果如图 2-9 所示。

图 2-8　搜索"kids wear email filetype: pdf"的结果

图 2-9　搜索"kids wear email filetype: xls"的结果

再如，我们想搜索广交会上的客户的邮箱，就可以键入"广交会 email filetype: pdf"，搜索结果如图 2-10 所示。

```
108,000 条结果    时间不限 ▼

中国进出口商品交易会(广交会)官方网站
所有涉及到广交会、现场展位申请事宜，请通过广交会官方网站进行申请。在此，提醒各企业提高警惕，谨
防上当受骗。(8620)28-888-999 Email：info@cantonfair.org.cn

参展易捷通    · 展出时间及产品    · 展位图纸    · 展馆展区    · 展商展品查询    · 特装天地

China Import and Export Fair (Canton Fair)
Email：info@cantonfair.org.cn Recommend using Chrome or ie9 and above browser and a resolution
above 1280*1024 to get the best view results. Canton Fair Hong Kong

展位图纸   · 家居装饰品类    · 邮箱/用户名    · 中文简体    · 采购商电子服务平台    · 展出时间及产品

数据集首页 - 中国第123届广交会参展商名录 | 数据库集
内容包含公司名称、行业分类、主营产品、企业规模、注册资本、企业类型、目标客户、贸易形式、近5届
广交会参展记录... · Province, City, Address, ZipCode, WebSite, Email ...

109届广交会采购商名录下载_百度文库
2011-4-21 · 109届广交会采购商名录下载 - 109 届广交会数据 Contact Us J.P.UNION LTD..PART？？？？
？？？？？ Membership Type · Email：Send Email Website：ALLIANCE ...

展商展品查询 - 中国进出口商品交易会（广交会）
2018-4-15 · Email info@cantonfair.org.cn 广交会驻香港办事处 (852)28771758 建议使用Chrome或ie9及以
上浏览器和1280*1024以上的分辨率，以获得最佳浏览效果。 · 广交会官方微信
```

图 2-10　搜索"广交会 email filetype: pdf"的结果

2.5.2　如何选择关键词

（1）关键词 = 产品名称 + 搜索指令（搜索指令有 site、intitle、inurl、related 等）。

（2）关键词 = 不同语言的产品名称。

许多客户习惯用本国的语言来发布求购信息。在一些不以英语为母语的国家，如一些小语种国家，用当地语言的关键词搜索客户能搜索到更多信息。例如，在日本，用日语搜索比用英语搜索搜到的客户更多。

（3）关键词 = 产品名称 + 买家特征符号（如 importer，exhibitors，buyers）+email（或 @）。

例如，"产品名称 +importers+email" "产品名称 +distributors+email" "产品名称 +wholesaler+ email" "产品名称 +buyer+email" "产品名称 +dealers+email" "产品名称 +retailer+email" "产品名称 +purchaser+email" "产品名称 +supplier+email"。

一般情况下，email 还可用 @ 代替。

（4）关键词 = 产品名称 + 邮箱后缀。

美国的邮箱后缀一般为 @aol.com、@netzero.net、@twcny.rr.com、@comcast.net。例如，kids wear @aol.com 就是寻找美国的 kids wear 产品。

（5）关键词 = 产品名称 + 企业邮箱习惯前缀。

企业邮箱前缀有 info@、admin@、sales@、buyer@ 等。

很多国家的买家都使用一些公共邮箱系统，如印度的 rediff.com，这时我们就可以将"@"标志连同要找的产品名称都写到搜索栏中，这样可以找到很多买家。如果搜索使用移动端的印度买家，就可以输入"mobile @rediff.com"。

下面列举一些常用的邮箱系统。

- 印度：@vsnl.com　@indiatimes.com　@wilnetonline.net　@cal3.vsnl.net.in　@rediffmail.com　@sancharnet.in　@NDF.VSNL.NET.IN　@DEL3.VSNL.NET.IN
- 巴基斯坦：@cyber.net.pk
- 阿曼：@omantel.net.om
- 意大利：@libero.it
- 南非：@webmail.co.za
- 埃及：@rawagegypt.com
- 新西兰：@xtra.co.nz
- 新加坡：@pacific.net.sg　@pacific.net.sg　@FASTMAIL.FM
- 阿拉伯联合酋长国：@emirates.net.ae　@eim.ae
- 土耳其：@ttnet.net.tr　@superonline.com　@mynet.com
- 希腊：@otenet.gr
- 澳大利亚：@BIGPOND.NET.AU
- 泰国：@ADSL.LOXINFO.COM
- 墨西哥：@prodigy.net.mx
- 西班牙：@terra.es
- 科威特：@QUALITYNET.NET
- 日本：@candel.co.jp
- 印度尼西亚：@dnet.net.id
- 巴西：@sinos.net
- 阿根廷：@amet.com.ar　@infovia.com.ar
- 德国：@t-online.de　@gmx.net
- 法国：@wannado.fr　@mindspring.com　@excite.com
- 越南：@hn.vnn.vn　@hcm.fpt.vn　@hcm.vnn.vn
- 俄罗斯：@yandex.ru　@MAIL.RU
- 美国：@aol.com　@netzero.com　@twcny.rr.com　@comcast.net　@warwick.net　@comcast.net　@cs.com　@verizon.net

最常用的邮箱系统是@yahoo.com、@hotmail.com、@aol.com、@gmail.com等。

（6）关键词＝产品名称+公司名称后缀+email。

一般每个国家的公司名称后缀都不同，如中国习惯使用Co., Ltd., 美国习惯使用Inc.及LLC等，意大利习惯使用S.R.L.。我们把需要的产品或者其属于的产品大类名称连同该国习惯使用的公司名称后缀一起输入进行搜索，从而找到客户。

（7）关键词＝竞争对手的公司名称。

(8)关键词=产品名称+各国网站域名特征符号。

例如,"exhaust header.fr"。

(9)关键词=网址后缀+email。

(10)关键词=产品名称:pdf。

这种语法可能找到关于该关键词的专业文档介绍,可能找到关于该关键词的产品说明书,也可能找到潜在客户。

2.5.3 更多的搜索语法

更多的搜索语法及其用途、用法见表2-3。

表2-3 更多的搜索语法及其用途、用法

格式	用途	用法
allinanchor:	限制搜索的词语是网页链接中包含的关键词（可使用多个关键词）	allinanchor:keyword1keyword2
allintitle:	限制搜索的词语是网页标题中包含的关键词（可使用多个关键词）	allintitle:keyword1keyword2
allinurl:	限制搜索的词语是网页网址中包含的关键词（可使用多个关键词）	allinurl:keyword1keyword2
allintext:	限制搜索的词语是网页内文中包含的关键词（可使用多个关键词）	allintext:keyword1keyword2

2.5.4 通过搜索客户公司了解更多信息

假如我们收到一封询盘,从询盘里知道一家公司的名称是Redcloud enterprise corp,在谷歌搜索引擎或者Bing搜索引擎中输入"Redcloud enterprise corp",就会搜索到很多关于该公司的信息,如官网、黄页、名称、电话等。

1. 公司官网

通过搜索"公司名称 entitle: email"可以找到这家公司的邮箱及该公司的官网。在公司官网中,我们可以得到该公司的创办历史、主营产品、联系信息、公司邮箱等信息,然后可以用@后缀来查找其他的联系方式。另外,官网中可能还会发布一些产品,由此我们就知道产品的一些信息,有些产品纯粹是用来展示的,有些是可以在线订购的,在线订购页面中会有产品评价。公司官网可能会列出代理商、经销商的信息。

2. 黄页

通过公司名称,我们可以找到黄页,在黄页中可以得到客户的联系信息,如姓名、邮箱、电话等。

另外，我们还可以通过搜索引擎搜索客户的姓名、住处、学校、工作、兴趣等信息。

3. 外贸邦网站

进入外贸邦网站首页，在网站搜索栏输入拟检索的关键词，如"stroller"，就会搜索到很多与此相关的公司信息，其中可能就有目标公司，点进去就可以看到目标公司的海关数据。

4. B2B 网站

现在有一些网站会统计各国 B2B 网站排名及网站流量排名，如 Alexa 和 b2b siteranking，可以在上面查找需要的公司信息。另外，还可以通过客户的公司名称，查出对方所在国家的 B2B 网站，继而去这些网站查找其他相关信息。

5. 社交媒体

通过客户网站地址找到客户在 Facebook 的店铺：

www.××××.com　site: facebook.com

通过客户网站地址找到客户在 Twitter 的店铺：

www.××××.com　site: twitter.com

通过客户网站地址找到客户在 Google+ 的店铺：

www.××××.com　site: plus.google.com

通过其他公司网站中出现的该网站的 Facebook 页面寻找更多商机：

www.××××.com　site: facebook.com –inurl: ××××

同时满足指定两家网站关键词：

关键词 { site: facebook.com　OR site: globalsorce.com }

Yelp 是美国最大的点评网站，我们可以通过 Yelp 来了解用户对该公司的评价。

2.5.5 谷歌搜图功能在外贸中的运用

当客户发来一款产品，我们不知道名称时；当客户发来一款产品要求报价，我们需要查找供应商时；当客户发来一款产品，我们需要了解产品在国外的售价时，我们就用到了谷歌搜图功能。

谷歌搜图功能是通过图片内容、透视和颜色等要素来帮助用户搜索需要的相似图片，该功能是将图片自动识别技术和元数据技术应用于实践。用户不仅可以通过添加图片网址来搜索图片，也可以通过上传图片来搜索。另外，在使用谷歌或火狐浏览器的情况下，用户还可以通过直接拖曳的方式快速上传图片，然后进行搜索。这样可得到一系列不同尺寸的相似图片，它们整齐排列在页面最上方。与图片相关的网页信息会被罗列出来，并且给出哪些网页使用了相同的图片，供用户参考。

2.5.6 更多的搜索技巧

（1）任何领域都有名牌企业，尤其是世界 500 强企业，这时候我们可以搜索其分销商企业等。500 强企业或名牌企业一般都会在自己的官网上罗列出本企业在全世界不同地区所有的分销商信息。

（2）一般来说，客户也会在一些商务网站注册。用谷歌搜索引擎来搜索该客户的公司名称，一般会显示出他所注册过的网站。打开这些网站，我们会发现很多信息。

（3）通常来说，每个国家都会有各自比较知名的搜索引擎，我们可以在各国知名的搜索引擎上用该国的语言来搜索产品的关键词，可以发现很多大客户。

（4）搜索本行业的展会。这里指的是一些并不出名的、区域性的展会，如一些在欧洲很知名，但是在全世界的影响力比较一般的展会，这类展会中也有很多大客户。搜索方法就是搜索 "产品大类名称 +Show Or Fair"，找到网站后，可通过复制展商列表中的商户信息到谷歌搜索引擎中搜索其邮箱。其中，有一些公司已经把自己的邮箱放在列表中，这样可以节省很多时间和精力。

（5）各国的黄页网，如巴基斯坦黄页、澳大利亚黄页、英国本地商业搜索引擎、康帕斯全球企业数据库、西班牙引擎、比利时引擎等，在这些黄页网上输入产品名称进行搜索，可以搜索到很多客户，之后再逐个深入搜索，部分可以找到公布在网上的邮箱，如果没有也可继续在谷歌搜索。

（6）有的网站只能提交表单而没有邮箱，可以输入 "www.×××.com email" 搜索邮箱。

（7）一个产品可以套用很多关键词，如产品是 Projector，可以叫 Electronics，还可以归为 Home Cinema 或 Home Theatre。当我们使用不同的关键词进行搜索时，可以找到不同的公司，然后将这些关键词加上不同国家的公司名称后缀，如中国的是 Co.，Ltd.，德国的是 GmbH 等，就可以搜索到很多不同的公司。

2.6 海外市场调研数据的收集与分析

在做市场调研的时候，我们需要采取一些方法和工具帮助我们得到想要的数据，并进行分析总结。虽然不同的平台所使用的方法和工具会有所不同，但是我们的目的只有一个，就是利用这些方法和工具收集市场数据，然后根据这些数据进行分析总结，最终做成一份市场调研分析总结报告。

以 Amazon 平台市场调研数据收集与分析总结为例子。

2.6.1 调研竞争对手产品数量

在亚马逊网站上输入产品关键词,在网页的左上角会出现竞争产品数量,以此来计算市场竞争的大小。如图 2-11 所示,在亚马逊美国站搜索"battery bank"的时候,网页左上角显示该站点有 958 677 个竞争产品在销售。

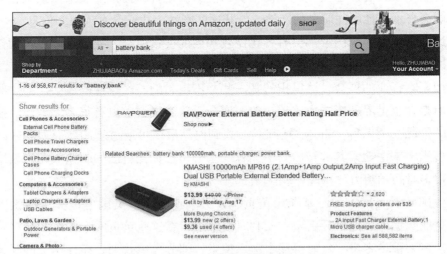

图 2-11　亚马逊前台(1)

2.6.2 同类型产品竞争数量收集与分析

单击产品所属细分类目,查看该类产品的不同款式数量,以分析同类产品的竞争程度,如图 2-12 所示。

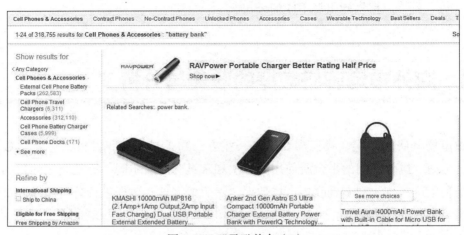

图 2-12　亚马逊前台(2)

2.6.3 调研产品市场需求量

在谷歌关键词规划师输入产品关键词,通过定位不同国家或地区,获得该产品在不同站点的搜索量,以此来估算市场需求大小,如图 2-13 所示。

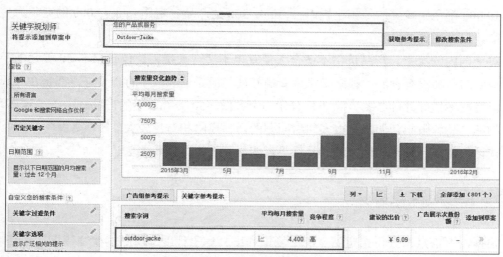

图 2-13 谷歌关键词规划师搜索

2.6.4 分析竞争对手情况

1. 对比竞争产品价格估算销量

综合比较不同卖家的价格,计算出产品在该站点的平均价格,根据产品评论估算产品的年销量。年销量 = 评论数量 × 50,如图 2-14 所示,该产品的销售价是 13.99 美元,该产品的年销量大概是 131 000 个。

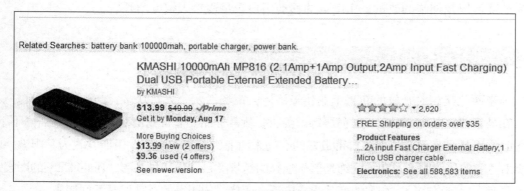

图 2-14 亚马逊前台(3)

2. 选定并分析产品

选定一款产品，分析它的详情页，包括标题、价格、五要素、产品销量排名、review、rank 的排名在一周的时间里的变化。

rank 值越小的产品越热卖，销售量越大，但 rank 小于 300 的产品基本上销售量非常大，而且热度比较高，所以竞争相当大，这类产品可以上传，但不要过于开发。rank 选择范围 300~10 000 都是比较好的。相比较而言，rank=300 的产品一定比 rank=3 000 的竞争力更大，关注度、曝光度更高。

对于国内的卖家，产品价格不适合太便宜也不适合太贵，建议价格 5~50 美元的产品，0.99 美元的产品没有利润，很多卖家亏着赚好评，但是 Amazon 的产品好评都是在一起的，所以没有特地做好评的必要，除非只有你一个人做。50 美元以上的产品，由于关税以及报关、物流、品牌限制，如果有很多纠纷问题的话，风险相对比较大。

评论数量多、好评比例大的产品优势较明显；反之，则不要去选。

2.6.5　调研结论

根据以上信息来分析指定站点的市场饱和度、竞争程度、产品的生命周期、消费者需求等。

2.7　东南亚跨境电商市场分析

东南亚是电商市场的"蓝海"，人口体量大，购物需求旺盛，网购市场增长迅猛，发展空间巨大。

东南亚的移动用户数量占比大概为 68.5%，发展电商具有很好的基础。随着移动流量费用的降低以及网络的改进，东南亚的移动用户数量逐年大幅度增长。

2.7.1　开店首选站点——马来西亚站

马来西亚是相对开放的新兴工业化经济体，市场活跃，人口众多，与中国关系良好。

在马来西亚电商市场中，时尚服饰、美妆、玩具等品类非常畅销，并且增长率居高不下，这些品类也是马来西亚站上销售得最好的。马来西亚为多宗教国家，伊斯兰教为其国教，因此伊斯兰教的传统服饰及相关配饰是值得选择的销售类目。猫、猫头鹰、Hello Kitty 的图案是马来西亚人比较喜欢的，相关的商品受众广泛，而猪、狗图案的商品相对不好销售。

2.7.2 最具潜力的站点——印度尼西亚站

印度尼西亚是世界第四人口大国,同时是东南亚人口最多的国家,人口总数超过2.6亿人,仅次于中国、印度和美国。印度尼西亚人偏年轻化,具有强大的消费潜力。印度尼西亚市场目前正处于人口红利阶段。

雅加达、望加锡、苏腊巴亚是印度尼西亚主要的网购城市,美妆商品、女裤、家居用品消费较多;棉兰是印度尼西亚的主要华人城市;爪哇岛网购发达,电子商品采购较多。印度尼西亚的出生率高,且女性互联网用户数量超过男性互联网用户数量,因此母婴用品、时尚饰品、家居用品、服装更受欢迎。印度尼西亚人比较喜欢日韩风格的可爱型商品,对价格相对敏感。

2.7.3 购买力最强的站点——新加坡站

新加坡的工业和经济发达,是东南亚重要的金融中心和国际贸易中转站,互联网和智能手机覆盖率高,是东南亚成熟的电商市场之一。

新加坡的人口数量较少,人均国内生产总值(gross domestic product,GDP)较高。据世界银行统计,2018年新加坡的人均年收入位居全球第六。新加坡人具有很强的消费能力,但是本地供应有限,再加上宽松的进口政策,因此新加坡人倾向于购买非本国产的商品,60%的电商交易都是跨境交易,高于中、日、韩等国。谷歌、淡马锡和贝恩公司联合发布的《2020东南亚互联网经济报告》显示,到2025年,东南亚的互联网经济规模将超过3 000亿美元,其中,新加坡的电商市场规模预计达到220亿美元。

新加坡的汽车价格昂贵,因此汽摩配件、汽车美容商品较有市场。新加坡人喜欢环保商品,奶茶袋、折叠杯子等深受欢迎。新加坡人的消费习惯和欧美人较类似,对商品图片、商品详情页的内容质量要求较高。

2.7.4 其他站点

在泰国,最受欢迎的品类是服装,当地人非常喜爱夏威夷风格的服饰、复古印花。另外,个人装饰(如太阳镜、项链、耳环和手镯等)、护理商品、化妆品在电商市场中占比也较高。

越南有近1亿人,消费习惯与中国接近,主要消费人群的年龄为18~34岁,平均每天在社交媒体上花2.5小时。据NoxInfluencer聚星网站分析,越南电商市场,预计到2025年将达到150亿美元。越南市场的热销品为韩版女装、时尚饰品、童装、美妆商品等。热销的主要电子商品及配件为苹果手机壳、屏幕保护膜、数据线、充电器、电风扇、耳机。

菲律宾为东南亚第二人口大国，2022年人均GDP为3 498美元左右，主要消费人群的年龄为18~25岁。eMarketer数据显示，2022年菲律宾GDP增幅为6.5%~7.5%，电商交易额增长25.9%，是全球电商增长最快的国家之一。菲律宾买家比较喜欢欧美风格的商品，眼镜、手表、服饰等都有较大的市场。

1. 列举利用网络发布信息的主要途径。

2. 假设我们需要购买运动类童装产品，请按照寻找客户信息的途径，上网寻找产品提供商（出口企业），选择的提供商（出口企业）数量不少于2家。

3. 上网搜集至少3个黄页网站，并与你的贸易合作者（同学）交流所找到企业的信息，包括产品名称、规格（型号）等与贸易相关的具体信息。

第 3 章 跨境电商产品的选择与定价

在读大学生是跨境电商"老司机"

　　跨境选品到底重要到什么程度？在跨境电商中有这么一句经典流行语："七分靠选品，三分靠运营。"可见选品的重要性。这种重要性用一个比喻来形容：选品犹如古代皇帝选太子，选好了会很省心，可以放心传位；要是一不小心，选了一个阿斗，那就怎么扶也很难扶起来！通俗点说，好的产品不但决定了店铺的发展方向，而且决定了店铺能走多远、多久。

　　正在重庆工商职业学院读大二的小江，毕业就创业这个想法早在心里扎根。怀揣着跨境电商创业梦想，才 21 岁的她俨然是一名东南亚跨境电商"老司机"了。

　　床上用品、厨卫用具、室内配饰及其他日常生活用品等都是小江喜欢卖的"宝贝"。都说兴趣是最好的老师，做跨境电商也是一样。产品是否卖得好，关键在于自己对产品的了解有多少、感不感兴趣。当然，光靠兴趣支撑是不够的，还要有理性的数据分析。小江平时依靠平台上大数据的指导，对平台产品的用户偏好和数据走势进行分析。

"平台客户喜欢什么我就卖什么,找到这种产品,价格有优势,质量比其他产品好,以此来吸引客户。"同时,小江还会分析买家来自哪些国家或地区,然后在产品的描述和标识上,有针对性地写上相应国家或地区的语言。

"在目前的形势下,跨境电商很有发展前景,境内电商太饱和了,线下实体对我来说需要资金周转、店租等,而做跨境电商完全没有这种资金压力,门槛比较低。"对于未来,小江早已规划好,毕业就创业,继续她的跨境电商之旅。

资料来源:大学生做跨境电商,他在 Shopee 上这么做选品![EB/OL].(2020-03-30). https://www.sohu.com/a/384156616_120566036.

思考讨论:

(1)跨境电商在选品的时候应考虑哪些因素?

(2)通过自己的调研,思考欧美跨境消费者最关心的因素有哪些。

(1)掌握主要国家消费人群分析。

(2)掌握主要国家市场需求分析。

(3)掌握跨境电商的选品策略。

(4)掌握定价策略及主流跨境电商平台的价格构成。

3.1 主要国家消费人群分析

不同地区的消费者由于地理位置、历史文化等因素,形成了特有的消费倾向和喜好。本部分将分别介绍北欧、西欧、东欧跨境电商主要市场国家的消费人群特征。

3.1.1 北欧

北欧国家主要包括丹麦、芬兰、冰岛、挪威和瑞典,和中国卖家打交道较多的也是这几个国家。由于其宗教信仰、民族地位及历史文化,北欧人形成了心地善良、为人朴素、谦恭稳重、和蔼可亲、按部就班、沉着冷静的性格特点。在生意场上,北欧人有以下几个显著的特征。

(1)非常注重产品的质量、认证、环保、节能等方面,对其重视程度高于对价格的关注；他们心中对价格有上下限，一旦报价在此范围内往往就会同意。

（2）低调的性格特点决定了他们相对不善交际和言谈，不愿过多地讨价还价，喜欢就事论事，务实高效；谈判坦诚，不隐藏自己的观点，善于提出各种建设性方案，追求和谐的气氛。

（3）在国际贸易的付款方式上不喜欢用信用证，比较倾向于电汇（telegraphic transfer，T/T）和付款交单（documents against payment，D/P）的方式，因为他们认为自己的信誉度和商业道德水平高。

所以在和北欧买家沟通时，需要注意以下几点。

（1）保证产品的质量，提供环保、节能的产品及包装，提供相应的认证；北欧人有强大的市场购买力，在谈判中，对于高档次、高质量、款式新奇的消费品，他们会表现出很大的兴趣。

（2）注意谈判态度的严谨和认真，我们需要考虑如何与其配合。要以坦诚的态度对待来自北欧的买家，这可以使买卖双方感情融洽、交流顺畅，形成互相信任的气氛，以促进订单的生成。

（3）北欧人性格相对较为保守，他们更倾向于尽力保护他们现在拥有的东西。因此，他们在谈判中更多地把注意力集中在怎样作出让步才能保住合同上，同时不喜欢无休止地讨价还价。他们希望对方的公司在市场上是优秀的，希望对方提出的建议是他们所能得到的最好的建议。

3.1.2　西欧

西欧国家主要包括比利时、法国、爱尔兰、卢森堡、摩纳哥、荷兰、英国、奥地利、德国、列支敦士登和瑞士等。西欧经济在欧洲相对而言更加发达一些，生活水平较高，如英国、法国、德国这几个世界大国都集中于此，西欧也是和中国卖家生意往来较多的地区之一。

1. 德国

德国人具有以下特点。

（1）严谨保守，思维缜密。德国人在购物前往往做好充分周到的准备工作，对卖家的经营、资信情况会做详尽周密的研究和比较。因此，与德国人做生意，一定要做好充分的准备，尽量展现自身的经营资质，能够回答关于本公司和产品的详细问题。同时，应该保证产品的质量。

（2）追求质量和实用主义，讲究效率，关注细节。德国人对产品的要求非常高，所以我们的供应商一定要为其提供优质的产品，在交货的整个流程中一定要注意细节，对货物的情况随时跟踪并及时反馈给买家。

（3）信守合同，崇尚契约。德国人素有"契约之民"的称号，他们对涉及合同的任何条款都非常细心，对所有细节认真推敲，一旦签订合同，就会严格遵守，按合同条款一丝不苟地去执行，不论发生什么问题，都不会轻易毁约。所以和德国人做生意，必须信守合同，如果买家下订单后，出现要求更改交货期、付款期等条款的情况，这很有可能就是你和这位德国买家的最后一笔生意。

2. 英国

英国人具有以下特点。

（1）冷静持重，自信内敛，注重礼仪，崇尚绅士风度。英国商人一般举止高雅，注意礼仪，遵守社会公德，很有礼让精神。同时，他们很关注对方的修养和风度，如果你能在与买家的沟通中显示良好的教养和风度，就会很快赢得他们的尊重，为买家成功下单打下良好的基础。

（2）喜欢按部就班，特别看重试订单，订单量往往循序渐进地增加。所以，中国供应商和英国人做生意时，要特别注意试订单或样品单的质量，因为这是英国人考察供应商的先决条件，只有试订单或样品单很好地满足英国买家的要求，他们才会逐步给供应商更多的机会；相反，如果第一笔试订单都不能达到他们的要求，他们一般就不愿意再继续合作。

3. 法国

法国人具有以下特点。

（1）法国买家一般比较注重自己的民族文化和本国语言，因此在进行跨境交流时，他们往往习惯于要求对方同意以法语为谈判语言。所以，要与法国人长期做生意，最好学些法语，或在谈判时选择一名好的法语翻译。法国商人大多性格开朗、十分健谈，他们喜欢在谈判过程中谈些新闻趣事，以创造一种宽松的气氛。所以，多了解一些法国文化、电影文学、艺术摄影方面的知识，是非常有助于互相沟通交流的。

（2）法国人天性浪漫、重视休闲，时间观念不强。他们在商业往来或社会交际中经常迟到或单方面改变时间，而且会找一些冠冕堂皇的理由。在法国还有一种非正式的习俗，即在正式场合，主客身份越高，来得越迟。所以，要与他们做生意，就需学会忍耐。但法国人对于别人的延迟回复往往不予原谅，对于延迟回复的，他们会很冷淡。因此，对于法国买家的询盘，千万别延迟回复信息。

（3）法国商人对商品的质量要求十分严格，条件比较苛刻，同时他们十分重视商品的美感，要求包装精美。法国人认为法国是精品商品的世界潮流领导者。巴黎的时装和香水就是其典型代表。

4. 比利时、荷兰、卢森堡

上述三个国家的人具有以下特点。

（1）买家通常稳重、计划性强，注重外表、礼节、程序化，讲信誉，商业道德水平高。

（2）比利时、荷兰、卢森堡的买家以中型企业为主，一般回复率较高，但不愿意为物流承担任何责任，通常和中国香港的供应商做生意较多。所以在应对方式上，中国卖家在谈判时应注意趁热打铁，不要因为款项支付方式或运输问题而拒绝对方。

5. 意大利

意大利人具有以下特点。

（1）善于社交，情绪多变。意大利人说话时手势较多，表情富于变化，易激动，常常为很小的事情而大声争吵，互不相让。意大利人比德国人少了一些刻板，比英国人多了一些热情，但在谈判、作出决策时不会感情冲动，一般不愿仓促表态，比较慎重。同时，意大利人比较重视产品的价格，在价格方面寸步不让，喜欢采用代理的方式。

（2）注重节约，崇尚时髦。意大利人有节约的习惯，不愿多花钱追求高品质，而德国人愿意多付款来换取高质量的产品和准确的交货日期。意大利人追求时髦，衣冠楚楚，潇洒自如。他们的办公地点一般设施讲究，比较现代化，并且他们对生活的舒适度也十分注重。

3.1.3 东欧

东欧诸国的政治体制改革和经济体制改革对社会文化的影响很大。国家制度的变化给这些国家人民的思想带来了很大的冲击。他们的谈判人员在此背景下，待人谦恭，但缺乏一定的自信。在谈判中，他们显得急于求成，注重实利，虽然顾及历史关系，但对现实利益紧抓不放。所以，应对东欧买家，应该注意趁热打铁，及时追踪和跟进买家。

3.2 主要国家市场需求分析

3.2.1 德国

提起跨境电商市场，卖家大多想到的是美国和英国，然而随着近年来新兴市场和多语言市场热度的蔓延，更多其他语种市场受到关注。例如，占据欧洲市场25%消费体量的德国，近来成为业内研究和卖家开拓的重点市场。庞大的人群造就了强大的消费体量。德语是1亿多人使用的母语，主要在德国、奥地利、瑞士北部、列支敦士登、卢森堡、意大利南提洛尔、比利时的一小部分地区，是欧盟国家中最多人使用的语言。跨境电商卖家如何抓住这1亿多人的市场机会？研究德语市场的发展形态、网购习惯、支付方式、物流选择、产品偏好、搜索习惯等信息就显得尤为重要。敦煌网结合平台德语站点的市场表现，形成了深度市场调研报告。

1. 喜欢网购的商品

德国人喜欢网购的商品主要有图书、服饰、节日门票等。值得强调的是，德国在线销售 No.1 是图书；其次为服饰和节日门票。德国技术发达，电子产品也大有市场（图3-1）。

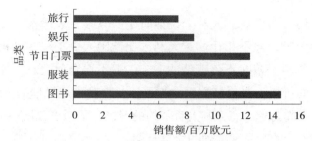

图 3-1　德国畅销电商产品门类

资料来源：敦煌网 . 2021 年跨境电商出口交易白皮书 [R]. 2021.

2. 在各领域的支出

德国人很喜欢购买二手产品，包括二手衣裤、鞋帽、桌椅等。对于中国品牌，如 HTC（宏达国际电子股份有限公司）、华为，很多德国人已经改变原来的偏见，他们觉得这些品牌的产品很有品质，也愿意购买昂贵的中国瓷器。另外，其在汽车汽配、母婴用品、消费电子、电子烟等领域的支出也很大。

总的来说，跨境电商在德国比较受欢迎，几乎垄断了德国一半的电商市场。受德国人青睐的垂直细分电商网站有如下几类。

（1）服饰类网站。Otto，Zalando，H&M，ESprit，Bonprix。

（2）电器电子类。Mediamarkt（欧洲最大的电器连锁店），Conrad。

（3）书城（电子／纸质）。Weltbild.de，Lehmanns.de。

（4）其他。Idealo（比价网），IKEA（家居），Tchibo（咖啡）。

3.2.2　美国

在美国市场，每个月份的热销产品都不同，卖家通过分析各月份的热销产品，能够准确了解美国买家的消费心理和消费需求。

1月份进入冬季服装打折期，该月属于服装的销售旺季。2月份有情人节，该月是园艺产品、时尚饰品、箱包礼品的火热销售月份。3月进入春季，服装、家居用品、美容化妆品开始热销；另外，3月份也是户外用品、桌球、水上用品的热销季节，礼品销售随着复活节等特殊节日的到来也热销起来。4月份园艺产品在美国市场销售得很好，由于本月是婚礼筹办的好季节，女鞋、伴娘礼服或婚礼用品比较热销。5月份有母亲节，园艺产品、时尚饰品、珠宝产品、箱包产品、贺卡会随着母亲节的到来而热销。6月份有父亲节，也是毕业季；

空调等制冷电器在6月开始热销，手机和消费电子产品也进入销售旺季。7月份有美国独立日，家具和其他家居用品会因为婚礼等需求而进入旺季。8月份是学生返校采购季，返校季是服装鞋类的一个热卖季节，也是手机、消费电子类产品、办公用品、运动用品的一个热卖月。9月份有美国的劳动节。秋季是服装热卖的季节之一，美容化妆品会由于秋季新品的到来而热销；同时，9月也是滑雪用品热卖的月份。体育用品在10月份会强劲打折，同时毛绒玩具会热销。11月份有感恩节，感恩节是园艺产品的热卖节日，一些家电用品开始打折。美容化妆用品会随着冬季休假来临而热卖。毛绒玩具热销，礼品会随着冬季诸多重要节日的到来进入热销季。12月份有圣诞节，是服装和鞋类热卖的季节。圣诞节是园艺产品热卖的节日，取暖设备热销，时尚饰品、珠宝和手表在12月份会占到全年1/4的销量，手机、消费电子类产品、体育用品、滑雪设备、毛绒玩具进入热销季。

3.2.3 俄罗斯

跨境电商热门国家俄罗斯，国土面积全球最大，拥有约1.46亿人口，横跨9个时区，是全球第八大经济体。因此在这个国家做物流是比较困难的，或者说联系起来比较不方便。根据俄罗斯联邦海关总署的统计数据，俄罗斯主要进口的产品有服装鞋子、化学产品、重金属、电话通信设备、电脑办公设备等（图3-2）。

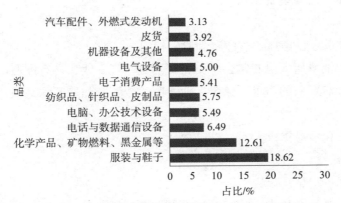

图3-2　俄罗斯联邦海关总署统计进口数据

资料来源：俄罗斯联邦海关总署。

根据俄罗斯的地理和人文特征，俄罗斯市场需求有如下特点。

1. 寒冷之邦，保暖很重要

关键词：保暖。

热销产品：帽子、围巾、手套、皮草外套。

俄罗斯气候寒冷，以俄罗斯首都莫斯科为例，其年平均气温为4.9℃，最冷月1月平均气温为-9.3 ℃，最热月7月平均气温为18.2 ℃。所以说，俄罗斯的季节温差较大，卖家在发布信息时应在标题关键词中突出"当季热卖"。此外，因为俄罗斯冬天寒冷，室外的保暖对于俄罗斯人来说尤其重要。冬天，帽子、围巾、手套是必备品，而且俄罗斯女性特别喜欢购买皮草外套。

2. 室内外温差大，睡衣薄为宜

关键词：室内外温差。

热销产品：家居服。

跟中国北方一样，俄罗斯的房子也有暖气，在俄罗斯的冬天，室外和室内的温差是很大的。于是，俄罗斯人在室外和室内时穿的衣服是两个极端。在冬天，家居服是热销产品，洗澡后所需的浴袍，以及睡觉时需要穿的薄睡衣，是冬季俄罗斯家居衣着的畅销选品。

3. 天生爱运动，跑鞋不能少

关键词：运动。

热销产品：运动服、运动鞋及其他配件。

运动是俄罗斯人生活的重要组成部分，他们经常购买运动服、运动鞋及其他配件。俄罗斯人擅长体操和冰上运动。此外，俄罗斯跟其他国家的人一样也爱好跑步、球类和健身等普遍的运动。因此，登山服、跑鞋、泳装、滑雪装是笼络爱好运动的俄罗斯人的热销单品。

4. 度假狂人多，海滩装备畅销

关键词：度假。

热销产品：泳装、沙滩服、沙滩鞋和遮阳帽。

除了运动外，俄罗斯人也非常会享受，特别是年轻一代，都有度假的习惯，一般喜欢去海滩。所以，针对度假的需求，泳装、沙滩服、沙滩鞋和遮阳帽是俄罗斯人心仪的热销度假选品。

5. 美女国度，化妆品需求大

关键词：打扮。

热销产品：彩妆产品及化妆工具。

俄罗斯女性一般都会化妆，所以对美容类产品的需求很大。俄罗斯女性更喜欢购买有品牌的化妆品。其中，最受欢迎的选品有口红、指甲油、眼影、化妆工具等。

6. 追赶潮流女性多，偏爱性感风

关键词：流行服饰。

热销产品：性感女装。

俄罗斯女性喜欢追赶潮流，时刻关注新款服饰。一些当季热门的、新奇的、创意流行的商品比较受追捧。但需要注意的是，俄罗斯女性不喜欢太过可爱的穿衣风格，而是更喜欢欧洲的性感风。

7. 男人常穿正装，最爱领带

关键词：正装。

热销产品：西装套装以及袖扣、领带、领带夹之类的配件。

俄罗斯政府员工和很多企业员工都穿正装，节日和正式场合也穿正装，而且男士还会佩戴袖扣。所以，西装套装以及袖扣、领带、领带夹之类的配件是男士们经常购买的产品。此外，因为俄罗斯男人比较高大，而且有很多肥胖人群，所以对加大码的衣服有特别需求。

3.2.4 巴西

巴西人喜爱跨境网购的主要原因体现在巴西本地物价高、人民可支配收入较多、经济高速增长、国内轻工业不能满足国内需求等几个方面。

（1）本地物价高。在巴西，一个小米移动电源需要 129 巴西雷亚尔，折合人民币为 180 多元。在这样的背景下，网上的价格比本地价格低了很多。尽管到货时间较长，甚至会被海关征税，但也是相对划算的。

（2）人民可支配收入较多。巴西政府给国民提供的福利待遇较好，在正常纳税的情况下，国民可享受免费医疗以及免除小学至大学的教育费，以上措施基本解决了巴西人民的后顾之忧。如上原因养成了巴西人民即时消费的习惯，网购即为一大表现。

（3）经济高速增长。经济高速增长极大地刺激了巴西人的购买欲。与此同时，巴西社会人群比例一直在变化。

（4）国内轻工业不能满足国内需求。由于巴西轻工业税费较高，轻工业发展不能满足国内需求。本国生产的轻工业品不足以满足国民高涨的消费需求。

根据敦煌网的调研数据，巴西人的消费喜好主要集中在服饰配件、体育用品、运动鞋、汽车、教育等领域（图3-3）。

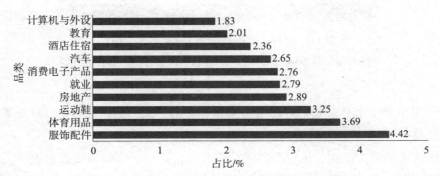

图 3-3　巴西人主要消费产品类目

资料来源：敦煌网。

巴西消费者具有如下消费特征。

（1）巴西的男性消费者比较喜爱3C和户外运动产品，且喜欢新品和符合流行趋势的产品。

（2）买家喜欢在Facebook等社交网站分享商品。

（3）喜欢与卖家互动，如果卖家不会葡萄牙语，可以直接用英语交流，巴西买家会把英葡对照语言全都发给卖家。

（4）比较喜欢有色彩冲击和色彩搭配好的最小存货单位（stock keeping unit，SKU）展示的产品，卖家在主图上的设计可以主动迎合巴西买家的喜好。

（5）相比优惠券，葡萄牙语站买家更喜欢实实在在的折扣，甚至直接搜索折扣，喜欢参与促销活动。

（6）相比支付运费，更青睐免邮的产品。

（7）进入卖家店铺，浏览最多的是评论区，评论区甚至可以决定其是否会下单。

巴西国内的主要节日包括1月1日的元旦、2月第三个星期周末的狂欢节、5月1日国际劳动节、6月18日圣体节、9月7日独立日、11月2日万灵节、11月15日共和国日、12月25日圣诞节。国内卖家可以根据节日需求选择合适的商品销售。

巴西人网购的主要品类有电子、手机、美容、母婴。各品类产品需求占比情况如图3-4所示。

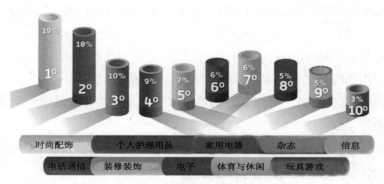

图3-4　巴西人网购各品类产品需求占比情况

资料来源：敦煌网. 2021年跨境电商出口交易白皮书 [R]. 2021.

2015—2020年，总体热销的产品有男女服饰、电子类、健康美容类、母婴类以及太阳能与节能灯具。

尽管巴西市场潜力巨大，但巴西的关税管理非常严格，有时需要提供税号。与关税关联甚多的是一度让企业"闻风丧胆"的巴西物流。与南美的其他国家一样，物流一直是进入巴西市场的一大难题，对此，巴西客户与跨境电商企业一样头疼，并极度渴望来自大洋彼岸的中国电商企业解决此难题。因此，如何以最快的速度收到最具性价比的中国产品，如何在国外淘到好东西，一度成为巴西民众的热门话题。

3.2.5 西班牙

西班牙属于西班牙语市场。所谓西班牙语市场，很多卖家理解的是西班牙市场。其实，西班牙语市场是以语系划分的，全球有近30个国家讲西班牙语，人数达到5亿，是世界第三大语言。其范围包括：南美洲的哥伦比亚、委内瑞拉、厄瓜多尔、秘鲁、玻利维亚、巴拉圭、智利、阿根廷等；北美洲的墨西哥；中美洲的危地马拉、洪都拉斯、萨尔瓦多、尼加拉瓜、哥斯达黎加、巴拿马；加勒比地区的古巴、多米尼加、波多黎各；非洲的赤道几内亚、西撒哈拉。在美国的西部和南部，有超过2 000万的居民讲西班牙语，菲律宾也有一部分居民讲西班牙语。由此可见西班牙语市场覆盖范围之广、人数之多。那么西班牙作为西班牙语市场的典型国家，其跨境电商有什么特点呢？

首先，西班牙是欧洲第五大电商市场，据商业情报分析机构Sensor Tower的数据显示，约3.61%的在线消费者喜欢从海外电商网站购买商品。其次，西班牙人对中国商品的认可度比较高，因此，从出口国市场来看，西班牙一直是我国主要的出口国。

下面，我们来看一下西班牙人跨境购物的偏好。

1. 最喜欢的商品品类

西班牙人最喜欢的海淘产品有3C类、服装配饰类、美容健康类、旅行类以及一些具有当地文化特征的产品。

3C类产品包括手机整机、手机配件、投影仪、音响及平板电脑。其中，手机整机最受欢迎，一些国产品牌手机受到西班牙语买家的青睐，例如，小米、华为、中兴、Lenovo。从Google关键词搜索趋势来看，中国品牌手机在西班牙的搜索量呈逐年上涨趋势。

服装配饰类产品主要包括晚礼服、Party服装、泳装、舒适又时尚的鞋子、围巾、太阳眼镜等。西班牙的消费者是非常追求时髦的，他们的时尚风向标是*Vogue*杂志，有相关产品的卖家如果想打入西班牙市场，不妨多关注他们喜欢的风格。

西班牙地处欧洲，气候和其他因素导致部分成年已婚女性越来越肥胖，因此减肥产品是她们的最爱。在夏季，西班牙人十分喜欢在海滩边晒太阳，把皮肤晒成小麦色。此外，西班牙女性基本化妆，就连60多岁的老太太也上妆，尤其喜欢画眼影、眼线。同时，现代健康问题被日益关注，西班牙人也不例外，因此他们也逐渐倾心于一些医疗保健产品。旅行和体育类产品也受到西班牙消费者的喜爱。西班牙人对旅行产品的需求主要有汽车配件 [包括GPS（全球定位系统）、汽车修理工具]、户外运动产品（包括运动鞋、球服、骑行系列）等。

此外，西班牙市场上一些比较特殊的品类主要有以下几种。

（1）符合当地文化的扇子、含猫头鹰元素的产品。扇子于16世纪由葡萄牙人从东方传入欧洲。开始仅王宫贵族的妇人使用，18世纪才得以普及。扇子以前以纳凉功能为主，现代大多用于装饰和家居陈设。而猫头鹰则来自西班牙的一个寓言故事，因此猫头鹰系列的产品也是比较具有西班牙本地特色的，图3-5显示了一些具有西班牙文化特色的产品。

图3-5　西班牙猫头鹰系列产品

（2）当地实时动态的电影元素、当地乐队相关文化产品。当地一些实时的动态可以作为我们选品的参考。

（3）专业类数字诊断工具产品。数字诊断工具产品在西班牙语站出单一直不错，但是产品种类多且相当专业。这时就需要我们专业的卖家根据市场的出单情况来选择自己主推的产品。

2. 面向西班牙买家的价格策略

卖家需要针对不同类型买家设置阶梯价产品，主攻B类（批发商），但也要关注C类（终端消费者）。

现在跨境电商主要是B2B（企业采购），因此我们的主要客户群是B类，但是鉴于B类购买周期长以及购买数量有限等，C类也是我们不能错失的一块蛋糕。

3. 西班牙跨境电商的物流选择

针对西班牙买家提供快捷方便的物流方式。在西班牙比较常用的物流方式有四大快递：DHL（由于海关检查率较大，清关较难，不建议卖家使用）、FedEx、UPS、TNT；小包有Netherlands Post、One Word Express。

4. 西班牙买家对折扣的喜爱

西班牙买家比其他任何国家的买家都看重大折扣。通常情况下，他们对较大的折扣是没有抵抗力的。

3.3 跨境电商的选品策略

3.3.1 产品价格与产品种类选择

在国际市场上，中国有天然的优势，劳动力众多，制造产品的成本低、资源丰富等，使其获得了"世界工厂"的称号。跨境电商的发展势必对传统企业造成冲击，如果传统企业能够抓住发展的机遇，成功转型，那么就会在跨境电商领域占据一席之地。

传统企业布局跨境电商领域时，首先需要选择好的产品。制造商可以利用自己的人际资源，选择已有的产品链，而个人和小团队则需要充分考虑如何选择产品。其次，企业要根据所选择产品的特性，寻找合适的销售市场。

那么，在布局跨境电商领域时如何选择好的产品呢？

1. 产品价格选择

企业在选择产品时，要预先对产品的价格区间有一个大体的限制，通常来说，最好限制为 50~500 美元。在选择产品的价格时，要考虑以下因素。

（1）单品价格不宜过低。因为跨境电商的运费很高，所以即使产品的价格很低，也无法引起消费者的购买欲望。此外，产品的价格很低意味着企业获取的利润很少，甚至可能亏本，因而企业缺乏营销的热情。再加上产品的门槛低，将会招致众多的竞争对手，不利于企业的发展。

（2）单品价格不宜过高。目前，我国跨境电商的相关体制与机制还不完善，依然存在假冒、欺骗等现象，产品的价格过高，必将影响消费者的购物冲动。例如，人们很少在网上购买贵重物品、奢侈品等。

2. 产品种类选择

跨境电商产品种类选择也存在一些技巧，企业可参考以下几条。

（1）优先选择"小、便、轻"的产品。由于国际运费昂贵，因此企业在选择产品时，最好选择"小、便、轻"的产品，以降低运输成本和经营风险。

此外，产品由国外运到国内，在到达消费者手中之前，必须借助国内的物流。因此，产品还需要方便运输，不易磨损，避免退换货的麻烦。运输造成的产品破损问题，企业不仅要承担退换货的运费，还要分配专门的人去解决纠纷，安抚消费者的情绪，将耗费大量的人力、物力和财力。

（2）选择易过海关的产品。企业做跨境电商时，需要清楚哪些产品可以海外代购，而哪些产品则是不被允许的。大多数企业都知道药品、粉末状物品、液体、易燃易爆品等都是不能用快递运输的。除此之外，企业还需要了解国内的市场行情及通关政策，可以咨询相关的业界人士及物流公司。例如，在澳大利亚，珠宝、化妆品等产品是不允许通关的。

（3）选择易耗型产品。企业可以选择面膜、食品等易耗型产品，这样消费者在使用完后会重复购买，易形成用户黏性，培养他们的网购习惯。

3.3.2 网站定位与区域市场选择

在具体的执行过程中，有专业的选品人员，他们会根据定位的用户群消费者的特点来筛选具有针对性的产品。从这里我们可以看出，消费者的需求是非常重要的一个衡量因素，除此之外，产品的性价比、外貌特征等因素也不能忽视。

如果选出来的产品能够满足消费者的需求，则选品人员与产品供应方都能从中获益，这也是选品的目的与价值的体现。

对立足于产品的消费者而言，他们愿意购买的产品，必定是对他们有价值的，或者是能满足其生活需求，或者是能够让他们在朋友面前炫耀，又或者能够让他们心情愉悦等；而立足于产品本身，无论是其品质、价格定位，还是外貌特征，都应当接近于消费者的预期。

因为消费者的需求和产品供应并不是一成不变的，所以选品也就需要随之进行调整。从最初的网站定位到接下来的行业分析，再到之后的区域需求分析及品相参考，最终环节便是开发产品。

如果明确了网站定位，接下来要做的就是了解当前产品的供需状况，对产品的生产量和消费量做到心中有数；摸索消费者对产品的进一步期望，借助恰当的网络平台，参照产品的供应状况，为开发产品做好铺垫。

1. 网站定位

网站定位，就是确定网站针对的用户群，了解并掌握网站的定位之后，便于专业的选品人员据此来深入评析产品品类。

中国制造的产品的优势：成本消耗不高，品种丰富，换代时间短，出口量大；不足：没有建立自身品牌，质量有待提高，用户依赖性不高。

从这些方面可以看出，对我国采用 B2C 模式的跨境电商而言，发展销售品牌比产品品牌的建立更具影响力。

（1）着眼于产品的品类结构，可以将其分为以下大类。汽车配件、电脑配件、游戏配件、手机配件、服装用品、儿童用品、家居用品、体育器材、摄影设备、美容保健产品、电子产品、收藏用品、首饰及手表。

（2）要根据网站的针对性来考虑产品线的宽度及深度。

①产品线的宽度。在进行品类分析的基础上，从多个角度去进行产品开发，掌握消费者对产品的期望，在这个过程中，不仅能够使产品线的宽度突破局限，也能够满足消费者的多样化需求；开发时不仅要着眼于产品本身，还要重视与该产品相关的品类，增加经营者利润的同时，方便消费者使用。

②产品线的深度。无论是经营哪种产品，都要在数量上有所保证，还要为消费者提供多样化的外观选择；按照产品价格、包装等不同，将其分为不同档次，供不同水平、不同需要的消费者进行选择；与建立起自身品牌的产品商合作，充分发挥其品牌效应；寻找目标市场的需求特点，并据此对产品加以改进和完善，使其更加符合市场特征。

2. 研究不同地区的消费需求

在明确网站定位的基础上，采用先进的数据分析技术及相关的行业信息，找出哪一类的市场最适合进行自身产品的运营，研究不同地区的消费者需求。

1）研究产品所在领域的发展状况

将品类分析的范围扩大至产品所处的领域，明确产品制造地位于我国，而许多海外国家都是产品的输出地。掌握该产品的主要输出国家或地区及海外市场的交易量，这样就能掌握该领域的发展状况及其动态趋势，也能更好地把握产品经营过程。可以从以下三个方面来掌握产品在海外市场的交易动态。

（1）分析报告。分析报告指由专业分析部门或贸易网站在系统分析后对外公布的行业研究报告。它们拥有资深的分析人员，在信息资源等方面上占有优势，所以，依据它们的统计结果及分析报告，能够作出更加科学的判断和决策。例如，能够提供行业分析报告的中国制造网，能够提供行业视频教程的敦煌网。

（2）行业展会。所谓行业展会，是产品供应方采取的营销策略，目的是让用户及合作商了解推出的产品，增加销售量、提高品牌影响力等。通过参与其中，能够了解该领域的发展状况及未来走势。

（3）出口贸易企业或工厂。无论是哪种类型的产品，在开发阶段都不能忽视同供应商的交流。多数供应商在该行业从事了多年工作，比较熟悉产品的主要输出地及海外的需求情况，与经验丰富的供应商交流，能够对当前该产品的市场走向有更多的了解。不过，在这里要强调的一点是，在与供应商交流之前，产品方面也要做好有针对性的专业准备，不然一味跟着供应商的思维走，难免上当。

2）数据分析手段

随着互联网的不断普及和信息科技水平的逐渐提高，电商日渐崛起，可以说，如今经营电商的人都要懂得如何借助网络优势来进行信息统计和分析。

所谓数据驱动，就是运用信息分析手段对统计来的信息进行分析和研究，成为产品经营过程中的参考，其显著特点是注重最终的运营结果。

内部数据与外部数据是数据的两个组成部分。来自公司之外的同行企业或者是大环境的运作信息为外部数据，来自自身公司运作中的信息为内部数据。在企业发展中，切勿闭门造车，而应该充分了解并掌握外部数据，对竞争对手的发展情况了如指掌。

3.3.3 根据消费需求选择热门产品

1. 进行市场调查

企业在选择产品时，需要进行一定的市场调查，从而选择需求量大的产品。对于跨境电商来说，不同的国家有不同的消费习惯和文化背景，国内电商的营销方法未必适用于跨境电商领域。对于国内电商来说，文化背景相同，消费习惯也具有相似性，企业只要提高曝光率，就能够将流量变现。但这并不意味着国内电商就不需要研究消费者的心理和调查市场需求情况，只是与跨境电商相比难度小得多。对于跨境电商来说，在不了解国外人们的生活习惯的前提下，无法准确地把握他们的消费行为和消费习惯，致使很多跨境电商销售的产品与国外消费者的实际需求不相匹配。

对于跨境电商来说，要了解各个国家的消费者的需求，为其提供满意的服务，需要花费大量的时间和精力。除此之外，在不同的国家和地区销售产品需要采取不同的销售平台和营销手段。例如，在美国、英国等发达国家销售产品时，可以采用 eBay 平台销售比较有特色的产品；在俄罗斯、巴西等国家，可以通过阿里巴巴旗下的速卖通平台销售价格比较低的产品。

在不同的国家和地区销售产品时，要进行市场调查，以充分了解当地消费者的消费习惯和消费需求。对于不能实地考察的地区，企业可以采取数据分析的调查方式。

2. 选择流行的热门产品

在跨境电商领域，随着人们生活水平的提高，3C 电子、家居、电子烟、汽车配件、饰品等产品开始崛起，并且这些产品在市场上的竞争也日趋激烈。如果企业进军这些领域，则需要对产品价格、产品类型以及市场行情有精确的分析，以经营具有个性化特点的产品，在众多的竞争对手中脱颖而出，可以经营定制礼服或者特色箱包、个性饰品等。

产品的选择在跨境电商中具有举足轻重的影响，合适的产品会为企业带来巨额利润，促进企业的发展；而不合适的产品则会使企业陷入困境，最终被市场淘汰。

在海量的产品中如何选择适合自己的产品，需要借助一定的技巧。首先，可以确定自己对哪种类型的产品感兴趣；其次，就是进货等筹备工作；再次，实时追踪产品的销售情况，及时调整经营策略及更换产品类型；最后，根据产品在市场中的销售情况，选出最受消费者欢迎的产品，再大量进货。

3.3.4 产品选择的外部和内部数据分析

1. 外部数据分析

研究方法：充分利用先进的数据分析技术，掌握多维度的信息数据，以此为参考。

实施过程：一方面，借用 Google Trends 技术研究产品的发展规律和趋势走向，抓住时机进行产品开发；另一方面，Keyword Spy 技术能够帮助经营者找到更恰当的营销策略；通过运用 Alexa 技术，能够了解其他同行的运营情况，并通过分析他们的产品来掌握市场行情。

1) Google Trends

网址链接：http://www.google.com/trends。

搜索方法：关键词、国家、时间。

具体操作：在搜索框中输入关键词，可以发现不同地区的搜索曲线具有不同的特点。

以"关键词：swim wear（泳衣）；国家：美国和澳大利亚"为例，可以发现，美国与澳大利亚的用户对泳衣的搜索呈现各自的特点，前者搜索量较多的时期集中于 5 月、6 月和 7 月，后者则集中于 9 月到第二年 1 月。所以，如果要在美国进行泳衣产品的开发，需要将时间限定在 3 月和 4 月，而在澳大利亚进行同类产品的开发，就要限定在 7 月和 8 月。

如果经营者事先没有掌握这个时期分布的规律，就很难抓住恰当的开发时期。

掌握了这些运营技巧之后，便可以利用相关技术手段来了解同行企业的经营状况，可以在参照别人的过程中不断修正自己。

2) Keyword Spy

网址链接：http://www.keywordspy.com/。

搜索方法：关键词、国家、站点。

具体操作：还是以美国的泳衣市场为参考对象，在搜索栏中输入关键词，如图 3-6 所示。

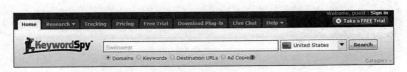

图 3-6　Keyword Spy 搜索页面

搜索关键词 swimwear，能够得到以下信息，如图 3-7 所示。

结果显示，美国网络用户对泳衣的月搜索量超过 500 万，这足以说明该产品受到的关注程度高。

图 3-7 中左下矩形圈出的内容为 Keyword Spy 网页与"泳衣"关联度比较高的关键词。

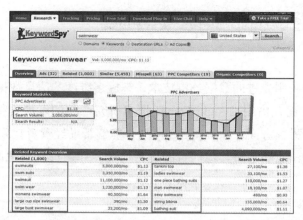

图 3-7　关键词 swimwear 在 Keyword Spy 网页中的搜索信息

其中，比较基本的目标关键词有 swim suit、swim wear 等，在这些词汇的基础上又延伸出其与目标关键词相关的词汇。如果经营者能够以搜索量大的词汇来形容或定位自身的产品特征（图 3-7 右下角矩形圈出的内容），就能提升搜索引擎优化（search engine optimization，SEO）发挥的效应。

3）Alexea 的运用：分析特定网站的市场经营状况

网址链接：http://alexa.chinaz.com/。

具体操作：在搜索栏中输入要查询的网站地址，如图 3-8 所示。

图 3-8　输入要查询的网址

搜索到相关信息后，需要将注意力放在该网站每天的访问量和它在不同国家或地区的排名上，前者是从宏观的角度显示该网站的影响力，如图 3-9 所示；后者则是针对具体地域而言，如图 3-10 所示。

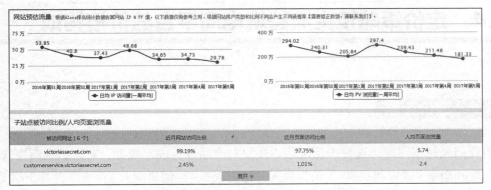

图 3-9 Victoria's Secret 网站每天的访问量

国家/地区名称 [14 个]	国家/地区代码	国家/地区排名	网站访问比例	页面浏览比例
印度	IN	16,638	0.4%	0.6%
俄罗斯	RU	6,698	1.4%	1.0%
美国	US	542	60.0%	60.2%
澳大利亚	AU	2,155	1.0%	1.0%
英国	GB	2,070	2.7%	3.1%
法国	FR	6,079	0.8%	1.0%
韩国	KR	3,636	0.7%	0.7%
意大利	IT	6,456	0.6%	0.7%
荷兰	NL	2,883	0.5%	0.6%
加拿大	CA	1,260	2.9%	2.9%
日本	JP	2,026	10.6%	5.6%
中国	CN	1,721	7.0%	10.0%
其他	O	--	10.3%	11.4%
德国	DE	6,306	1.1%	1.2%

图 3-10 Victoria's Secret 网站在不同国家/地区的排名、访问比例

经过对信息结果的简单分析可以看出，Victoria's Secret 网站将美国作为其主要进军地，不仅如此，其在美国的影响力确实不小。利用数据分析技术，完全可以参照该网站的泳衣产品在美国进行同类产品的开发和推广，也可以据此来定位自身产品的特征并对价格进行调整。

2. 内部数据分析

研究方法：市场上发行的产品会在销售中带来大量数据内容，这些信息不仅能够用来证实选品结果，也能为公司之后的产品开发提供借鉴。

运用 GA（遗传算法）技术可以统计发行于市场的产品的用户关注度、满意率及消费者的体验等信息内容，并且从中找出受市场欢迎的产品和市场对其的接受程度。这样，无论最初的选品决策是否拥有良好的结果，企业都能在每一次分析中取得进步，从而获得长远的发展。

明确产品的关键词和定位，加强与产品供应商的合作关系，致力于开发满足消费者需求的产品，可实现企业自身的利润增长，满足用户的期待。

3.4 定价策略及主流跨境电商平台的价格构成

3.4.1 定价策略

当我们经过层层考虑选好产品之后，还要对产品进行成本核算，对产品利润率进行分析。一般利润率{销售利润率=（销售收入−销售成本）÷销售收入}在该平台有20%以上，就可以考虑在该平台进行销售。以亚马逊平台为例，表3-1是某产品在亚马逊德国站的成本核算。

表3-1 某产品在亚马逊德国站的成本核算

产品图片	款号	成本/元	汇率	重量/kg	物流费用/元	亚马逊平台佣金/元	总费用/元	建议零售价/欧元	利润/元	利润率/%
	10158	50.00	7.47	0.05	33.00	22.30	105.30	19.90	43.36	29.17
	10159	53.00	7.47	0.05	35.00	22.30	110.30	19.90	38.36	25.80
	15018	99.00	7.47	0.05	35.00	22.40	156.40	19.99	−7.07	−4.74
	15019	105.00	7.47	0.05	35.00	27.90	167.90	24.90	18.10	9.73

表3-1分析：该表的建议零售价参考该产品在亚马逊德国站的市场均价确定。从这个产品成本核算表可以看出，款号为10158、10159的产品可以放在亚马逊德国站进行销售，而款号为15018、15019的产品则不考虑放在亚马逊德国站进行销售。15019虽然有利润，但是利润不多，销售风险比较大，而15018完全是亏损的，更加没有必要放到该平台销售。

不同的跨境电商平台，其价格有不同的算法。产品的价格往往需要从平台的排名规则、目标市场的经济水平、消费者的经济能力及购物习惯等不同的维度考虑，然后确定。具体定价方法如下。

1. 成本定价法

成本定价法是以产品单位成本为基本依据，再加上预期利润来确定价格的成本导向定价法，是中外企业最常用、最基本的定价方法。

如店铺准备销售女性半身裙，商品成本价为20元，国内运费5元，其他成本费用合计5元，产品重量250 g，国际运费以寄到俄罗斯为标准，该产品的总成本为：20+5+5+96.3×0.25+8=62.075元。按照当时美元汇率，该产品的成本为9.82美元。通过数据纵横热搜词分析，买家在搜索半身裙用的是热门关键词是 skirt，如图 3-11 所示。

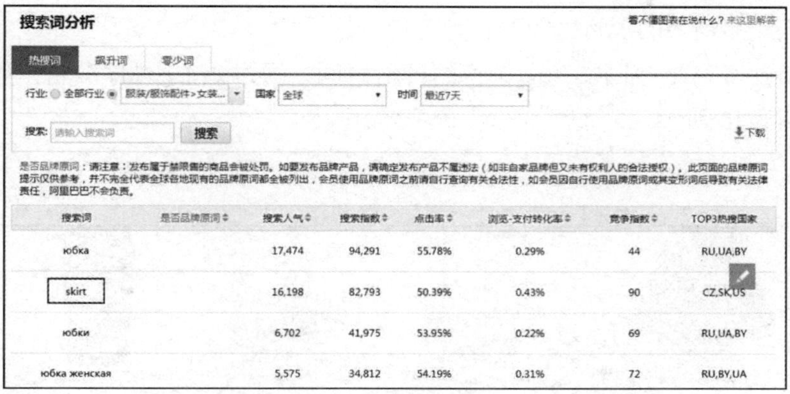

图 3-11　半身裙速卖通热搜词 skirt

使用"skirt"在速卖通平台搜索，查看并分析在搜索结果页面中的产品价格区间，如图 3-12 所示。

图 3-12　"skirt"搜索结果页面

从搜索结果第 1 页分析出，半身裙的价格区间为 5.27~24.22 美元，按照上面所算下来的基础成本，该产品的价格区间为 9.82~24.22 美元。

成本定价法简单易用，因而被广泛采用。但这种方法不考虑市场价格与需求变动的关系，也不考虑市场的竞争问题。新卖家开始对市场没有充分的了解，可以采取这种方法，但运营一段时间后，还是要结合实际情况调整定价策略。

2. 测试定价法

测试定价法是在成本定价法的基础之上，通过店铺折扣工具和营销方法对产品进行多轮测试后确定产品销售的价格区间的一种定价方法。

（1）分析速卖通平台同类商品销售的价格区间，通过 order 排序分析出销量最好的价格区间，如图 3-13 所示。

图 3-13 "skirt" 搜索结果销量排序页面

从图 3-13 中可以看到，销量排在前面的价格区间为 5.27~12.9 美元，所以初始定价时最好不要超过 12.9 美元或者不要过多地偏离 12.9 美元。

（2）分析销量排在前面的店铺的营销策略，确定店铺折扣工具和营销方法组合以及测试时间，组合不宜过多，最好选择 2~3 种。

（3）根据设定时间内的测试结果进行价格调整，经过多轮测试后，根据数据反馈最终确定产品销售的价格区间。

3. 组合定价法

组合定价法即将店铺销售的产品进行分类，采取不同的定价策略。

（1）引流款。引流款是店铺用来吸引流量的产品，这类产品的定价策略为基本接近甚至略低于成本价，如图 3-14 所示。

引流款主要是老款、清仓款，但也不乏新款，用来引流的新款往往可能会被打造成爆款。

（2）利润款。利润款是指店铺正常销售的款式，这类款式的利润比引流款高，通常用

图 3-14　速卖通男装店铺引流产品

图 3-15　速卖通男装店铺利润产品

打折和关联营销来配合引流款的流量，如图 3-15 所示。

（3）活动款。活动款是指专门为了配合平台活动而推出的款式，因为平台活动的折扣力度比较大，所以活动款在定价时一定要考虑到活动的折扣。速卖通的平台活动如图 3-16 所示。

除了上面所述的策略外，定价时还必须考虑产品的推广费用。

图 3-16 速卖通的平台活动

3.4.2 主流跨境电商平台的价格构成

1. 速卖通店铺产品的价格构成

在速卖通中，对排序产生重要影响的两大因素分别是销量和关键词，而影响销量的最关键因素是价格。

1）影响速卖通店铺产品定价的因素

有些新手卖家在一段时间后会发现虽然订单不少，但最后结算时仍然是亏损的。要避免这个问题，卖家需在定价前明确哪些因素影响产品价格。

影响速卖通产品价格的因素主要包含产品成本、运费、利润、平台佣金、促销成本等。

（1）产品成本。产品成本包括产品进价成本和产品流通费。产品进价成本是指企业购进产品的原始进价和购入环节缴纳的税金。产品流通费是指企业在从事产品购进、调拨、储存、销售活动或提供劳务过程中所支出的费用。此外，还要考虑产品在储存和流通中的损耗。

（2）运费。运费也称物流成本（logistic cost），指产品的空间移动或时间占有中所耗费的各种活动和物化劳动的货币表现。它是产品在实物运动过程中，如包装、装卸、运输、储存、流通加工等各个活动中所付出的人力、财力和物力的总和。按物流的功能，物流成本可做如下分类。

①运输：主要包括人工费用，如运输人员工资、福利等；营运费用，如营运车辆燃料费、折旧费、公路运输管理费等；其他费用，如差旅费等。

②仓储成本：主要包括建造、购买或租赁仓库设施设备的成本和各类仓储作业带来的成本。

③流通加工：主要包括流通加工设备费用、流通加工材料费用、流通加工劳务费用及其他费用。

④包装：主要包括包装材料费用、包装机械费用、包装技术费用、包装人工费用等。

⑤装卸与搬运：主要包括人工费用、资产折旧费、维修费、能源消耗费及其他相关费用。

⑥物流管理：主要包括差旅费、会议费、交际费、管理信息系统费用以及其他费用。

如果产品是海外仓配送，物流成本还包括头程运费和海外仓配送费用。

（3）利润。利润是将店铺收入减去成本价格和税金所剩下的金额，它是店铺的经营成果，是经营效果的总体反映。跨境店铺通常用利润率来表示店铺的获利情况。利润率是剩余价值与全部预付资本的比率，是剩余价值率的转化形式。

速卖通产品定价时利润率要为后续营销活动预留空间，一般将利润率设为30%~50%。

（4）平台佣金。商家在速卖通经营需要按照其订单销售额的一定百分比交纳佣金。速卖通各类目交易佣金的标准不同，部分类目的交易佣金为订单金额的8%，部分类目的交易佣金为订单金额的5%。速卖通会根据行业发展动态等情况不定期调整佣金比例，调整消息会以网站公告或站内信的方式通知卖家，卖家也可以通过查询速卖通卖家后台的"入驻须知"得知调整消息。

（5）促销成本。速卖通的促销活动包括店铺活动、直通车、联盟佣金、站外促销、平台大促等。

①店铺活动：如限时限量、全店铺打折、满立减、优惠券、购物券等。

②直通车：是速卖通平台会员通过自主设置多维度关键词，免费展示产品信息，通过大量曝光产品来吸引潜在买家，并按照点击付费的全新网络推广方式。简单来说，速卖通直通车就是一款快速提升店铺流量的营销工具。

③联盟佣金：速卖通联盟营销是一种按效果付费的推广模式。卖家加入速卖通联盟之后，产品除了通过现有的渠道得到曝光外，也会在速卖通站内的联盟专属频道上得到额外曝光，在站外会得到海量联盟流量。参与联盟营销的卖家无须预先支付任何费用，推广过程完全免费，只需为联盟网站带来的成交订单支付联盟佣金。

④站外促销：速卖通站外推广的渠道很多，目前站外推广的主流平台或网站是Facebook、Google、Instagram、YouTube，以及Yandex、VK、网红视频等。

⑤平台大促：速卖通平台每年1—2月有新年、春节大促，3月有周年庆的"3·28"大促，6月有年中促，8月有品牌周，11月有"双11"购物狂欢节等。每当大促，店铺都会进行价格调整。

2）速卖通产品定价注意事项

（1）利润不要太低。一般利润率设为30%~50%，给促销活动留出价格空间，引流款产品要适当降低定价。

（2）参考同行产品价格。定价时参考同行产品价格，但不要和低价的同行打价格战，参考同行价格的目的是了解市场行情，防止盲目定价而造成价格过高或过低，要在保证利润的基础上定价。

（3）定价时要细心。因为粗心大意而填错产品价格的卖家比比皆是，这类问题最典型的代表就是把大量（LOT）和单价（PIECE）搞混。有的卖家在产品包装信息的销售方式一栏选择的是"打包出售"，填写产品价格的时候，误把LOT当成PIECE，填的是1件产品的单价。结果，买家看到的实际产品单价也就"严重缩水"了。这也是目前平台上某些产品的价格低得离奇的一个重要原因。

（4）注意货币单位。有些卖家不注意货币单位，把美元看成元，数字是对了，单位却错了。本来一个商品的价格是100元，显示出来的价格成了100美元。这样的产品价格会把买家吓跑。

2. 亚马逊店铺产品的价格构成

1）影响亚马逊店铺产品定价的因素

在亚马逊平台开店，影响产品定价的因素主要包括平台佣金、产品品质与采购成本、市场供需、预期利润、品牌形象定位、促销策略、资金周转、营销推广费用、竞争对手的价格、运输费用和其他因素。

（1）平台佣金。卖家在亚马逊平台销售产品，平台会根据不同类目收取不同比例的佣金。媒介类产品的佣金一般为商品价格的8%~15%，非媒介类产品的佣金一般为订单总金额（包括商品价格、运费、礼品包装费）的8%~15%，一些品类还有最低销售佣金限制。

（2）产品品质与采购成本。产品的生产成本包括原材料、研发制造经费、运输成本、工厂本身所得利润等方面。如果卖家为了保障产品品质，对产品进行改良或微创新，成本会增加。但是，亚马逊平台上的卖家并非都有工厂，没有工厂的卖家需要在市场上进行产品开发和采购，采购成本的高低对定价有直接影响。如果产品的采购成本高，卖家为了保证利润，定价自然就会提高。

（3）市场供需。市场供需对产品的定价有明显的影响。当市场上的一个产品供不应求时，它的价格就会随之上涨；相反，当该产品被商家线上线下大量铺货时，买家的选择多样化，卖家的利润就会被稀释，其价格也会随之下降。此外，每个行业研发新产品的速度是非常快的，新的产品出现，原先产品对买家的吸引力就会下降，降价是必然的。

（4）预期利润。利润是影响价格的一个重要因素。身为卖家，需要投入大量的人力和物力，选品时会考虑产品是否有市场和利润，否则没有必要开发和推广。而卖家对店铺里不同产品的利润预期也是不一样的，有些可能是成本的几倍，有些可能就只有几成。

（5）品牌形象定位。每个店铺的产品品牌定位不同，价格定位也不一样。走产品低端市场线路的品牌，价格会偏低；走中端市场线路的品牌，价格适中；走高端市场线路的品牌，价格偏高，其产品与服务也都是高端的。

（6）促销策略。每个电商平台都会有不同主题的促销活动，如亚马逊平台7月中旬有会员日，下半年有圣诞大促等。每当重大节假日、促销节日来临，平台店铺都会大规模调整价格。

（7）资金周转。有些企业为了减小风险，快速运转资金，也会进行价格调整，必要时还会采取薄利多销的手段刺激市场。

（8）营销推广费用。亚马逊平台的营销推广手段较多，特别是产品要做站内外推广，会产生相应的推广费用。

（9）竞争对手的价格。跨境电商平台的产品同质化严重，如亚马逊平台有跟卖政策，一个产品不只有一个卖家，因此竞争对手非常多。竞争对手的价格也会成为卖家定价、调整价格的参考依据。

（10）运输费用。如果产品是包邮的，运输费用在价格中会占很大一部分比例。如果卖家选择FBA，还会产生FBA头程费用和使用FBA仓库相关的费用，这笔费用也会转嫁到产品成本中。

（11）其他因素。除了上面这些因素外，还有一些其他因素也会影响价格，如买家的消费习惯、卖家对产品进行更新换代。此外，一些压仓的产品也会低价促销。

2）亚马逊产品的定价方法

亚马逊卖家定价时一般会综合考虑生产成本、利润、自身产品品质等多种因素。

（1）亚马逊产品的一般定价方法。亚马逊卖家定价时可以参考如下定价公式：

$$产品价格 = 产品成本 + 平台佣金 + 预期利润 + 其他$$

$$FBA产品价格 = 产品成本 + 平台佣金 + FBA头程费用 + FBA费用 + 预期利润 + 其他$$

亚马逊的大部分类目产品的平台佣金为订单总额的15%；"其他"是指卖家的推广成本、税务成本、人工成本等。

在产品定价前，卖家要确定产品的定位，是走销量路线还是走高利润路线。因为走的路线不一样，定价的策略就不一样。

（2）亚马逊产品不同阶段的定价方法。同一个产品，在新品上架阶段、产品成长阶段、产品成熟阶段和产品衰退阶段的定价策略是不一样的。

①新品上架阶段。当卖家的产品刚上架时，既没有好评和星级评分，也没有忠实粉丝，产品处于无竞争力状态。为了给买家一个良好体验，让产品快速切入市场，这个阶段的定价策略一般是通过低价来吸引客户。但是这个"低价"并不意味着不考虑卖家的利润，否则不但不能获得利润，反而会让买家低估产品的价值，甚至怀疑产品的品质。

②产品成长阶段。当产品的销量、好评、星级评分等各项指标达到一定基础后，产品销量处于上升阶段，但忠实粉丝的数量还不够多，产品处于成长阶段，这时的定价策略是稍微提高价格或将价格控制在比竞争对手的价格稍微偏低一点的范围。

③产品成熟阶段。产品的销量趋于稳定，排名、流量、星级评分等各方面的指标都不错，产品在市场上也积累了不小的人气。产品的表现已经远超一般卖家的产品，从各方面

的数据都能看出这是一款爆品或准爆品,这个阶段属于产品成熟阶段,产品比价功能已经弱化,其更多代表品牌形象与店铺定位。这个时候卖家可以放心地将价格调为比市场价高一些。这个阶段的忠实粉丝并不会因为产品提价而离开。

④产品衰退阶段。产品在市场上成熟之后便会慢慢进入衰退期。这时市场上出现了功能更加完善的产品来取而代之,消费者的忠实度会下降,需求会逐渐减弱,销量与利润都大不如前。这个阶段卖家没有必要强推该产品,如果还有库存,可以进行清仓处理,如满减或打折包邮等。

3. Wish 店铺产品的价格构成

1）影响 Wish 店铺产品价格的因素

影响 Wish 店铺产品价格的因素除了产品的生产成本或采购成本、预期利润外,还包括平台佣金、运费、平台罚款、收款提现费等。

（1）平台佣金。在 Wish 上创建账户、开设店铺都是免费的,上传商品信息也不会被收取任何费用。不过 Wish 将从每笔交易中按一定百分比或按一定金额收取佣金,即卖出产品之后收取这件产品收入（售价 + 邮费）的 15% 作为佣金。

（2）运费。物流运费主要取决于卖家的物流承运商,这与其他平台的卖家是相同的。但值得注意的是,Wish 平台在有些情况下,买家退款需要卖家承担 100% 的退款费用,这是因为 Wish 的服务原则是买家优先,在退款问题上都是优先考虑买家的。

（3）平台罚款。Wish 平台对于卖家的违规行为采取的不是扣分制度而是直接罚款制度,具体内容介绍如下。

①若产品信息不准确、销售伪造侵权产品,卖家可能会面临罚款,每个仿品可能会被罚款 1 美元。

②如果店铺禁售过去 9 天交易总额超过 500 美元的促销产品,店铺将被罚款 50 美元。

③经过审批的产品如果在编辑后,在再次审核时被发现违反了 Wish 的政策,卖家可能会被处以 100 美元的罚款。

（4）收款提现费。跨境电商卖家收款提现要收取一定比率的费用。目前在 Wish 平台上合作的支付企业提现费率普遍为 0.4%~1%。

2）Wish 产品的定价方法

在定价前,卖家要算出各种成本费用,Wish 店铺的产品涉及的成本费用主要有：产品成本费、Wish 收取零售价格和运费总和的 15% 的佣金、收款渠道收取 1% 的手续费、退货成本（卖家可以通过 Wish 商户平台的用户服务表现页面查看并追踪退款率指标）等。

如果利润空间为 16%~26%,那么 Wish 店铺产品的零售价格为

价格 =（产品成本 + 进货运费平摊）÷（1 - 利润空间）

也可以用倒推法,先确定零售价格,再计算这个价格的利润。

（1）假设你的产品进货价是 18 元。

（2）产品净重 0.185 kg。

（3）快递费 + 挂号费：邮政国际小包发往英国是 90.5 元 /kg，e 邮宝发往美国是 80 元 / kg。以 e 邮宝为例，运费 =0.185×80+9（挂号费）=23.8 元。

（4）Wish 会收取零售价格的 15% 作为佣金。假设产品打算卖 12 美元，美元兑人民币的汇率为 6.32，计算公式如下：

$$利润 = 12 \times 6.32 \times (1-15\%) - 23.8 - 18 \approx 22.66 \text{ 元}$$

如果卖家觉得这个利润高了或低了，可以对预售价格（12 美元）进行调整，从而得出最终售价（这里涉及的数据均为假设，运费、汇率等请以最新数据为准）。

1. 简述英国买家喜欢购买的产品有哪些。
2. 简述跨境电商选品的主要意见信息收集渠道有哪些。
3. 跨境电商店铺产品的价格构成一般包含哪些因素？举例说明。
4. 在阿里巴巴任意选 10 款产品，制作产品在亚马逊美国站的成本核算表，并分析这 10 款产品是否适合放到亚马逊销售。

第 4 章 跨境电商平台介绍及注册

运营电商平台 Wish：业绩可观

以往说"大卖家"，多数人会认为是久经沙场的老将，但跨境电商的低门槛让越来越多的年轻创业者能够参与其中。金尚宇，网名大金，深圳广信隆科技有限公司合伙人；曾任有棵树网络科技有限公司 Wish 运营主管，独立操作 Wish 平台，3 个月销售额突破 80 万美元；后辞职创业至今，单干一个月后日订单量就突破万单！而他仅仅是一个毕业一年多的年轻小伙。大金接触跨境电商是从有棵树公司开始的，总时间差不多有半年。

大金学的是日语专业，最开始接触的是 eBay 客服，5 个月之后调岗做 eBay 业务，后来公司转型，开始做 Wish 平台。其实之前大金并没有接触过跨境电商。一个偶然的机会，Wish 公司总监来招商，他才接触到这个平台。大金通过自己的摸索，不到一周就开始出单，不到半月订单就涨到 100 单。大金的公司什么产品都有，就像百货商店那样。现在大金的公司有一个大账号，还有两个小账号，大账号做综合产品，小账号做专业化的店铺，如 3C 品类、服装品类。由于大金的公司是创业型的小公司，针对公司产品很少的起步现状，公司跨境电商发展走的是精品路线。在众多的跨境电商平台中，北美跨境电商平台 Wish 符合大金公司发展的现状。在 Wish 上，公司上传的产品不需要很多，100 多个产品就足够了，但需要卖家做精品，资金压力不会很大，毛利高。

在选品时，大金主要找别人没有的、市场竞争比较小的产品，拿好的货源，保证产品的质量，打造爆款单品。大金说接下来会去整合资源，做自己的品牌和商标。相对于其他电商平台，Wish 没有价格战。同样一个产品，我价格比你贵，但是我物流比你快，评价比你好，产品质量也比你好，即使价格对销售有一定影响，也不是很明显。

在市场选择方面，大金的主打市场是欧美发达国家。大金一般会选择这些国家的主流节日，有针对性地准备一些产品，除此之外，还会进行季节性备货，像冬天的棉衣、围巾，夏天的泳衣等。

资料来源：跨境电商实操案例：Wish 卖家日销千单的秘密 [EB/OL].（2015-02-06）. https://www.cifnews.com/article/13078.

思考讨论：
（1）大金在选择电商平台的时候考虑了哪些因素？
（2）跨境电商 Wish 平台适合什么样的公司？

（1）了解跨境电商主要平台
（2）熟悉跨境电商平台提供的服务
（3）掌握跨境电商平台选择

4.1 阿里巴巴国际站

4.1.1 平台概述

阿里巴巴国际站是阿里巴巴集团最早创立的业务，是目前全球领先的跨境 B2B 电商平台，服务全世界数以千万计的采购商和供应商。阿里巴巴国际站专注于服务全球中小企业，在这个平台上，买卖双方可以在线高效地找到合适的交易对象，并更快更安心地达成交易，此外，阿里巴巴外贸综合服务平台提供的一站式通关、退税、物流等服务，让外贸企业的出口流通变得更加便利和顺畅。

企业基于全球领先的企业间电商网站阿里巴巴国际站贸易平台，通过向海外买家展示、推广供应商的企业和产品，进而获得贸易商机和订单。阿里巴巴国际站是出口企业拓展国际贸易的首选网络平台（图4-1）。

图 4-1　阿里巴巴国际站

阿里巴巴国际站提供一站式的店铺装修、产品展示、营销推广、生意洽谈及店铺管理等全系列线上服务和工具，帮助企业降低成本、高效率地开拓外贸大市场。阿里巴巴国际站定位是为全球中小企业提供网上贸易市场。

4.1.2　盈利方式

1. 会员费

企业通过阿里巴巴国际站参与电商交易，必须注册为会员，每年交纳一定的会员费才能享受网站提供的各种服务，目前会员费是阿里巴巴国际站最主要的收入来源。

2. 广告费

网络广告是门户网站的主要盈利来源，同时是阿里巴巴国际站的主要收入来源。

金品诚企会员年费中包含推广费用：80 000 元 / 年。

3. 竞价排名

企业为了促进产品销售，都希望在 B2B 网站的信息搜索中自己的排名靠前，而网站在确保信息准确的基础上，根据会员交费的不同对排名顺序做相应的调整。

阿里巴巴国际站关键词搜索排名钻石词仅售 1~20 名，第 1 名 96 000 元 / 年，第 2~10

名 43 200 元/年，第 11~20 名 24 000 元/年。

4. 增值服务

阿里巴巴国际站除了为企业提供贸易供求信息以外，还会提供一些独特的增值服务，包括企业认证、独立域名、提供行业数据分析报告、搜索引擎优化等。

视频拍摄：5 000 元/次；时长 60~70 秒。

橱窗展示：12 000 元/组/年（每组 5 个橱窗产品）。

外贸直通车：

（1）开户金额。20 000~30 000 元；自主设置，按照点击率收费。

（2）续充金额。10 000~100 000 元；账户总金额不能超过 150 000 元。

（注释：以上涉及所有价格均来自阿里巴巴国际站中文官网 https：//www.alibaba.com）

5. 线下服务

线下服务主要涉及展会、期刊、研讨会等。通过展会，供应商和采购商面对面地交流，一般的中小企业比较青睐这种方式。期刊内容主要是行业资讯等，期刊里也可以植入广告。

6. 商务合作

商务合作包括广告联盟、政府、行业协会合作、传统媒体的合作等。广告联盟通常是网络广告联盟，联盟营销还处于萌芽阶段，阿里巴巴国际站的联盟营销有很大的发展空间。

7. 按询盘付费

区别于传统的会员包年付费模式，按询盘付费模式是指从事国际贸易的企业不是按照时间来付费，而是按照海外推广带来的实际效果，也就是海外买家实际的有效询盘来付费。其中，询盘是否有效，主动权在消费者手中，由消费者自行判断，来决定是否消费。尽管 B2B 市场发展势头良好，但它存在发育不成熟的一面。这种不成熟表现为 B2B 交易的许多先天性交易劣势，如在线价格协商和在线协作的作用还没有充分发挥出来。因此，传统的按年收费模式越来越受到以 ECVV（深圳伊西威威网络科技股份有限公司）为代表的按询盘付费平台的冲击。按询盘付费有四大特点：零首付、零风险；主动权、消费权；免费推、针对广；及时付、便利大。广大企业不用冒着"投入几万元、十几万元，一年都收不回成本"的风险，零投入就可享受免费全球推广，成功获得有效询盘，辨认询盘的真实性后，只需在线支付单条询盘价格，就可以获得与海外买家直接谈判成单的机会，主动权完全掌握在供应商手里。

4.1.3 服务种类

1. 免费会员

限制性申请：如公司在中国内地，只有注册成为中国供应商才能使用卖家的功能。国际免费会员能采购商品，还可以在国际站发布供应信息进行产品销售。

2. 全球供应商会员

全球供应商会员指中国内地以外的付费卖家会员，可以在国际站采购商品，同时可以发布产品信息进行销售，还可以在国际站上搜索产品或者供应商的信息。后台的管理系统提供英语、中文两种语言，在英语系统下，只开放一些增值外贸服务功能。

3. 中国供应商会员

中国供应商会员是阿里巴巴平台上的一个特定会员类型，主要面向中国的外贸企业。成为阿里巴巴中国供应商会员，企业可以在阿里巴巴平台上展示和推广自己的产品，通过简单的网页生成方式，帮助企业低成本、高回报地进入国际市场，吸引更多全球的买家，从而增加企业的销售机会。阿里巴巴国际站具有一个非常强大的后台管理系统，在这里可以进行商品管理以及店铺装修等操作，而对于卖家来说不仅可以通过产品信息，也可以通过公司吸引买家，达成最后的交易。同时，中国供应商也可以在网站上发布采购信息进行原材料的采购操作。

中国供应商会员有专享的中国供应商服务，包括以下几种。

（1）拥有专业的二级域名网页。

（2）拥有强大的后台管理系统。

（3）可以与所有买家直接联系。

（4）信息排名游戏。

（5）不限量产品发布。

（6）多账号外贸邮。

（7）买家 IP（互联网协议）定位。

（8）视频自主上传。

（9）数据管家。

（10）橱窗产品。

（11）其他服务，包括在线推广、客户培训、海外展会、售后服务等。

4.2 速卖通

4.2.1 平台概述

1. 现状

速卖通于 2010 年 4 月上线，是全球大型跨境交易平台。速卖通营销是阿里巴巴帮助中小企业接触终端批发零售商，小批量多批次快速销售，拓展利润空间而全力打造的融合订单、支付、物流于一体的外贸在线交易平台。速卖通的定位是让批发商们更方便地找到货源或者部分质量较高的生产厂家的货源。此平台适合体积较小、附加值较高的产品，如首饰、数码产品、电脑硬件、手机及配件、服饰、化妆品、工艺品、体育与旅游用品等，如图4-2所示。

图4-2　速卖通官网

2. 行业分布

全球速卖通覆盖3C、服装、家居、饰品等共30个一级行业类目。

3. 适合产品

要有适宜通过网络销售并且适合通过航空快递运输的商品。这些商品基本符合下面的条件。

（1）体积较小，主要以快递方式运输，降低国际物流成本。

（2）附加值较高，价值低过运费的单件商品不适合单件销售，可以打包出售，降低物流成本占比。

（3）具备独特性，在线交易业绩佳的商品需要独具特色，才能不断刺激买家购买。

（4）价格较合理，在线交易价格若高于产品在当地的市场价，就无法吸引买家在线下单。

根据以上条件，适宜在速卖通上销售的商品主要包括服装服饰、美容健康、珠宝手表、灯具、消费电子、电脑网络、手机通信、家居、汽车摩托车配件、工艺品、体育与户外用品等。

4. 禁限售商品

禁限售产品包括但不限于毒品、精神药品、管制药品等违禁品；枪支、弹药、管制刀具等危险品；色情、暴力、恐怖主义等内容的物品；盗版书籍、仿冒名牌商品等侵权产品；需要特殊资质或许可才能销售的医疗器械、药品、化妆品等；涉及动物保护、环保等敏感领域的商品，如野生动物制品、濒危物种等；以及其他违反法律法规或速卖通平台规定的商品。这些禁限售产品的存在，不仅可能给消费者带来安全风险，而且可能影响平台的声誉和运营秩序。

5. 跨国快递

在速卖通上有三类物流服务，分别是邮政大小包、速卖通合作物流以及商业快递。其中 90% 的交易使用的是邮政大小包。

中国邮政大小包、中国香港邮政大包的特点是费用低（如 500 g 的货物发往俄罗斯，只需要三四十元），但邮政大小包时效相对较低，且存在一定的丢包率，建议在跟买家做好服务沟通的前提下使用。合作物流的特点是经济实惠、性价比高、适应国际在线零售交易，由速卖通分别与浙江邮政、中国邮政合作推出。四大商业快递的特点是速度快、服务好、专业、高效，但相对快递价格比较高，适用于货值比较高、买家要求比较高的商品或交易。

卖家发货时，可以根据不同的物流服务，选择在速卖通上发货，也可以联系各主要城市的货代公司上门收件进行发货。

6. 安全性

（1）反欺诈风险模型。极为先进的反欺诈风险模型有助于检测和预报欺诈性交易，从而避免业务受损。

（2）对数据加密技术的使用处于业界领先地位。对数据加密技术的使用比任何财务型服务公司都广泛。

（3）保证财务信息的安全。不会向卖家透露买家的财务信息，使买家能够更加安心地从 PayPal 商家那里购物。

（4）业界标准服务。使用业界认可的地址认证服务（AVS）和卡安全代码（CSC，也称为 CVV2）帮助防止身份被盗用。

（5）认证体系（专利申请中）。使用专有的银行账户认证方法作为额外的认证标准。

（6）反欺诈小组。反欺诈小组由全球各地的 2 000 多名专家组成。该小组全天候工作，帮助保证交易安全并确保敏感信息被保密。

4.2.2 盈利方式

速卖通平台的主要收入来源有两类。

1. 会员费

速卖通会员费为 19 800 元/年，即要加入速卖通平台需要缴纳 19 800 元/年的会员费。

2. 交易佣金

阿里巴巴向该平台上每笔成功交易根据不同的支付方式收取交易总额 3%~9.15% 的交易佣金。此平台支持电汇、支付宝以及其他跨国在线支付方式。其中，若卖家采用支付宝进行交易，在优惠期内，阿里巴巴只收取 3% 的佣金，即收取产品总价加上运费的总额的 3%。

4.2.3 提供服务

1. 速卖通发展的"三步走战略"

速卖通的发展起步于 2010 年 4 月，目前服务网络覆盖全球 220 多个国家和地区，同时在俄罗斯、巴西、西班牙、美国等取得快速发展，通过在重点国家的精细化运作实现"全球卖"目标，完成交易模式的"三步走战略"。

第一步是中国卖家全球卖，就是传统出口零售业务。

第二步是除了中国卖家外，当地卖家通过速卖通平台服务当地买家。

第三步是从货卖全球进化到货通全球，让每个在速卖通国家站上的卖家都可以把货卖到全球。

2. 速卖通"双 11"的战略使命

"双 11"是速卖通全球化布局的第一步，其借助"双 11"电商狂欢的机会，实现"全球卖"。

3. 速卖通跨境物流的升级

速卖通背后的物流支持主要依托阿里菜鸟平台，通过邮政物流体系搭建全面覆盖网络，同时搭配专线体系，提高时效，降低成本。

供应链各个环节信息实现无缝对接，加上大数据对物流的监测，可以使信息通畅；利用平台的聚货能力有效地集中大量订单和包裹，使得仓储和航空干线资源能够高效地利用起来；集合官方平台的议价能力，替商家和消费者争取到比较优惠的服务价格和高质量的服务；把社会上优质的物流资源聚合到一起，为买家和卖家提供服务。海关流程的打通，使得清关效率大大提高。

4. 速卖通设立便捷的自提点

菜鸟联合中国香港邮政、7-Eleven、Circle K，为中国香港的消费者提供超过 400 个自提点；菜鸟联合全家、7-Eleven，为中国台湾的消费者提供超过 3 500 个自提点；在菜鸟与新加坡邮政的战略合作下，新加坡邮政开放全境的 POP Station，为新加坡的消费者提供自提服务。

4.3 敦煌网

4.3.1 平台介绍

敦煌网是全球领先的在线外贸交易平台（图 4-3）。其 CEO（首席执行官）王树彤是中国最早的电商行动者之一，1999 年其参与创立卓越网并出任第一任 CEO，2004 年创立敦煌网。敦煌网致力于帮助中国中小企业通过跨境电商平台走向全球市场，开辟一条全新的国际贸易通道，让在线交易变得更加简单、更加安全、更加高效。

图 4-3　敦煌网首页

敦煌网是国内首个为中小企业提供 B2B 网上交易服务的网站。它采取佣金制，免注册费，只在买卖双方交易成功后收取费用。据 PayPal 交易平台数据，敦煌网是在线外贸交易额中亚太排名第一、全球排名第六的电子商务网站。作为中小额 B2B 海外电商的创新者，敦煌网采用 EDM（电子邮件营销）的营销模式，低成本、高效率地拓展海外市场，自建的 DHgate 平台，为海外用户提供高质量的商品信息，用户可以自由订阅英文 EDM 商品信息，第一时间了解市场最新供应情况。

4.3.2 交易模式

敦煌网"为成功付费"打破了传统电商"会员收费"的经营模式，既减小企业风险，又节省企业不必要的开支，同时避开与 B2B 阿里巴巴、中国制造网、环球资源、环球市场等的竞争。

一个标准的卖家是这样做生意的：把自己产品的特性、报价、图片上传到平台，接到海外买家的订单后备货和发货；买家收到货后付款，双方通过多种方式进行贸易结算。整个周期为 5~10 个工作日。

在敦煌网，买家可以根据卖家提供的信息生成订单，可以选择直接批量采购，也可以选择先小量购买样品，再大量采购。这种线上小额批发一般使用快递，快递公司一般在一定金额范围内代理报关。举例来说，敦煌网与 DHL、联邦快递等国际物流巨头保持密切合作，以网络庞大的业务量为基础，使中小企业的同等物流成本至少下降 50%。一般情况下，这类订单的数量不会太大，有些可以省去报关手续。以普通的数码产品为例，买家一次的订单量在十几个到几十个。这种小额交易比较频繁，不像传统的外贸订单，可能是半年下一次订单，一个订单几乎就是卖家一年的"口粮"。"用淘宝的方式卖阿里巴巴 B2B 上的货物"，是对敦煌网交易模式的一个有趣概括。

4.4　eBay

4.4.1　平台介绍

eBay 是一个可让全球民众上网买卖物品的线上拍卖及购物网站（图 4-4）。eBay 于 1995 年 9 月 4 日由皮埃尔·奥米迪亚（Pierre Omidyar）以 Auctionweb 的名称创立于加利

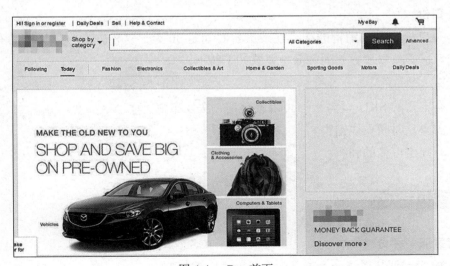

图 4-4　eBay 首页

福尼亚州圣荷西。2014年2月20日，eBay宣布收购3D虚拟试衣公司PhiSix。

eBay首席执行官约翰·多纳霍称，当日达送货服务是大势所趋。eBay的雄心就是将当日达送货服务推广到全美。它的计划是联合传统的快递公司，甚至是报社的送报车队，充分利用它们过剩的货运能力，提高物流速度。eBay将与市场推广方分享用户数据。

4.4.2 销售方式介绍

eBay创立之初是一个拍卖网站，到今日eBay在销售方式上依然延续拍卖的模式，这是eBay区别于其他平台的一大特色。在eBay上有两种售卖方式：拍卖和一口价。

1. 拍卖

以"拍卖"方式发布物品是eBay卖家常用的销售方式，卖家通过设定物品的起拍价及在线时间，开始拍卖物品，并以下线时的最高竞拍金额卖出，出价最高的买家即为物品的中标者。在eBay上以低起拍价的方式拍卖物品，是能激起买家兴趣踊跃竞拍的有效途径。而且，在搜索排序规则中，即将结束拍卖的物品还会在"ending soonest"（即将结束）排序结果中获得较高排名，得到更多的免费曝光机会。

拍卖的形式虽然好，但并不是所有的产品都适合拍卖，适合拍卖的产品主要有以下特点。

（1）有特色，明显区别于市场上常见的其他产品，并且是有市场需求的。

（2）库存少。

（3）非职业卖家，只是偶尔来销售产品。

（4）无法判断产品的准确价值时，可以设置一个能接受的起拍价，由市场决定最终价格。

2. 一口价

以"一口价"方式销售的产品在线最长时间是30天，这种方式可以让产品有充分的展示时间。适合一口价方式的产品主要有如下特点。

（1）有大量库存。

（2）有丰富的SKU（单品），可以整合到一次发布中。

（3）需要长时间在线销售。

（4）有固定可控的利润。

4.4.3 eBay政策

1. 卖家服务评分

eBay的卖家评分系统分为如下四个维度，简称DSR（detail seller rating）。

(1)物品描述与实物之间的差异(item as described)。
(2)沟通质量及回应速度(communication)。
(3)物品运送时间合理性(shipping time)。
(4)运费及处理费合理性(shipping and handing charges)。

卖家服务评分是 5 分制,以 5 颗星代表分数,5 分最高,1 分最低。交易成功后,买家可以选择给卖家打分。卖家服务评分以五角星的形式显示在卖家的信用评价档案里(图 4-5),五角星后面的数字表示该项有效评价数。

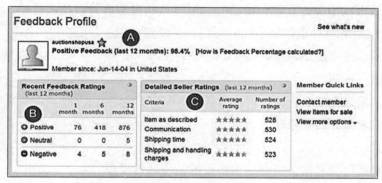

图 4-5　卖家服务评分

2. 不良交易率

1)不良交易率的含义

不良交易率(defect rate)是指以下一项或多项不良交易除以卖家所有成功交易所得的比例。

(1)买家在"物品与描述相符"一项给予 1 分、2 分或 3 分的评级。
(2)买家在"运送时间"一项给予 1 分的评级。
(3)买家留下中评或差评。
(4)买家通过 eBay 退款保障。
(5)出于卖家原因取消交易。

2)计算原则

(1)同一笔交易中涉及多项问题的,只计算 1 笔。
(2)只有已完成的交易才被计入分母,这意味着出于买家原因取消交易和买家出价不买的情况不计入计算。
(3)同一卖家账户下来自不同站点(如美国、英国、德国)的交易分别统计,并影响对应的 eBay 站点。
(4)评估日期为每月 20 日。当过去 3 个月的交易超过 400 笔时,评估期为过去 3 个月;

当过去 3 个月的交易不足 400 笔时，评估期为过去 1 年。

3）所有卖家的不良交易率必须满足的条件

所有卖家：≤ 5% 或者 < 8 笔。

优秀评级卖家：≤ 2% 或者 < 5 笔。

卖家需要同时满足"不良交易率"及"未解决纠纷率"的最低要求，确保成为合格卖家。

3. 其他需要注意的规则

1）虚假出价

虚假出价是指以拍卖方式发布商品时，通过亲朋虚假出价以抬高价格的行为。虚假出价时，eBay 会根据情节轻重作出不同的惩罚，主要包括以下几点。

（1）删除发布的商品。

（2）限制账户权利。

（3）取消"超级卖家"资格。

（4）暂时或永久冻结卖家账户。

2）高额运费

卖家为逃避支付交易费，将商品价格设低，将运费设高。

3）滥用关键词

使用和商品无关的关键词以吸引买家。

4）侵犯知识产权

销售假冒或侵权的产品。

5）不正当取得信用评价

通过自卖自买取得信用评价。

4.5 亚马逊

4.5.1 平台介绍

亚马逊（图 4-6）是美国最大的网络电商公司，位于华盛顿州的西雅图，是网络上最早开始经营电商的公司之一。亚马逊成立于 1995 年，开始只经营网络的书籍销售业务，现在则扩及范围相当广的其他产品，已成为全球商品品种最多的网上零售商和全球第二大互联网企业，在其名下，有 AlexaInternet、a9、lab126 和互联网电影数据库（Internet movie

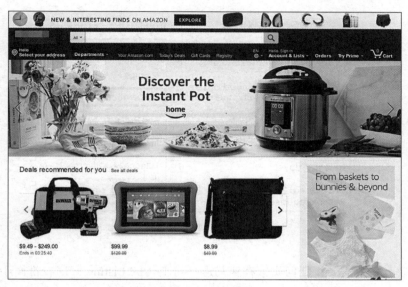

图 4-6　亚马逊首页

database，IMDb）等子公司。

2004 年 8 月，亚马逊全资收购卓越网，使亚马逊全球领先的网上零售专长与卓越网丰富的中国市场经验相结合，进一步提升客户体验，并促进中国电商的成长。2016 年 10 月，亚马逊在 2016 年全球 100 大最有价值品牌中位居第 8 名。

亚马逊及其他销售商为客户提供数百万种独特的全新、翻新及二手商品，如图书、影视、音乐和游戏、数码下载、电子和电脑、家居园艺用品、玩具、婴幼儿用品、食品、服饰、鞋类和珠宝、健康和个人护理用品、体育及户外用品、玩具、汽车等。

4.5.2　运营特点

亚马逊平台上的运营推广策略和国内电商平台大有不同，如果想参加亚马逊平台组织的促销活动，要根据商品以往的销售记录和综合评分来判断是否可以入选。亚马逊有其独特的运营规则。

1. Listing

1）Listing 跟卖政策

亚马逊独有的 Listing 机制，即跟卖政策。如果 A 卖家创建了一个产品页，其他同款卖家看见后可以在上面增加一个按钮链接到自己的产品（图 4-7），表示我这里也卖，可以来我这里买。这对新卖家来说是个好机会，可以分享到别人的流量，但容易直接引发价格战。采取跟卖政策的卖家，也要非常小心，不要产生侵权问题，一旦被投诉侵权，就会被平台处罚。如果别人在你的 Listing 上发生侵权行为，你可以向平台投诉。

图 4-7 Listing 机制

为什么会有"跟卖"？任何卖家在亚马逊平台上传的 Listing 归属权都属于亚马逊，这和国内大部分电商平台的规则不同。亚马逊平台认为同一款商品，商品的介绍、图片等信息应该是相同的，没必要出现同一款商品有很多页面的情况，唯一的区别就在于价格，所以亚马逊允许多个卖家使用同一个 Listing。如果有很多卖家销售同一款商品，则亚马逊会根据卖家提供服务的品质结合卖家的销售价格向消费者推荐更优的卖家。

怎么操作跟卖？找到你想跟卖产品的 ASIN，在卖家后台搜索该 ASIN，搜索出你要跟卖的产品并且单击页面上的"SELL YOURS HERE"，就可以进行跟卖了。

2) Listing 跟卖

跟卖的优势如下。

（1）不用自己制作页面，几秒钟就可以搞定。

（2）商品的出价会立即出现在排名靠前的 Listing 中。

（3）跟卖大流量的 Listing 不仅可以迅速提升跟卖产品的销量，还可以带动店铺其他产品的销量。

跟卖的风险如下。

（1）容易被 Listing 所有者投诉侵权，一旦投诉成功，就会被封账号。

（2）直接引发价格战，导致低利润。

跟卖的建议如下。

（1）确保自己的商品和跟卖的 Listing 描述完全一致，包括商品本身、包装、卖点、功能、描述等。买家收到货如发现任何与描述不一致的地方，可以向亚马逊投诉。你所跟卖的卖家如发现和描述不一致，也可以向亚马逊投诉。

（2）跟卖时尽可能设置较低的价格，价格越低，获得购物车的可能性越高。抢夺购物车的权重依次为：FBA > 价格 ≥ 信誉度。

（3）选择跟卖比较多的 Listing，如果一款产品销售好却没有人跟卖，极有可能是有品牌保护的，这个时候千万不要冒着侵权的风险去跟卖。

（4）了解产品是否注册品牌，可以在网上搜索或者去商标网站查看，主要通过 Google 搜索。

（5）如果被投诉侵权，要立刻取消跟卖，并且积极和对方沟通了解是否真实发生了侵权行为。

3）自建 Listing

如果你的产品不是标准化产品，或者是你独有的品牌，可以自建 Listing。在制作 Listing 时，页面的设计和文案要吸引人。

Listing 标题的写法如下。

每个单词的首字母大写（特殊情况除外，如连词 and、or、for；冠词 the、a、an；少于 5 个字母的介词 in、on、over、with）。

能使用数字就不使用单词（如尽量使用 2 而不使用 two）；不要包含类似于"！*$？"这样的符号；把一些测量值拼写出来而不使用符号代替（如表达英寸时请使用 inches，而不使用符号）；不要使用中文输入法输入内容。

只包含商品本身的信息，不加入营销性质的词、物流方式的词，如 free shipping、new arrival、sale、best seller、great deal、hot item 等。

标题编写长度控制在每个特定类目的规定范围之内，标题中的单词避免拼写不规范或拼写错误。

描述清楚产品信息，通过标题就可以让买家知道要购买的是什么商品；但不要堆砌关键词，尽量保持标题简洁，关键词放在 search term 里。但是标题中已经出现的关键词就不用再放在 search term 里了。关键词的每个单词之间用英文的空格隔开，同一个 SKU 的 5 个 search term 中的单词会自由组合成新的关键词。

参考亚马逊给出的标题建议，符合亚马逊平台算法，提升曝光量。

4）做好 Listing 保护

如果自建了 Listing，就要做好后期的维护，以免其他卖家过多地跟卖，导致客户变少和价格被压低损失利润。如何保护好我们辛苦建立的 Listing 呢？

（1）注册自己的品牌（建议注册美国和当地国商标，中国商标投诉成功的概率非常小），注册品牌后到亚马逊平台备案，完成备案后会得到 GCID（标识符），拿到 GCID 上传产品时，就不需要 UPC（通用产品代码）了，可以节省一部分费用。GCID 并不能起到保护 Listing 的作用，作为初期没有美国商标的商家，可以先用中国商标备案，以便获得 GCID 以节省 UPC 的费用。

（2）商标备案，可参考亚马逊官方的品牌申请说明。商标备案只需要准备网站、以网站域名为后缀的邮箱、两张带有品牌的产品图片，提交亚马逊后就可以在 48 小时内备案完成。

（3）如果有品牌的商品被别人跟卖，可以与跟卖的卖家联系要求他们移除跟卖，或者直接向 Amazon Seller Support 举报，亚马逊会警告卖家甚至关闭其账号。

2. Buy Box

Buy Box 的位置在每个商品页面的右上方，是买家浏览时最容易看见的黄金位置，只要买家单击"Add to Cart"按钮就会把该位置上卖家的产品放到买家购物车里（图 4-8）。在同一时间段里，只有一个卖家可以得到 Buy Box 的位置。

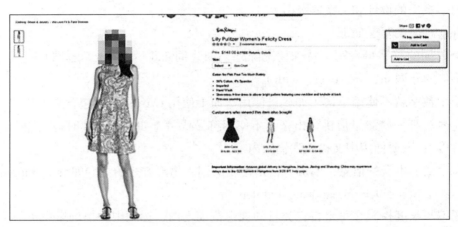

图 4-8　Buy Box

在亚马逊平台的运营策略中，抢占 Buy Box 是一种重要方法，占据 Buy Box 就意味着有大量的订单。

1）Buy Box 分配原理

Buy Box 是系统通过计算卖家的综合素质来决定分配给哪个卖家的，影响因素主要如下。

（1）配送方式。运用 FBA 将大大增加卖家获得 Buy Box 的概率。

（2）最终价格。是卖家将产品运送给亚马逊时收取的价格（包括运费以及关税）。卖家的评级越高，就可以收取亚马逊更高的价格，同时还能保留 Buy Box 的位置。

（3）卖家评分。是卖家过去一年交易中的综合得分，越近期的交易得分在综合评分中所占的比重越大。

（4）运送时间。亚马逊对运送时间的要求很高，亚马逊判断运送时间的标准分为 0~2 天、3~7 天、8~13 天、14 天。

（5）其他。

2）得到 Buy Box 必须满足的条件

（1）卖家拥有一个专业卖家账户。

（2）卖家是特色卖家。特色卖家的要求是卖家在亚马逊上有 2~6 个月的销售记录，拥有一个比较高的卖家评级、送货评级，以及订单错误率低于 1%。

（3）商品是全新状态。

（4）商品有库存。

3）提升得到 Buy Box 的概率的方法

（1）做好物流管理，缩短配送时间，建议选择 FBA。

（2）降低订单缺陷率，服务好每一个买家。

（3）制定一个有竞争力的价格。

（4）做一个优秀卖家，努力提高卖家评级（selling rating）。

（5）在各个变量上做优化。

（6）其他优化。

4.5.3 Amazon A-to-Z 条款

1. A-to-Z 条款内容

A-to-Z 索赔条款是为了保护买家从第三方卖家购买商品时的权益。当买家从第三方卖家购买商品时，商品和物流都在 A-to-Z 条款的保护下。在满足以下情况时，买家可以提出 A-to-Z 索赔。

（1）买家已经通过自己的账号和第三方卖家沟通过。

（2）买家已等待两个工作日还未得到卖家回复。

（3）以下情况满足一条，买家就可以提出 A-to-Z 索赔。

①第三方卖家超过最长送达时间 3 天或在下单日 30 天后，买家尚未收到商品，不论哪种情况先出现。

②买家收到的商品被损坏、有缺陷，或者与商品介绍有本质的区别。

③第三方卖家同意给买家退款但并没有退款，或退款数额有误。

注意：如果买家拒收包裹或者买家退回的包裹没有追踪号，买家的 A-to-Z 索赔不会被受理。

2. 卖家应对 A-to-Z 的投诉的方法

（1）当买家的 A-to-Z 索赔尚未被核准受理时，卖家可以采取立刻全额退款的方式解决 A-to-Z 的投诉。如果卖家不同意退款，应立刻提供陈述资料。如果卖家的账户不支持退款，则可以请买家联系亚马逊客服协助处理。

（2）在有些情况下，即使亚马逊已经核实了买家的赔偿要求，但是此调查还在进行中，所以卖家还需要继续配合提供应提供的资料；否则，卖家需要承担不回应 A-to-Z 的责任。

（3）卖家需要注意，如果 7 天内不回应 A-to-Z 的通知，亚马逊就会核准买家的赔偿要求,并且会从卖家账号里直接退款给买家。

(4)若收到 A-to-Z 索赔,如果明显是卖家的责任,应该积极帮助买家解决,并退款给买家;如果是买家的责任,则可以主动向亚马逊提供证据。最重要的是关注提醒信息,不要错过时间。

4.6 Wish

4.6.1 平台介绍

Wish 于 2011 年成立于美国旧金山,是一款基于移动端 App 的商业平台(图 4-9)。起初,Wish 只是向用户推送信息,并不涉及商品交易。2013 年开始升级成为购物平台。Wish 的系统通过对买家行为等数据的计算,判断买家的喜好、感兴趣的产品信息,并且选择相应的产品推送给买家。与多数电商平台不同,在 Wish 上的买家不太会通过关键词搜索来浏览商品,更倾向于无目的地浏览。这种浏览方式是美国人比较接受的,所以 Wish 平台超过六成的用户位于美国和加拿大,以及欧洲一些国家。

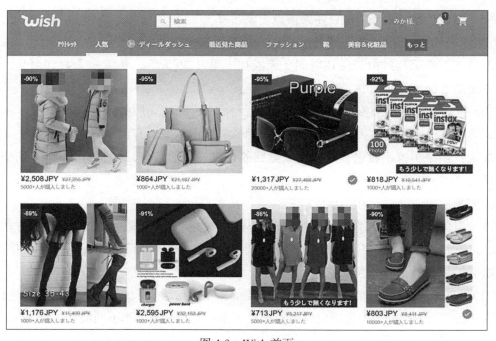

图 4-9　Wish 首页

4.6.2 平台销售原理

1. Wish 平台的特点

Wish 平台是在移动互联网发展中诞生的,和其他电商平台最大的区别在于 Wish 是基于移动端 App 的运用,买家都是通过移动端浏览和购物的,所以在 Wish 平台上运营时要充分考虑如下要素。

(1) 买家的浏览环境。

(2) 因为是移动端浏览,买家浏览时间是碎片化的,没有明确的购物目的,以无目的地浏览为主,在这种情况下,买家做决策的时间很短,容易出现冲动消费。

(3) 有别于传统电商的买家购买模式(通过搜索、浏览想要购买的商品),Wish 买家是根据系统平台推荐的内容浏览自己可能感兴趣的商品,是一种相对被动的浏览。

2. 商品推送原理

根据用户在注册时填写的基本信息,加上后期的浏览、购买行为,系统会为用户打上标签(tag),并且不断地记录和更新用户标签,根据用户多维度的标签推算用户可能感兴趣的商品。这些计算都是由系统完成的,并且有持续修正的过程。

Wish 平台淡化店铺概念,注重商品本身的区别和用户体验的质量。在商品相同的情况下,以往服务记录好的卖家会得到更多的推广机会。

Wish 平台目前没有付费推广,其会根据买家的体验来优化计算方法和推送产品。

3. Wish 平台的主要销售类目

目前 Wish 平台的主要销售类目是服装服饰,包括女装、男装、美妆、配饰,以后可能会拓展 3C 配件、母婴、家居类。根据 Wish 的买家的浏览方式我们可以推测,在 Wish 平台上受欢迎的类目具有这些特点:产品种类丰富、使用更换频率高、有话题性等。所以不难理解为什么时尚类目是平台的主要类目。

新进入的卖家在选择类目时可以考虑即将被拓展的类目,以避免激烈的竞争,为自己赢取更多的机会。

在选品时,卖家需要注意一点:因为 Wish 的技术判断在同一个页面或同一个推送下不出现重复或相似度高的产品,所以在选择商品时需要尽量考虑差异化。这点和其他平台不同,在其他平台上同质化的商品可以通过低价来吸引流量、抢夺市场,但是在 Wish 平台上同质化的商品可能就没有曝光的机会。

4.6.3 售后服务标准

1. 退款退货

商家都默认接受 Wish 平台的 "100% 保证买家满意" 政策,即接受 "收货 30 天无条件退换货"条款。如果卖家不想接受此政策，则可以在"后台"—"账户"—"设置"—"退款政策"中选择修改。

2. 反馈系统

订单发出后 Wish 会要求买家作出评价，评价包括以下几点。

（1）物流时间。

（2）描述相符。

（3）服务满意度。

评价系统为 5 星，5 星最高，1 星最低。Wish 会根据卖家设置的发货时间来判断买家是否收到货，并向买家发出评价要求。所以卖家需要准确设置发货时间；否则，可能买家还没收到货就收到系统发送的评价要求了。

4.7 平台选择

4.7.1 跨境电商平台销售市场分析

利用跨境电商平台销售商品、从中获取利益，前期销售市场调研必不可少。跨境电商平台面向国家和地区不同，销售市场和物流特点也不同（表 4-1）。

表 4-1 跨境电商平台销售市场和物流特点

平台	主要销售市场	物流特点
阿里巴巴国际站	亚太、中东、欧洲、南美和北美	阿里巴巴国际站分别与新加坡邮政、美国邮政、巴西邮政、UPS 快递、FedEx 快递和德讯推出合作物流方式
速卖通	美国、英国、澳大利亚、巴西、俄罗斯	速卖通分别与浙江邮政、中国邮政推出合作物流方式
敦煌网	美国、中国、德国、日本、英国	敦煌网在线发货系统同时推出"仓库发货"和美国线"国际 e 邮宝"两项服务，这两个行动使敦煌网平台上的物流成本大幅度降低，而且大大提高了发货速度和敦煌网的创新能力
eBay	欧美	eBay 联合第三方合作伙伴，为中国卖家提供连接中美贸易的 ePacket 货运服务，推出澳大利亚、美国、英国、德国等地的海外仓储服务
Amazon	美国、中国、德国、日本、英国	自营物流中心
Wish	欧洲、北美和南美	卖方选择配送方式

4.7.2 跨境电商平台分析

选择跨境电商平台，需要考虑地域、产品、货源、物流等因素。首先要了解各个平台优劣势（表4-2），其次要了解各个平台运营特点（表4-3），最后要了解平台的相关政策法规，避免不必要的违规处罚。

表4-2 跨境电商各个平台优劣势

平台	优势	劣势
阿里巴巴国际站	（1）知名度高； （2）功能较完善； （3）优质的客户服务和销售服务系统； （4）综合资源能力强	（1）恶性竞争激烈； （2）排名没有保证； （3）英文站价格高，实际效用与宣传有一定差距； （4）价格战比较激烈
速卖通	（1）全球市场覆盖率广； （2）买家流量高； （3）平台交易手续费率低； （4）丰富的淘宝产品资源	（1）支付能力弱； （2）国际信誉度低； （3）客户服务专业水平低
敦煌网	（1）通过敦煌网在线交易； （2）支付方式整合； （3）拼单砍价； （4）推荐位竞价投放系统； （5）在线客服系统	（1）接受程度低，推广压力大； （2）竞争压力大； （3）用户范围广，满足需求困难
eBay	（1）品牌的国际影响力； （2）高全球市场覆盖率； （3）丰富的产品品类； （4）优质的商家服务和保护体系，与PayPal支付紧密结合	（1）收费相对较高； （2）物流与供应链服务能力有待提高
Amazon	（1）品牌的国际影响力； （2）优质的商家服务体系； （3）领先的国际物流仓储服务能力	（1）中国市场启动较晚； （2）宣传力度不足； （3）支付能力弱
Wish	（1）卖家入驻门槛低； （2）平台流量大，成单率高； （3）利润率高于传统电商平台； （4）利用移动平台的特点与PC（个人计算机）端展开差异化竞争	（1）进入市场晚； （2）品牌影响力不大； （3）客户服务体系有待健全

比对6个主流跨境电商平台的运营特点、物流方式和优劣势之后，有3年天猫运营经验的UR公司最终选择了阿里巴巴旗下的速卖通。速卖通已经覆盖220多个国家和地区的买家，覆盖服装服饰、3C、家居、饰品等共30个一级行业类目，海外买家流量超过5 000万/日，交易额年增长速度持续超过400%，AliExpress在Alexa中排名第76位，并在快速

表 4-3 跨境电商各个平台运营特点

平台	平台的运营特点
阿里巴巴国际站	（1）互动：社区 Community 频道； （2）可信：第三方的认证； （3）专业：人性化的网站设计、丰富的类目、出色的搜索和网页浏览，简便的沟通工具、账号管理工具； （4）全球化：客户遍布全球
速卖通	（1）产品适合新兴市场的卖家（俄罗斯、巴西等）； （2）产品有供应链优势，适合价格优势明显的卖家，最好是工厂直接销售
敦煌网	（1）多扶持：在线翻译、物流、培训，多种卖家扶持计划； （2）零风险：专业风控、纠纷小组帮你把控交易风险； （3）多服务：资深外贸专家全程指导； （4）在线下单，多订单，少询盘，缩短成单周期
eBay	（1）有产品的地区优势； （2）操作简单，投入小，适合有一定外贸资源的外贸卖家
Amazon	（1）有很好的外贸基础和资源，包括稳定可靠的供应商资源、美国本土的人脉资源； （2）卖家最好有一定的资金实力，并且有长期投入的心态
Wish	（1）有智能推送技术； （2）客户下单率高，而且满意度高； （3）每次推送显示的产品数量比较少，客户体验非常好； （4）通过主要的精准营销，国内的卖家短期内销售额暴增

提升中，速卖通店铺运营操作方式和后台程序跟淘宝一样，对于 UR 公司来说，进入跨境电商有着绝对的优势。

1. 总结速卖通、Amazon、eBay 和 Wish 四个平台的优劣势。
2. 速卖通、Amazon、eBay 和 Wish 四个平台分别适合什么产品销售？
3. 注册一个 Amazon 个人账号。

第5章 跨境电商视觉营销

7秒定律

美国流行色彩研究中心的一项调查表明，人们在挑选商品的时候存在一个"7秒定律"：面对琳琅满目的商品，人们只需7秒钟就可以确定对这些商品是否感兴趣。在这短暂而关键的7秒钟内，色彩起着非常重要的作用，成为决定人们对商品好恶的重要因素。而美国营销界也总结出"7秒定律"，即消费者会在7秒内决定是否购买商品。商品留给消费者的第一印象可能引发消费者对商品的兴趣，同时，消费者希望在功能、质量等其他方面对商品有进一步的了解。如果企业对商品的视觉设计敷衍了事，失去的不仅是一份关注，更是一次难得的商机。

面对网上丰富的产品信息，消费者搜索任意产品进入产品页面停留的时间都很短暂，如何让消费者在这7秒甚至更短的时间内获取最能激发其购买欲望的信息是非常重要的，这被称为"视觉秒杀"。那么，卖家应该怎么做呢？

在购物决策中，尤其对线上购物来说，消费者对产品"看得见，摸不着"，因此在购物的过程中就格外注重视觉体验。在所有的海外社交媒体中，Instagram、Snapchat 和 Pinterest 都是极其注重视觉营销的平台，但在全新的视觉营销趋势中，OneSight 更倾向于推荐品牌，开始着手 Facebook AR（增强现实）和 VR（虚拟现实）视觉内容的探索。

资料来源：百度百科；可购物 UGC、VR 视觉营销，跨境电商社媒新玩法迎接万亿市场新机会 [EB/OL].（2021–09–07）. https: //weibo.com/ttarticle/p/show?id=2309404678826067362126.

思考讨论：

（1）通过查看国内电商平台及海外电商平台，谈谈国内电商与跨境电商商品主图有何区别。

（2）谈谈如何利用 Facebook AR 进行视觉营销。

（1）了解视觉营销的意义。
（2）了解视觉营销的主要任务。
（3）掌握页面管理。
（4）掌握样式编辑。
（5）掌握模板管理。

5.1 视觉营销的意义

视觉营销顾名思义就是在买家的视觉感受上下功夫，通过刺激感官引起买家的兴趣，使其对产品产生深刻的认同感和购买欲望，从而达到营销的目的。

在网络上，顾客对产品以及店铺的了解主要是通过店铺页面的呈现，并结合自己的想象来决定是否下单，所以店铺页面的视觉呈现尤为重要。卖家需要按照视觉营销的思路装修店铺，塑造店铺的良好形象，使店铺有更大的视觉冲击力，引起用户的兴趣和购买欲望，提升品牌认知度。

从人类的视觉习惯分析，打开一个店铺的首页，顾客的视线第一时间会停留在店招下面的海报图上，而顾客看到这张图之后的一两秒钟内就可以决定是继续往下看还是关闭页面离开。此时影响顾客去留的关键因素就是店铺的色彩搭配与整体风格。人类对色彩是非常敏感的，合理的色彩搭配会让人觉得舒适，易对店铺品牌和产品产生认同感，而杂乱无章的色彩会导致顾客产生厌恶情绪,所以色彩是个极为重要的因素,我们一定要注意色彩与产品之间的搭配。

怎样的色彩搭配才算合理呢?首先,我们必须根据自己的产品与风格确定一个主色系,如韩版女装要挑选一些可爱、温馨的颜色,而欧美服装的颜色要围绕主色调进行搭配和点缀。由于文化差异,东、西方电商视觉呈现存在差异:东方电商视觉靠感官刺激、价格刺激、丰富的色彩以及相对较"硬"的营销方式来展示,电商营销喜欢以热闹的氛围凸显店铺的兴旺;西方电商视觉呈现相对来说较为简单,色彩较为单一,注重图片的内涵以及图片带来的内容与思考,不会过多地强调价格和促销。

下面,我们来看一下具有中国电商视觉偏好的案例(图5-1~图5-3);与中国电商视觉偏好不同,西方电商视觉色彩往往单一,注重内涵,图5-4和图5-5列出了美国、欧洲电商视觉偏好的案例。

图 5-1　天猫手机广告

图 5-2　天猫化妆品广告

图 5-3 天猫电器广告

图 5-4 美国亚马逊首页广告

图 5-5 欧洲亚马逊首页广告

5.2 视觉营销的主要任务

想要做一个有效的店铺视觉营销，我们首先要明白店铺视觉营销的含义，这样我们才能做出符合自己的店铺、凸显产品的漂亮而不失内涵的好设计。我们首先要考虑店铺的特色是什么、主营什么、目标买家有哪些，要有一个明确的定位。这关系到后期网店设计时的模块、颜色以及排版等问题。我们要明白，无论是什么样的网店设计，没有最好的，只有最合适的。当确定下店铺大的方向后，对店铺进行具体设计时，最主要的是解决装修风格、排版布局以及文案与图片的问题。

5.2.1 装修风格

风格是指店铺的整体形象给买家的综合感受。以服装为例，女装以浪漫温馨、时尚个性的风格为主比较适宜；男装以沉稳、大气的风格去装修设计比较好；童装以天真烂漫、温馨可爱的氛围去装修，营造一个天使般柔美、天堂般美妙的童话空间；老年装首先就是颜色搭配问题，很多老人忌讳刺眼的亮色，所以老年人的服装网店要注意色彩搭配，沉稳大气、健康权威、值得信赖。

风格是通过店铺的整体形象体现出来的。这个"整体形象"包括店铺的CI（标志、色彩、字体、标语）、版面布局、浏览方式、交互性、文字、语气、内容价值等诸多因素。风格是有人性的，不管是色彩、技术、文字、布局，还是交互方式，只要能让买家明确分辨出这是本店铺独有的，这就形成了网站的风格。

一般而言，要求店铺的风格为清纯简洁，主题鲜明，内容编排恰当合理，有一定的艺术感，美观、实用，能体现网站的基本功能即可。在装修风格上，许多专业人士首先强调的是"网站色彩"，因为店铺给人的第一印象来自视觉冲击，不同的色彩搭配产生不同的效果，并可能影响访问者的情绪。颜色搭配是体现风格的关键。最好能给整个店铺定一个主色调，用于网站的标志、标题、主菜单和主色块，给人以整体统一的感觉，不要搞得花花绿绿的。至于其他色彩也可以使用，但应当只作为点缀和衬托，绝不能喧宾夺主。一般来说，一个网站的标准色彩不超过3种，太多则让人眼花缭乱。

当然，店铺装修除了整体颜色要协调外，所使用的图片、文案、字体等内容也要统一，不能有的用卡通人物，有的用模特，一会儿浪漫温馨，一会儿又搞笑幽默。风格不统一是店铺装修的大忌。

另外，为了做外国人的生意，还是要迎合外国人的习惯才好。网站的设计风格要结合主打市场的国家的买家群体去区别对待，如日本、韩国的网页风格追求细腻、华丽，日、韩买家在本国内习惯设计精美的网页，但是对于欧美买家来说恰恰相反，简洁明了的设计风格，高效的导航设置对他们则比较重要。因此，卖家应注意对不同的国家和地区要有不同的对待。

需要注意的是，店铺装修一定要主题突出，切忌花里胡哨。店铺装修得漂亮，确实能吸引买家的眼球，但我们要清楚一点，店铺的装饰别抢了商品的风头，毕竟我们是卖产品而不是秀店铺，弄得太多太乱反而影响商品展示效果。在网店中，文案与图片可以说是视觉营销最基础的元素，店铺的风格也由其来体现。文案与图片设计得好坏，直接关系到商品的转化率，因此需要高度重视。

5.2.2 排版布局

店铺的排版布局主要涉及两个页面：一是店铺首页的排版布局，二是商品详情页的排版布局。简单来讲，店铺首页的排版布局主要作用是确定各个模块的展示位置，这些模块包括店招、导航、Banner、热门分类、产品展示区、搜索栏、各种促销等（不同的模板包含的模块不一样）。图 5-6 所示为某个速卖通店铺模板所包含的模块，我们可以根据自己的喜好和目标买家的购物习惯，将各个模块的位置进行调整。

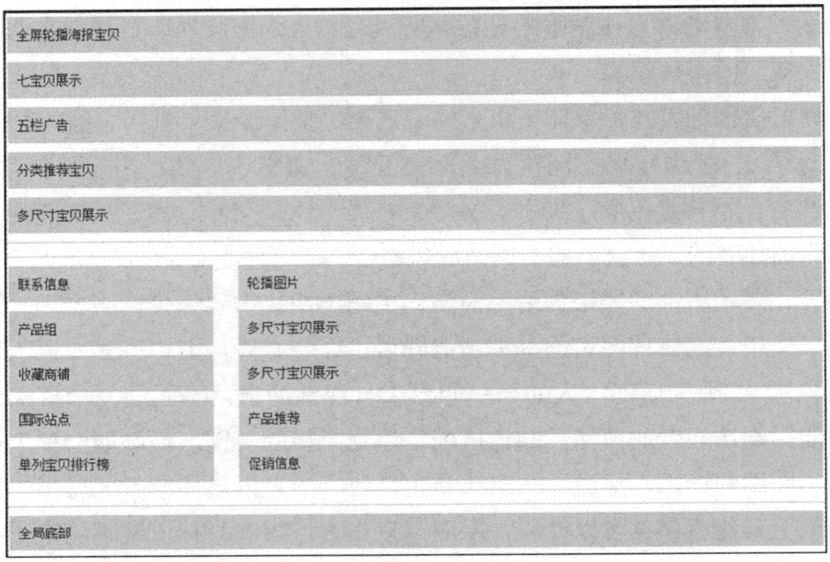

图 5-6　店铺模板所包含的模块

在具体排版布局时，我们要做到以下几点。

（1）页面排版美观大方，各个模块之间的布局要协调一致，并且简洁清楚，因为这样的页面更能体现主旨，表现其功能。

（2）仔细规划分类导航，方便顾客查找商品。例如，速卖通的导航包括店铺顶部的主导航和侧边自定义的导航，尤其是侧边导航，一定要仔细规划，确保能够有效引导买家进行选购。

（3）适当设置 Banner 或促销模块，如热销产品、折扣区、推荐款等，各模块的功能要明确，彼此之间要相互协调，从而促进销售。

（4）产品排版形式灵活多变，但是既不能平铺直叙，又不能使买家产生凌乱感。

5.3　页面管理

首先，卖家需要进入速卖通的卖家管理后台，在卖家管理后台的导航栏中，找到"店铺—商铺管理—店铺装修及管理"菜单,进入后如图 5-7 所示。如果你是速卖通会员身份,则显示为"网站设计"页面,同样单击"进入装修"按钮,也可登录卖家管理后台装修页面。

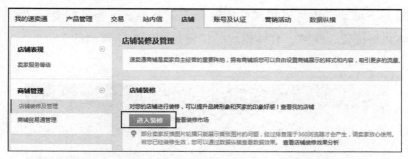

图 5-7 店铺—商铺管理—店铺装修及管理菜单

单击图 5-7 中"进入装修"界面,进入旺铺装修平台,如图 5-8 所示。单击"装修"菜单,即可看到下拉菜单,其中包含"页面管理""样式编辑""模版管理"三个子板块,以下逐一进行介绍。

图 5-8 旺铺装修平台首页

进入旺铺装修平台后,你首先看到的就是图 5-8 中所示的"页面管理"子板块。实际上在页面管理中只能编辑"基础页面—商铺首页",即只能对店铺的首页进行修改管理。它又包含"页面编辑"和"布局管理"两个子界面。

5.3.1 页面编辑

在页面编辑界面中你看到的店铺的效果就是买家在你的店铺前台看到的实际展示效果。本界面主要由各个模块组成,且可以提供编辑功能。我们在对页面进行管理时,首先要了解各个模块具有什么样的功能,怎么进行编辑,什么样的效果较好;其次将各个模块进行布局,按照自己的设想在页面上进行排版设计,从而达到想要的效果。

如图 5-9 所示，移动鼠标到各模块之上，就会出现"编辑""删除"及"添加模块"等相关按钮。单击"编辑"按钮，就可以打开模块的编辑界面，对相应的模块的内容进行设置；单击"删除"按钮，就可以完成模块的删除；单击"添加模块"按钮，即可弹出添加模块编辑对话框，同时显示所要添加模块的类型。单击模块中"上下箭头"，可以进行模块位置的上下移动，也可以将鼠标放置到上下箭头上，等鼠标变为"十"字形状时，单击进行拖动调整位置（注意，有些模块的位置是固定不能移动的）。

图 5-9　页面编辑界面——模块编辑（图片轮播模块）

下面我们就常用的一些模块进行简单介绍，如果你的界面没有显示这些模块，请自行添加。

1. 店招模块

店招模块相当于店铺的招牌，放到店铺首页的最上面，不可移动，如图 5-10 所示。店招是店铺品牌或者产品展示的一个窗口，也是买家进入店铺后看到的一个重要元素，设计精良的店招会给买家带来记忆深刻的第一印象。商铺招牌最好明确简洁，一目了然。相反，粗制滥造的店招会使买家瞬间失去兴致。

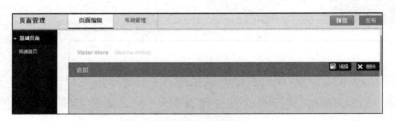

图 5-10　店招模块

将鼠标移动至店招模块，单击"编辑"，即可出现店招编辑对话框，例如，速卖通店招宽度为 1 200 px（像素），高度设置为 100~150 px，如图 5-11 所示，图片的大小为 2 MB以下，格式为 .jpg 或者 .jpeg，店铺的店招只能有一个。

店招默认为图片形式，其主要由文字和图片两部分构成，选择合适的字体，搭配合适的背景，就可以更好地展示店铺特色或者活动，吸引买家眼球，提升购买兴趣。店招文字和背景色要对比鲜明，店铺名称、文字描述都用粗体字，粗体字给人以安全、厚重、可靠

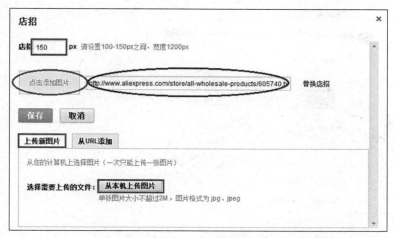

图 5-11　店招的设置

性的心理感觉。产品信息传达要明确，使得买家即刻明白店铺的主营产品和经营特色。

店招的设计一定要和店铺的风格大体一致，并且有明确的产品定位，配以适当的文字说明。其基本原则如下：①选择背景比较干净的图片放入店招中，背景复杂或者需要修理的照片一定要经过 Photoshop 或者其他修图软件修理后再放入。②在店招中放入图片时，选择能够代表店铺或者店铺特色产品的图片，不宜放入太多，否则会使买家产生视觉疲劳。③图片和文字要分离，不宜一起处理，图是图，字是字，按照黄金分割比 1∶0.618 进行分割，黄金分割位置最易吸引买家眼球。④图片和文字颜色要协调，颜色趋于一致或者近似，背景颜色不宜强烈刺眼，否则将影响图文展现效果。

2. 图片轮播模块

图片轮播模块是一个非常重要的产品展示模块，此模块将多张广告图片以滚动轮播的方式进行动态展示，可调整轮播显示高度（100~600 px）。图片轮播模块（图 5-9）可以使我们放置最多 5 张图片。图片轮播的编辑界面如图 5-12 所示，你会发现其设置和店招模块类似，但是多了一个切换效果的选择。

建议添加 3~5 张图片，设置好相应的图片链接，链接到具体产品、产品单元或者促销页面。如果图片为产品展示图片，那么就可将图片链接到对应的详情页面；如果图片为促销页面，那么就可将图片链接到商铺的 START 页面；如果图片为分组内容，那么就可将图片链接到对应分组的 URL（统一资源定位系统）链接上。单击上下箭头来调节图片轮播的顺序，单击"×"可以进行删除。

系统允许总共可以设置 5 个图片轮播模块，也就是总共有 25 张大图片可以展示，有效利用这些模块将大大提升店铺的视觉效果和促销能力。

注意，在同一图片轮播模块里，图片大小应该是相同的，在不同的图片轮播模块中，我们可以灵活设置不同的图片高度，这样排列可以使界面更加活泼，也能更好地展示不同

图 5-12　图片轮播的编辑界面

的商品。

3. 商品推荐模块

通过商品推荐模块，可以将我们认为重要的产品放置在店铺首页，即着力"推荐"这些产品。例如，可以做"最新商品""最畅销商品"的模块，或是做一个限时推荐模块，把同一类型的产品上传在一起，同时将产品推荐模块命名为"Best Selling, Limited Time Promotion Sale"，以吸引买家注意力。系统允许设置 5 个商品推荐模块，如图 5-13 所示。

图 5-13　商品推荐模块示例

商品推荐模块设置界面如图 5-14 所示，可以自定义模块的标题，选择产品展示方式（一行 4 个商品或一行 5 个商品），展示商品信息的方式（直接展示商品全部信息，或是默认展示价格，鼠标划过展示全部信息），以及推荐方式（系统自动推荐或手动推荐：如果选择系统自动推荐，则需要设置排序方式、产品分组等信息；如果选择手动推荐，则需要

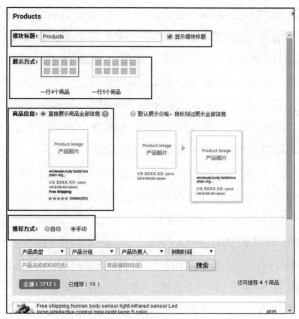

图 5-14　商品推荐模块设置界面

选择推荐的商品）。

除了在页面主体部分使用商品推荐模块外，还可以在左侧边栏使用商品推荐模块。自行观察，会发现它与图 5-14 在商品展示方式和商品信息展示方式上是不一样的，因为它是显示在网页左侧边的，所以是按列来展示的。

在排序方式上，可以选择"最新发布在前""最新发布在后""按价格降序排列""按价格升序排列"以及"按销量降序排列"。实际上，"最新发布在前"的排序就相当于"Newest Products"，而"按销量降序排列"就相当于"Top Selling"模块。因此，灵活使用商品推荐模块可以实现许多特殊的效果。

商品推荐模块直接使用商品的主图，所以为了保持首页视觉的一致性，所选择推荐的商品主图风格应尽可能类似，而且一定要整洁大方，尽量和店铺装修风格统一。

平台自带的商品推荐模块使用起来较为便捷、高效，但是所呈现的店铺形象结构单一、视觉冲击力不强，初入门的卖家可以直接套用商品推荐模板，不过高手更倾向于使用下面介绍的"自定义内容区模块"。

4. 自定义内容区模块

在自定义内容区，可以通过在编辑器输入文字 / 图片 /HTML（Hyper Text Markup Language，超文本标记语言）代码的形式自定义编辑内容。自定义模块的标题可自行命名，自定义区的图片和字体（字体的粗细、正斜及字体的加线）、字号、格式都可以进行设置和修改。

自定义内容区模块最大的优势是可以借助 HTML 来自行设计模块。HTML 是超文本标记语言的一种，它是"网页创建及其他可在网页浏览器中看到的信息"设计的一种标记语言，"超文本"就是指页面内可以包含图片、链接，甚至音乐、程序等非文字元素。超文本标记语言被用来结构化信息，如标题、段落和列表等，也可用来在一定程度上描述文档的外观和语义。结构包括"头"（head）部分和"主体"（body）部分，其中"头"部分提供关于网页的信息，"主体"部分提供网页的具体内容。再者，HTML 的简易性、可扩展性、平台无关性以及通用性，使得超文本标记语言应用广泛。

自定义模块内容可以放置产品信息，也可以添加产品分组，还可以放置广告链接，所以有效使用这个模块会使店铺表现力和视觉张力更加强劲，但是这需要一定的网页编辑技术，最好懂 Photoshop 和 Dreamweaver 的知识。

自定义内容区的编辑界面如图 5-15 所示，这里我们自己定义了一个"Limited Time Promotion Sale"的模块，你会发现其类似于商品发布的界面，可以插入文字、图片、链接，并对这些元素的位置、性质等进行修改。表面上看并不是很难，但是如果想做出很好的效果，则需要一定的经验。建议首先熟悉编辑窗口的各个按钮，然后按照编辑文档的方式进行排版。

图 5-15　自定义内容区的编辑界面

自定义内容区编辑后的效果如图 5-16 所示。

单击图 5-17 中的"</>"，可以查看源代码，如图 5-18 所示。

第 5 章 跨境电商视觉营销

图 5-16　自定义内容区编辑后的效果

图 5-17　源代码功能

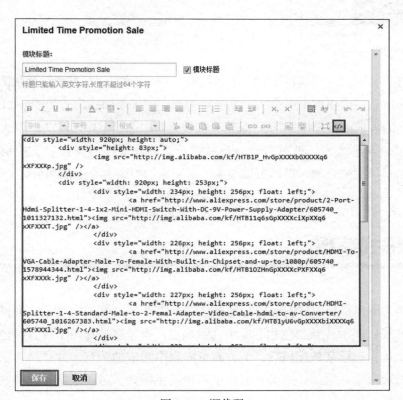

图 5-18　源代码

5.3.2 布局管理

在布局管理界面中，如图 5-19 所示，卖家可看到整个店铺的模块之间的布局结构，并可从整体布局和风格上对商铺内容作出调整或者设置，同时可以进行模块的添加、顺序的移动及删除操作。需要注意的是，在这个页面中，不能进行模块具体内容的编辑操作，对具体内容的编辑操作是在页面编辑界面中。

图 5-19　布局管理界面

布局管理界面分为"可编辑"和"不可编辑"两个模块，"可编辑"模块为淡蓝色，将鼠标放置上去以后，会出现上下箭头（上下移动）、"+"（添加模块）和"×"（删除模块），可以根据自己的需求进行操作。"不可编辑"模块为灰白色，不可以移动，因此不必管理。

在对各模块熟悉之后，就可以整合商品推荐、图片轮播以及自定义模块等单元的优势，使得店铺布局更加合理，设计更加精美，对买家的吸引力会更加明显。

5.4　样式编辑

可以在样式编辑板块中对商铺的背景颜色进行调整，如图 5-20 所示。商铺的背景颜色有两种展现方式：展示背景颜色和不展示背景颜色。卖家在选择两个背景颜色时，可看到下方图片的变化，选择某种配色后，下方就可展现出相应的预览图片，供卖家查看其在店铺中具体的展现形式。例如，速卖通提供了四种配色样式，可以根据自己喜好以及版面设计要求进行选择。

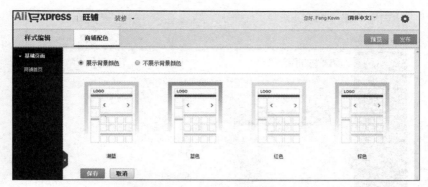

图 5-20　样式编辑——商铺配色

　　商铺配色的选择把握两个关键点即可：一是产品的特色和颜色；二是买家的视觉和美感。这两个关键点相辅相成，缺一不可。同时，独特和舒适的店铺风格与设计有利于流量的大幅提升和订单的快速实现。

　　产品的特色和颜色取决于产品本身，这就要求卖家在选择配色的时候一定使其与产品本身的特色和颜色相匹配或者一致。例如主打女性用品系列，首先给买家的第一感觉应该是小清新，时尚美丽却不失贵族气息，那么粉色或者浅色商铺配色会得到更多的女性朋友青睐，提升购买欲望，而阳刚生硬的"黑色"或者其他色系可能会使女性买家稍感压抑或者心情烦躁。再如店铺以男士运动服饰类为主（服饰产品更多在于视觉印象，同时更多体现时尚动感），那么我们就可以选择湖蓝或者蓝色商铺配色，其清新淡雅并且凸显产品动感。

　　店铺的视觉和美感是从买家的体验角度来衡量的，店铺的视觉冲击强烈且美感元素令人舒适，那么买家的体验会有很大程度的提升，没有站在买家立场的设计和配色，效果有可能会适得其反。例如，俄罗斯人喜欢红色，认为红色象征美丽、吉祥和喜庆；绿色象征和平和希望；黄色象征忧伤、离别、背叛和发疯，所以情侣间忌讳送如黄色的玫瑰花等黄色物品。美感，是店铺设计或者理念使买家在购物体验过程中产生的一种愉悦情感。例如，黑色的店铺背景可能会使俄罗斯买家产生消极的购买体验。

5.5　模板管理

　　在模板管理界面中，有"编辑中的模板""系统模板""我购买的模板"以及"模板备份管理"4个子栏目，如图 5-21 所示。模板可以使用平台的"官方模板"，也可以去"装修市场"购买商业模板。

图 5-21　模板管理界面

"编辑中的模板"为正在使用的模板，有模板的相关信息，如模板名称、设计师名称、到期时间等。而且有"页面编辑""样式编辑"和"备份当前模板"的链接，可以单击进入相关页面进行设置。

"系统模板"和"我购买的模板"分别展示平台免费模板以及购买的模板的信息。"模板备份管理"可以对相关模板进行备份。由于操作比较简单，本书不再详细论述。

最后，需要提醒大家的是，在编辑过程中要随时单击页面右上角的"预览"，实时查看装修效果，在预览审核后，如果通过店铺的设计方案，就可以单击"发布"了。

5.6　装修市场与高级模板

例如，速卖通对于卖家只开通了图 5-22 所示的"系统模板"，而卖家只能在系统模板的基础上进行修改，效果相对不好。如果我们想要获取更多的装修权限，只能去装修市场购买高级模板。

我们可以通过"查看装修市场"或是"模板管理"中"装修市场"的链接进入"模板市场"。店铺版本分为"高级模板"和"基础模板"两种，其中"基础模板"实际上就是速卖通提供的系统模板，只不过速卖通的设计师已经对其进行简单的设计和布局，对于新手来说可以作为参考。

高级模板同基础模板相比，最大的区别是高级模板有设计师新增的 UI（用户界面）模块，可以实现更多的功能和效果。高级模板的设计师必须经过速卖通特别授权，并且需要缴纳一定的保证金，与速卖通签约后，才能够在速卖通统一的模板开发平台上设计模板。速卖通模板开发平台如图 5-23 所示，只有设计师能够使用，普通的卖家是不能使用的。

第 5 章 跨境电商视觉营销

图 5-22　模板市场

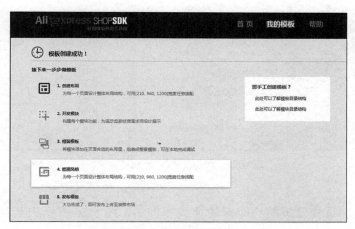

图 5-23　速卖通模板开发平台

作为普通的卖家，我们只能购买这些模板。速卖通模板根据店铺类型分为"数码 3C、珠宝首饰、家具日用、服装箱包、母婴玩具、运动户外、通用"等类型，我们可以根据自己的行业特色选择一个合适的模板。

选中一个模板后，我们可以查看模板价格，并决定购买周期，需注意的是，模板价格是每个月的价格，如图 5-24 所示。在决定购买之前，可以单击"马上试用"查看预览效果。

在试用高级模板时，我们可以对其进行编辑和预览（基本方法与基础模板类似）。在编辑时，我们会发现各功能模块能够实现的效果非常丰富，如图 5-25 所示的店招模块就要比基本模块的功能强大很多，设计出的效果也好很多。

119

图 5-24 选中模板试用

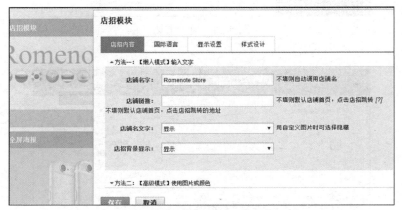

图 5-25 高级模板店招模块示例

更重要的是,高级模板的功能模块样式非常多,图 5-26 所示为某高级模板的布局,模板包括"全屏轮播""优惠券""宝贝列表""海报""个性Show""国际语言""轮番推荐""热推商品""1200轮播""产品组""收藏店铺""联系信息""960轮播"等10多种,远比基础模板丰富。

高级模板能够满足绝大部分卖家的需求,所以对于跨境电商的卖家而言,使用高级模板是必需的选择。高级模板的购买很简单,首先是单击图 5-24 中的"我要购买"按钮,确认购买后去支付宝(Alipay)用转账方式给设计师打款,最后联系设计师确认并开通模板。

高级模板的价格大部分是每月 10 元,对于广大卖家而言绝对可以承担得起。提醒大家注意的是,在确定购买之前,一定要多比较几套模板,每套模板都要试用,对每套模板的每个模块也要仔细研究一下,看看能够出来什么样的效果,最后根据自己的比较确定购买哪种模板。

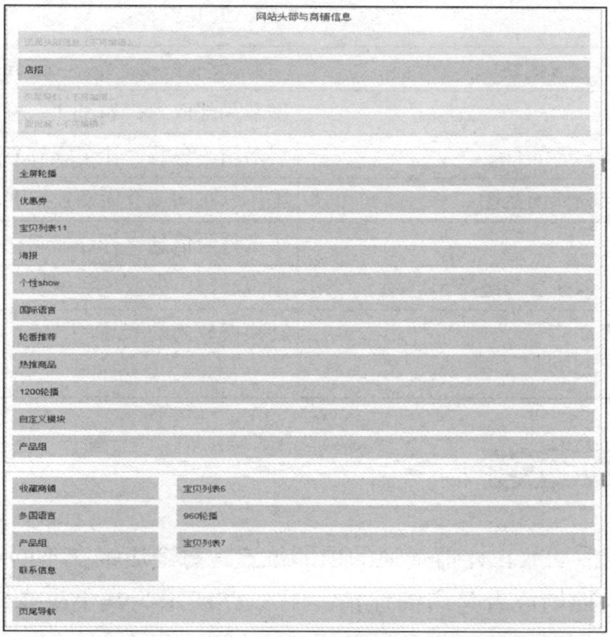

图 5-26 某高级模板的布局

5.7 详情页排版布局

"产品详情页"是展示给买家浏览的页面,也就是买家搜索到满意的产品进行浏览的页面。产品详情页包含的主要是单个产品的详细描述,详细描述的目的是让买家浏览后促成更多的直接成交,也就是提高转化率。

做好产品详情页的排版,目的是进一步提升店铺转化率。那么如何进行排版呢?原则是根据买家的浏览习惯进行详情的合理排版。但是不同的商品的买家浏览习惯是不同的,所以在具体排版布局上不同的商品是不一样的。我们在这里讲一种排版方式(表 5-1),希望大家能够根据自己商品和买家的特点设计出符合实际的版式。

表 5-1 一种排版方式

顺序	模块	简介
1	店铺活动	比如促销 Banner、优惠券领取链接等
2	产品关联销售 1	跳失率高或销售相对一般的商品,4~5 个
3	产品总体文案	总体功能简介
4	产品整体图	产品全貌,可以从不同的角度拍摄

续表

顺序	模块	简介
5	产品细节图	细节局部放大，如尺寸、材质等，展现品质
6	包装、包裹图	展示精心包装，让买家放心选购
7	工厂、车间、仓库团队图	工厂、车间或仓库图片，展现强大实力
8	顾客好评图	买家评价信息，好评如潮
9	物流、付款、退换货等政策示意图	固定底部，做成统一模板
10	产品关联销售 2	转换率较高的产品
11	其他信息	

5.7.1 店铺活动模块

一般我们将店铺活动放在详情描述的顶部位置，每个店铺在不同时间点都有相应的主题活动，可以是单品促销或者是店铺促销，图 5-27 所示为某手机卖家的店铺单品促销图片，在一个 Banner 中同时展示了两种手机信息，由于布局合理，其并不显得局促。

图 5-27 店铺活动——促销示例

5.7.2 产品关联销售模块

关联销售主要承载着两种功能：①买家对该产品不认可时，推荐相似的另外几款。②当买家确定购买这件产品的时候，推荐与之搭配的另一个产品。让买家再购买更多的产品，提高成交的客单价。这也是提高店铺销量的有效方法。

产品关联销售有两个位置：头部和尾部。一般将跳失率高的关联产品放在上面，将转化率较高的产品放在底部，但是也有不同的看法。另外，关联产品不宜过多，所占版面也不宜过大，不要把所有的详情页都放置相同的关联内容，要有些许差别。图 5-28 所示为某手机卖家设计的关联销售，详情页面上实际销售的是"TCL"，把小米、联想、Nubia 三种手机与之关联在一起，形成了较好的促销效果。

图 5-28　产品关联销售示例

5.7.3　产品总体文案模块

产品文案主要介绍产品的主要功能、特点、性质、规格、型号、特色等。这些文案可以做成图片格式，也可以做成文本格式。图 5-29 所示为文本格式，通过不同的字体、大小、颜色以及精心的排版，使主要信息清晰地展现在买家面前。

Highlights:
- Qual comm Snapdragon 615 Octa Core Up to 1.5GHZ 64bit CPU
- 5.0 Inch 1920x1080 Pixel FHD IPS(TFT) Screen
- Lewa OS 6.0 Base on Android 5.0 , 2GB RAM 16GB ROM
- 13.0MP Back Camera with 8.0MP Front Camera
- Support 4G LTE, WIFI, GPS, Bluetooth,GLONASS, Electronic compass, Multilanguage, Eyeprint Identification,OTG etc.
- Networking : 2G: GSM: 850/900/1800/1900MHz (B2/B3/B5/B8)
- 3G: WCDMA: 850/900/1900/2100MHz(B1/B2/B5/B8)　　TD-SCDMA: 1900 / 2000MHz
- 4G: TD-LTE: B38/B39/B40/B41(2555-2655MHz)　　FDD-LTE: 1800/2100/2600MHz(B1/B3/B7)

图 5-29　产品文案示例

5.7.4　产品整体图模块

从整体上让买家对产品有个全面的直观认识，可以从不同的方向进行拍摄，重点突出产品的各方位图，通过平铺方位图的展示，让买家了解产品的各个方位情况，增强买家对产品的印象。图 5-30 所示为卖家展示的某品牌手机的两种颜色对比的整体图。

图 5-30　产品整体图示例

5.7.5 产品细节和功能展示模块

在产品整体展示模块里，买家可以对产品有个大致的了解。当买家产生购买意向时，产品细节模块就能起到作用。细节是让买家更加了解这个产品的主要手段。买家熟悉产品对最后的成交起到关键的作用。因此，产品细节展示要尽可能地突出产品的材质。清晰展示产品细节，让买家更加清楚地了解产品，延长买家停留时间，另外，采取图文并茂的形式突出产品特点，但文字应简单明了。图5-31所示为某品牌剃须刀产品的细节，包含尺寸以及各个组成部件。

图5-32所示为此品牌剃须刀的另一种产品细节，它的最大特色是将产品内部的结构特征以及产品的功能优势通过图片和文案简洁明了地展示出来，使买家一目了然，增强了买家的信心，提高了买家的购买欲望。这实际上就是功能展示模块，它的主要作用是对产品各个功能做详细的解析。因为图片是无法动态地展示产品使用情况的，所以需要在图片上对产品的其他功能做更详细的说明，并进一步对细节进行补充说明。这样能大大地提升买家对产品的认知。

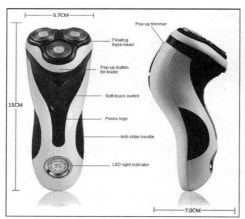 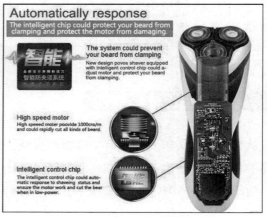

图5-31 产品细节图示例　　　　　图5-32 产品内部细节图示例

5.7.6 包装包裹、物流信息模块

包装服务的展示也是产品详情页布局的重要组成部分，展示精细严密的包装，保证商品在运输途中不受损坏，体现卖家诚意，也体现卖家的专业。一个好的包装还能体现店铺的实力，给买家放心的购物延续体验。如图5-33所示的包装，使买家感觉卖家在很用心地做事、物流不会出现问题。

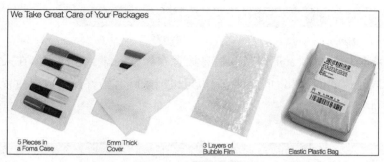

图 5-33　包装包裹示例

5.7.7　工厂、车间、团队授权书等模块

通过展示工厂、车间或团队等图片，向买家展示企业的实力。如图 5-34 所示，卖家展示了授权证书，不但证明自己的实力，也进一步证明此店铺售卖的是正品。

图 5-34　工厂、车间、团队授权书示例

5.7.8　顾客好评图模块

如图 5-35 所示，将历史成交好评截取下来，消费者更愿意相信消费者，在使用的评价中提高对此产品的认同感，以给其他买家信心，促进其他买家下决心购买。但需要注意的是，好评图一定要真实可信，不能作假。

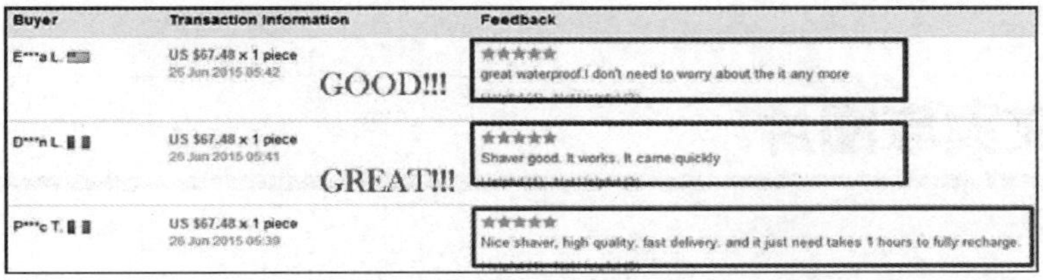

图 5-35　顾客好评图示例

5.7.9 关于运输、货款、退换货、求好评等模块

我们一般将运输、货款、退换货的信息放置在详情底部，这样买家在采购时能够了解相关的信息。同时，如图5-36所示，我们也可以请求顾客给好评，或者放置关于如何解决纠纷的一些信息。

图5-36　退换货和求好评模块示例

5.7.10 其他模块

除了以上模块以外，根据不同的商品特性，还可以加入不同的模块，如服装类商品可以加入明星模特穿戴图、消费者分享图等模块；容易出现假货的商品可以加入真假对比、质量检验等模块；需要特殊护理的商品可以加入护理讲解、提醒注意等模块；对于一些容易出现的问题用FAQ（常见问题解答）模块来加以回答。

在详情页排版布局时，一定要注意整体的"阐述逻辑"，整个页面形成描述商品→展示商品→说服买家→产生购买这么一整套的营销思路。在模块的先后顺序上，一定要记住，与产品相关的内容放在前面，越往后的内容与产品的相关性越低。

在制作详情页的时候，许多卖家走向两个极端。要么堆砌照片，将详情页弄得很长，买家看到的都是重复信息。要么文字信息很少，买家都没看清楚产品的细节。产品页面不是越长越好，也不是越少越好，应根据自己的实际情况来进行产品详情页布局。但是每个布局的模块要相互关联，使买家在浏览商品的时候不会产生思维障碍或者思维断档，如此，详情页才能随着你的表述思路将买家引导到你所期望的方向上去。

5.8 文案与图片

如果说页面的排版布局是店铺的骨架的话，那么文案与图片就是肌肉细胞了，骨架再

好，没有肌肉细胞的填充，便难以展现完美的产品形象。一般来说，买家购买产品时，主要看的就是产品展示的部分，这个部分通常使用文案与图片的形式来展现。因此，我们在塑造产品形象时，一定要懂得通过文字和图片，把整个产品的卖点活灵活现地展示在买家的面前，给其留下深刻的印象。

5.8.1 文案

文案是指店铺中以文字来表现的内容，其主要包括产品介绍、宣传语、广告语、售后条款、购物指南等。好的速卖通文案对于店铺是至关重要的，具有说服力和引诱力的文案将极大地提高店铺的转化率。构思文案内容时，应该注意以下几个问题。

（1）文案的作用是促进销售。能提高转化率、促进销售、传递品牌文化的文案才是值得称道的。一篇好的速卖通文案不是让买家来欣赏你的文学造诣，而是提供强大的说服力，找到独特的利益诉求点，抓住买家的心，解决买家所面临的问题，增强买家的信任感，最终让他们做出购买行动。

（2）站在买家立场构思文案。要想撰写出强有力的文案，首先应站在买家立场尽可能地挖掘情感和欲望，思考买家所面临的难题，帮助买家解决难题，能够渗透到买家心中的真实具体话语，不是空洞地渲染，把你的产品和客户的问题融合在一起，恰到好处，就能获得更多的客户。

（3）结合产品构思文案。只有真正结合产品，分析产品的定位（消费者群体、产品的特质），才能更好地利用文案向买家展现你的产品。转换自己的角色，从买家的角度思考，归纳产品的特色和利益诉求点，消费者才会乐于去阅读你的文案，才会想了解你的产品，最终接纳你的产品。

（4）文案表现应该有创意。针对产品打造具有独特创意的卖点，只有有创意，才能吸引更多的买家。

从形式上而言，文案一般是以文本和图片两种样式存在的。在使用文本时我们要注意，文本的字体、大小、颜色和排版都会影响到文案的效果。谨慎使用一些斜体、手写体、下画线、字体背景色以及一些奇形怪状的字体。重要的内容可以用 bold 粗体加粗或者用大写，但不要通篇使用大写字母。千万不要用太大的字体，外国人喜欢用小字号，一般控制在五号到六号。相同的字体在不同的字号下所呈现的视觉效果不一样，所以建议将字体和字号结合起来进行调整。

如图 5-37 所示的文本文案，整体体现比较混乱，但是如果上半部分和下半部分分开，似乎就好很多。

文案在图片上一般是和辅助图在一起的，一些图片以文案为主，如图 5-38 所示，但是也有些图以辅助图为主。一般要注意文字尽可能简洁，和辅助图的位置要协调，颜色、大小、字体也要适宜。

Only we sell good brand+ full capacity+ real class 10 microsd card(TF card). Our MicroSD card can pass h2testw soft test.
Buy card from us, you will get good quality microsd card(TF card) with full guarantee.
(1) If you haven't get the card on time, we will do full refund in 24 hours.
(2) If the card lost during delivery, we will re-send it in 24 hours or do full refund in 24 hours.
(3) If the card can't work, we will re-send it in 24 hours or do full refund in 24 hours.
(4) Ifthe card is not full capacity, we will do full refund in 24 hours.
(5) If the card is not class 10(16GB/32GB/64GB/128GB), we will do full refund in 24 hours.
(6) If the card can't passed h2 soft test, we will do full refund in 24 hours.
Feature:
•High-speed read and write
•capacity:16GB 32GB 64GB
•Compliant with the SD Specification Version 2.00
•Versatile when combined with the adapter, can be used as a full-size SD card
•Compatible with microSD host devices; not compatible with standard microSD-enabled device/reade

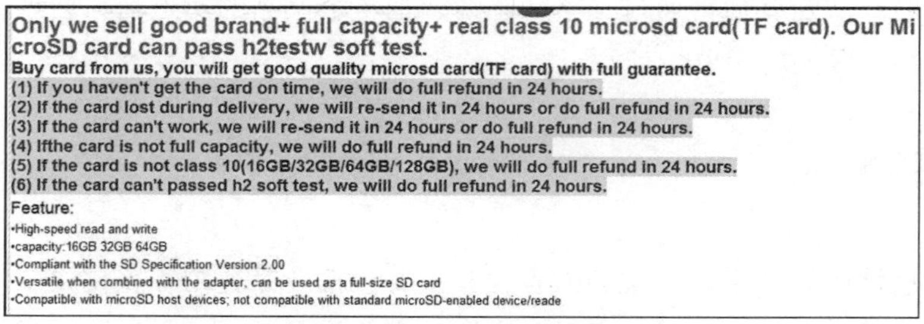

图 5-37　文本文案示例

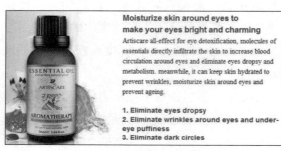

图 5-38　图片上的文案

5.8.2　主图图片

产品主图就像人的脸，干净、漂亮的脸蛋才能吸引人的注意。优秀的主图的作用包括以下几点：①突显自己的产品。②提高自己店铺的辨识度。③提高曝光量。④提高点击率。⑤提高店铺转化率。那么，什么样的主图才是优秀的呢？总体来讲，做到图片背景色单一简洁、主体商品突出（占图片 60% 以上）、画面清晰（推荐尺寸 800 px × 800 px）、文字数量适中即可。

主图应该避免：主体很多，没有重点，或是画面杂乱，主体不突出；背景昏暗，颜色低沉；图片长宽比例不一致，非正方形；文字过多，或产品细节过多，遮盖主体；与平台风格不一样；各产品主图不统一、不规范等。

例如，速卖通对于某些商品的主图有明确的要求，这些产品包括服装、鞋、包、配饰等，下面我们做一些简单的介绍。

（1）童装行业。模特图可以是白底，也可以是纯色背景，但要求店铺背景风格统一，模特居中展示，需要占主体 70% 以上，不允许有杂乱背景展示；实物图可以是白底，可以是纯色，也可以用场景展示为背景，但要求风格统一，可以接受左图模特、右图平铺实物,如图 5-39 所示。但是不允许超过 3 张或 3 张图片的拼图,主图也不能有边框、中文水印和中文 Logo,图 5-40 所示是不可接受的。

图 5-39 童装主图正确范例

图 5-40 童装主图错误范例

(2)婚纱礼服行业。主图像必须等于 800 px×800 px,主图背景建议为浅色、纯色或白色;主图不得拼接,不得添加边框,不得包含促销、夸大描述等文字说明,该文字说明包括但不限于秒杀、限时折扣、包邮等;品牌 Logo 放置于主图左上角;主图中的真人模特,必须露出脸,禁止将脸剪切掉或是在脸部打上马赛克;产品大小占图片比例 70%以上;多色产品主图禁止出现九宫格。主图须达到 6 张,第一张为正面全身图,第二张为背面全身图,且细节图不得少于 3 张。正确的主图范例如图 5-41 所示,错误的主图范例如图 5-42 所示。

图 5-41 婚纱礼服主图正确范例

图 5-42　婚纱礼服主图错误范例

5.8.3　Banner 图片

在速卖通基础模板和高级模板中，可以设置许多轮播图片，这些轮播图片就是 Banner。Banner 从广义上讲实际上就是广告，我们前面所讲的店招也是一个 Banner。它的主要作用是吸引买家注意，然后吸引买家点击购买。因此，一个优秀的 Banner 应该在很短的时间内吸引买家的眼球。要能够引起买家的足够重视，这就需要设计师高超的设计能力。

从构成上讲，Banner 由文字和辅助图构成。一般而言，辅助图占据大部分版面，但是文字说明也很重要，否则买家很难知道这个 Banner 要说明什么。因此，处理文字要保持简短，重点突出，要在第一时间内将主要信息告诉买家。处理文字和辅助图的关系是制作 Banner 的一个重点。

Banner 要有一个主题，这个主题可以是企业的宣传、产品的介绍或是促销的介绍，Banner 中所有的元素都应为这个主题服务，然后有针对性地对广告对象进行诉求，形象鲜明地展示所要表达的内容。不要放一些没用的东西，否则不会引起买家的兴趣。

当我们确定所要表达的主题之后，要在 Banner 实际放置的环境中展开后续的设计工作。色彩搭配要明亮干净，要与整个页面相协调。不能为了使 Banner 更加吸引用户的眼球而大面积地使用一些浓重的颜色（特殊需求除外）。在 Banner 的高度上，我们也可以插入不同的高度，使页面更加活泼多变。

完美店招的制作要素：店铺名称，主营类目，主推产品，二维码，优惠券，国家分站，关键词搜索框，大促活动、节假日活动的提示等。

显示店铺名称、卖什么产品、国家分站语言和关键词搜索框的店招，如图 5-43 所示。

以优惠券设置为主的店招以及带有二维码设置的店招，如图 5-44、图 5-45 所示。

以节庆假日活动设置为主题的店招，如图 5-46、图 5-47 所示。

图 5-43　店招图片（一）

图 5-44　店招图片（二）

图 5-45　店招图片（三）

图 5-46　店招图片（四）

图 5-47　店招图片（五）

1. Banner 设计的技巧有哪些？
2. 详情页设计的小技巧有哪些？
3. 从女士衬衫、女包、男性手表、儿童玩具这些产品中任选一类，在速卖通中设计店铺首页和产品详情页。

第6章 跨境电商营销与推广

Twitter看见了全球电商四大发展趋势

在中国，出海事业继续发展。据海关统计，自2017年以来，中国跨境电商进出口5年增长了近10倍，2021年其规模达到了1.92万亿元，相比2020年增长了18.6%。2022年底，我们发现，全球电商行业在经历了过去两年的激变后开始走向平缓。

以东南亚地区为代表的新兴市场，对社交、直播等新兴电商模式的适应速度非常快。Omise调研数据显示，2022年，东南亚直播电商行业GMV（商品交易总额）年增长率高达306%；2022年10月，亚马逊高调宣布在印度上线直播功能Amazon Live，且截至2022年底，其在印度市场的广告宣发已超65亿美元。

Twitter指出了电商四大发展趋势，分别是一体化、社交化、绿色化、个性化。其中，在2021年，无论是成熟市场还是新兴市场，一体化都是绝对的重点趋势。

在Twitter圆桌闭门会议上，2022年在出海圈大火的美妆品牌Y.O.U全球主理人朱祖鑫指出，在东南亚市场，2019—2020年美妆赛道的线上化趋势显著，而Y.O.U的营销渠道也随之线上化发展。2018年，Y.O.U的主要支出在电视广告上；而到了2022年，Twitter、

Instagram、TikTok 的线上投放成了主要部分。

Twitter 大中华区总裁蓝伟纶说:"Twitter 的一大特点就是'连接'(connect),通过文化、音乐、体育等事件,让品牌和用户互动、连接,让品牌获得更高的价值认可度。"

资料来源:从声量到销量,Twitter 看见了全球电商 4 个趋势 [EB/OL].(2022–10–17). https://www.morketing.com/detail/23144.

思考讨论:
(1)Twitter 在人们日常生活中扮演着什么角色?
(2)企业如何借助 Twitter 开展营销推广?

(1)了解 Google SEO 的理论与应用。
(2)了解 Facebook 的理论与应用。
(3)了解 YouTube 的理论与应用。
(4)掌握站内推广。

6.1 Google SEO 的理论与应用

6.1.1 Google SEO 的基本概念

通过搜索引擎查找信息是当今网络中非常重要的信息入口和流量来源。搜索引擎优化是指通过对网站进行站内优化、技术改进和站外优化,提高网站在搜索引擎算法中的友好度,提升网站的权重,最终达到提升网站关键词排名的目的。SEO 已经成为在线营销最重要的组成部分,其包括关键词优化、SEO 基础优化、网站结构优化、内部链接优化、外部链接优化、网站内容优化等。

6.1.2 关键词优化

关键词就是用户输入搜索框中的文字,也就是用户命令搜索引擎寻找的东西,如图 6-1 所示。

图 6-1　搜索框中的关键词

1. 关键词的类型

（1）导航查询。导航查询是指为了直接访问某个特定的网站而进行的搜索。

（2）信息查询。信息查询是指为了寻找特定信息而进行的搜索。信息查询包括很大的查询范围，这类查询一般不以交易为目的。

（3）交易查询。交易查询是指以使用某种服务和产品为目的而进行的查询。交易查询不一定和金钱有关。

2. 关键词的部署原则

一般合理的整站关键词部署类似于金字塔形状，核心关键词部署在首页，每个页面最多不超过3个关键词，避免页面关键词相互竞争。

例如，一个建材类外贸网站，首页就要部署行业的核心关键词，如"B2B building materials"，一级栏目页和分类页面部署产品分类关键词"solar energy products"和"solar controllers"，商品/文章页面部署长尾关键词"who is the best building materials online shop"，如图6-2所示。

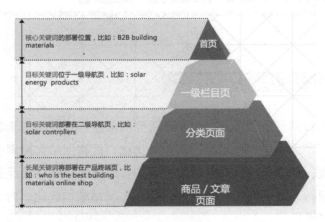

图 6-2　建材类外贸网站关键词的部署

3. 关键词的部署策略

了解用户搜索习惯，建立用户的搜索关键词库；针对用户需求，建立对应的栏目及页面；通过大量的页面关键词获取排名，从而获得流量，如图6-3所示。

图 6-3　关键词的部署策略

以联想笔记本为例进行说明，通过关键词研究，可以将关键词分为"品牌／分类""品牌＋分类""产品""评论""资讯"这几类，再将这些类型的关键词分别部署到对应的页面上。比如，"联想 Yoga 笔记本"这个关键词属于产品的类型，可以将这个关键词部署在商品页面上。这样通过对全站的关键词进行梳理和细分，按照一定的规则批量部署在对应页面上，可以获得较大的流量，如图 6-4 所示。

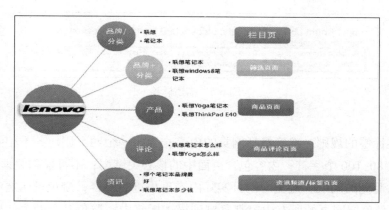

图 6-4　联想笔记本页面关键词的部署

6.1.3　SEO 基础优化

1. 标题标签的优化

标题标签（title tag）告诉用户和搜索引擎一个特定网页的主题是什么。<title> 标签通常放在 HTML 文档的 <head> 标签内，如：

<title>LED Lights, Bulbs; LED Lighting Accessories|Super Bright LEDs</title>

（1）<title> 标签的规则。准确描述网页的内容；为每个网页创建独特的标题标签；标题必须包含当前最主要的目标关键词；尽量将主关键词安排在标题的前半部分；标题简洁明了，以不超过 60 个字符为宜；由两部分组成的标题，中间用"，"隔开，而不是其他符号。

（2）注意避免的问题。避免和网页内容无关的标题，如"Untitled"或者"New Page 1"这种默认或者不清楚的标题；避免对网站的所有网页或者大部分网页使用同一个标题标签；避免使用既冗长又没多大用处的标题；避免在标题标签里堆砌不相关的关键词。

2. 描述标签的优化

网页的描述标签（description tag）为搜索引擎提供关于网页的总括性描述。网页的标题可能是由一些单词和短语组成的，而网页的描述标签则常常由一两个语句或段落组成，例如：

<meta name="description"content="LED lights, components and LED products including car bulbs, household bulb, light strips, accent lighting and more.All products are available for purchase online."/>

描述标签非常重要，因为搜索引擎会使用描述标签来生成网页的摘要信息，如图 6-5 所示。

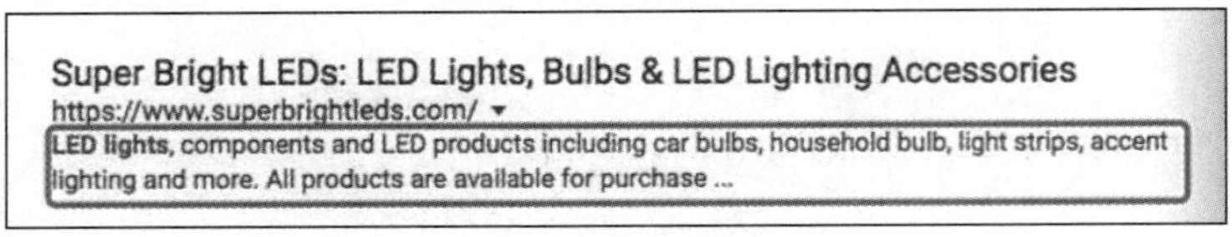

图 6-5　描述标签

（1）描述标签的规则。准确概括网页的内容；为每一个网页创建各不相同的描述；描述字数控制在 80~100 个字符；内容包含页面中的核心关键词；不可堆砌关键词。

（2）注意避免的问题。避免与网页实际内容不相符的内容；避免过于宽泛的描述，如"led lights"；避免把网页的所有内容都复制到描述标签中；避免多个网页使用相同的描述标签。

6.1.4　网站结构优化

1. 网站 URL 结构优化

URL 是对可以从网站上得到的资源位置和访问方法的一种简洁表示，也就是通常说的网址，如图 6-6 所示。

图 6-6　网站 URL

URL 对网站被搜索引擎收录有着非常重要的作用，如果 URL 规则过于复杂，会导致页面难以被搜索引擎收录，进而直接影响网站的排名。

URL 结构是指网站中页面之间的层次关系，分为树形结构和扁平结构。树形结构是指页面的 URL 规则是按照网址的频道和页面的层级来设计的；扁平结构是指页面的 URL 规则在设计时将所有页面放在根目录下，打破了原有的层级结构。扁平结构相较于树形结构，更有利于 SEO 的优化，由于它打破了网站的层级结构，便于传递权重，有利于终端页面获得排名。URL 结构如图 6-7 所示。

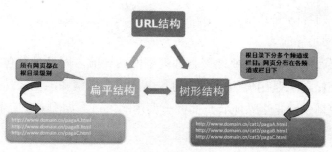

图 6-7　URL 结构

1）URL 结构的规则

在 URL 中使用单词，如 "led-lights.html"；使用简单的目录结构；每个页面有且仅有唯一的可访问 URL 地址；URL 的长度越小越好；URL 的参数越少越好；URL 长度尽量控制在 80 个字符以内。

2）注意避免的问题

避免使用无关参数和会话 ID（身份标识号码）；避免使用过度堆砌的关键字；URL 中不要包含与内容无关的文件名；不要在 URL 中使用大写字母；避免通过多个 URL 地址访问同一个页面，如 "www.domain.com/index.html" 和 "www.domain.com/index.html?from=home" 可以访问同一个页面。

3）电商网站的 URL 规则

对于电商网站，通常将其页面类型分为首页、频道/品牌页面、产品页面、评论页面等。

（1）首页。其规范 URL 为 http：//www.domain.com/，但有很多网站的首页存在不规范 URL，如 http：//www.domain.com/index.html，这就造成多个 URL 可以访问同一个首页的问题。

（2）频道/品牌页面。针对频道页面，可以只用 "category-{参数}" 的形式，其中{参数}可以是数字，也可以是英文单词；针对品牌页面，URL 规则可以用 "brand-{参数}" 的形式，如 www.domain.com/pinpai-{参数}.html。

（3）产品页面。其 URL 规则可以用 "product-{参数}" 的形式，例如 www.domian.com/product-{参数}.html，其中{参数}用数字来表示就可以。

（4）评论页面。其可能会有两种类型：一种是评论列表页面，另一种是评论详情页面。列表页面的 URL 规则为 www.domain.com/review{参数}.html；详情页面的 URL 规则为 www.domain.com/review{参数}-detail{参数}.html。

2. 网站导航优化

1）网站导航的重要性

网站导航不仅可以帮助用户快速地找到他们想要的内容，而且可以帮助搜索引擎理解网站的内容，包括内容的重要性。

2）合理规划网站导航

根据网站的栏目和页面的重要性来合理规划网站导航。网站导航包括网站首页和全站通用的导航栏。网站首页是用户访问最多的，也是用户检索和浏览网站的起始点。网站的主导航也要合理规划，它是全站所有页面都会调用的入口，如图6-8所示。

图6-8 网站主导航示例

3）面包屑导航优化

面包屑导航是指在网页的顶端或者底部放置的内部链接，它通常是"首页——一级频道—二级频道—详情页面"这样的层级结构，如图6-9所示。面包屑导航是非常重要的关键词部署位置和搜索引擎对页面抓取的入口位置，同时它可以提升用户体验。

图6-9 面包屑导航优化

4）网站地图的优化

网站地图分为两种：针对用户展示的网页和针对搜索引擎的Sitemap的XML（可扩展标记语言）文件。针对用户的网站地图，将网站上所有的网页全部罗列提供给用户，如图6-10所示。当用户寻找某些内容时，可以通过访问网站地图来找到对应页面。

针对搜索引擎的Sitemap是一个XML文件，它将全站所有的文件罗列出来，提交给搜索引擎，便于搜索引擎对网站进行抓取和收录，如图6-11所示。

第 6 章 跨境电商营销与推广

```
Apparel & Accessories
wholesale underpants boxer ,wholesale leopard blouse ,wholesale bra set ,wholesale men
boxer ,wholesale leopard bikini ,wholesale wooden buttons ,wholesale high waist
swimwear ,wholesale summer maxi dress ,wholesale mens harem pants

Beauty & Health
wholesale water transfer nail sticker ,wholesale slim patch ,wholesale eye massager
,wholesale nose hair trimmer ,wholesale nail strass ,wholesale eyeliner gel ,wholesale
silicone sex dolls ,wholesale proextender ,wholesale nail studs

Consumer Electronics
wholesale choseal ,wholesale digital audio converter ,wholesale inb holder ,wholesale
kimber kable ,wholesale headphone extension cable ,wholesale pl2303hx 2rca ,wholesale inb
bracket ,wholesale vga splitter ,wholesale optical audio converter

Food
wholesale tea puer ,wholesale da hong pao ,wholesale milk oolong tea ,wholesale puer
tea ,wholesale yunnan black tea ,wholesale maofeng ,wholesale v93 ,wholesale pu erh
,wholesale ginseng oolong tea

Automobiles & Motorcycles
wholesale t10 led ,wholesale elm327 usb ,wholesale led t10 ,wholesale w5w led
,wholesale launch creader vi ,wholesale key shell ,wholesale t5 led ,wholesale led
equalizer car ,wholesale peugeot key

Computer & Office
wholesale post card pci ,wholesale diagnostic post card ,wholesale pc diagnostic
,wholesale inverter lcd ,wholesale lcd lamp ,wholesale monoprice ,wholesale roip
,wholesale gd900 ,wholesale universal inverter

Electronic Components & Supplies
wholesale cp2102 ,wholesale arduino mega ,wholesale lm2577 ,wholesale p10 led
module ,wholesale pl2303hx ,wholesale usb uart ,wholesale jumper wire ,wholesale smd
resistor ,wholesale led display module

Furniture
wholesale folding sofa ,wholesale double hammock ,wholesale folding wardrobe
,wholesale recliner leather sofa set ,wholesale canvas hammock ,wholesale leather corner
sofa ,wholesale lazy sofa ,wholesale double parachute hammock ,wholesale rattan swing
chair
```

图 6-10　网站地图的优化

```xml
<urlset xmlns="http://www.sitemaps.org/schemas/sitemap/0.9">
  <url>
    <loc>https://www.apple.com/</loc>
  </url>
  <url>
    <loc>https://www.apple.com/accessibility/</loc>
  </url>
  <url>
    <loc>https://www.apple.com/accessibility/ipad/</loc>
  </url>
  <url>
    <loc>https://www.apple.com/accessibility/ipad/hearing/</loc>
  </url>
  <url>
    <loc>
      https://www.apple.com/accessibility/ipad/learning-and-literacy/
    </loc>
  </url>
  <url>
    <loc>
      https://www.apple.com/accessibility/ipad/physical-and-motor-skills/
    </loc>
  </url>
  <url>
    <loc>https://www.apple.com/accessibility/ipad/vision/</loc>
  </url>
  <url>
    <loc>https://www.apple.com/accessibility/iphone/</loc>
  </url>
  <url>
    <loc>
      https://www.apple.com/accessibility/iphone/hearing/
    </loc>
  </url>
</urlset>
```

图 6-11　XML 文件

6.1.5　内部链接优化

内部链接即超链接，指从一个网页指向另一个目标网页的链接关系。网站的逻辑结构也就是由网页内部链接所形成的逻辑的或链接的网络图，如图 6-12 所示。

图 6-12　内部链接网络

1. 内部链接的作用

（1）好的内部链接利于搜索引擎找到所有网站页面。

（2）好的内部链接利于网站页面的充分收录。

（3）好的内部链接利于页面关键词的排名表现。

2. 内部链接的基本规范

（1）内部链接中锚文本尽量包含关键字，如"<a href="/page/LED-Lighting-Supplier/">LED Lighting Business Solutions</a>"。

（2）内部链接模块避免链接堆积，每个页面的链接尽量不同，同时模块中的链接数量不宜过多。

（3）内部链接使用 HTML 文本链接，避免使用 Flash、JS 代码。

（4）内部链接的 URL 使用绝对地址。绝对地址格式为"<a href="http: //www.domain.com/page/LED-Lighting-Supplier/">"，相对地址格式为"<a href="/page/LED-Lighting-Supplier/">"。

3. 为没有价值的链接添加 Nofollow 标签

不参与链接投票，减少页面权重的浪费和导出，例如 About 和 Help "<a rel="external nofollow"href="url">about</a>"和"<a rel="ofollow"href="url">help</a>"这种形式的链接。

4. 不友好的链接形式

（1）搜索引擎不能读取 Flash 中的文字及链接。

（2）避免用来跟踪用户访问生成独特唯一的会话 ID，搜索引擎难以判断 Session ID，导致 URL 不容易被收录。

（3）避免使用 JavaScript、meta refresh 等不友好的跳转方式。301 是搜索引擎推荐的唯一可以传递页面权重的跳转。

（4）避免动态 URL 形式的链接，动态 URL 由数据库驱动网站生成带有参数的网址，通常不利于搜索引擎蜘蛛的抓取。

（5）避免链接至必须登录的链接，搜索引擎不能登录页面，因此无法抓取内容。

6.1.6 外部链接优化

外部链接与内部链接一样，是链接的一种形式，只是链接的来源不同而已。来自同一网站的是内部链接，而来自第三方网站的则是外部链接。外部链接是 Google PageRank 算法的核心基础，也是其他搜索引擎网站权重算法的核心基础，对网站的优化有着至关重要的作用。

1. 外部链接的作用

（1）提升网站在搜索引擎中的索引效率、更新频率。

（2）提高链接锚文本中的关键字在搜索引擎中的排名。

（3）快速提升网站在搜索引擎中的权重（搜索引擎信任度）。

（4）给目标网页带来一定的流量，提升目标网页的整体访问量。

2. 外部链接的算法要素

1）链接的关键词部署

（1）含有锚文本。

（2）图片应该添加 <alt> 属性。

（3）链接周围的文本。

2）链接的相关性

（1）网站的相关性，如美食网站链接到美食网站，属于同行业的网站。

（2）页面的相关性，如知乎网站（社区 / 论坛 / 新闻资讯）链接到美食网站，页面内容不相关。

（3）锚文本的相关性，锚文本的关键词指向的是网站的目标关键词。

3）外部链接的位置

（1）底部链接被降权处理，正文中的链接效果最好。

（2）如何建设外部链接。

4）友情链接

（1）和同行业网站中排名较低的网站进行交换。

（2）和其他地区的同行业网站进行交换。

（3）交换论坛。

（4）行业论坛，如福步外贸论坛。

（5）QQ 群中直接搜索"友情链接""友链""外贸网站"等。

5）注意事项

（1）基于优质外链的条件进行筛选。

（2）和与自己网站权重匹配的网站进行交换。

（3）如果对方网站没有权重，则不与之交换。

6.1.7 网站内容优化

1. 提供高质量的内容

提供高质量、对用户有用的内容是 SEO 中最重要的一个因素。只要有高质量的内容，用户就很乐意通过博客、论坛和其他方式向自己的朋友推荐你的网站。口碑效应会给网站带来更多用户，同时也会提高网站在搜索引擎中的排名。

2. 基于用户搜索撰写内容

在写文章之前对关键词进行研究，根据关键词的热度和竞争度撰写文章。例如，Google 提供了 Google Keywords Planner 和 Google Trends 工具查询关键词的热度，如图 6-13 所示。通过工具对关键词进行分析，然后在关键词的选择上尽量选择那些长尾类关键词。

3. 文字内容浅显易读

用户喜欢浅显易读的内容，因此要避免内容拖沓冗长，尤其不能有语法错误和拼写错误。如果图片中含有文字内容，会导致用户无法复制、粘贴，而搜索引擎也就无法识别这

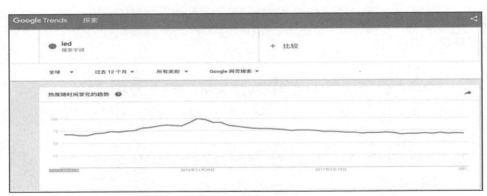

图 6-13　谷歌搜索

部分文字内容。

4. 文字内容结构清晰明了

有条理地组织网站内容是非常重要的，这样用户就能够清楚地了解内容的起始顺序，便于他们找到对应的内容。但要注意，不要把大量不同主题的内容放在一起，否则容易出现没有任何的分段、标识和层次划分，这样会使用户产生混淆，也会导致搜索引擎难以识别内容。

5. 提供独一无二的内容

内容的原创性是对网站排名至关重要的因素，如果是抄袭的内容，一旦被搜索引擎识别为重复内容，就不可能获得良好排名。新颖的内容能帮网站吸引更多的访客。另外，同一网站本身也可能会存在重复或者相似度较高的页面。

6. 给重要内容添加 Heading 标签

Heading 标签又称 H 标签，从重要性来排序分别是"H1"到"H6"，意思是"一级标题"到"六级标题"。其中，H1 标签是最重要的页面元素之一，是页面内重要的关键词，每个页面有且只有一个；同时，也应该相应地部署 H2 标签和 H3 标签。

6.2　Facebook 的理论与应用

6.2.1　Facebook 深受欢迎

据统计，欧洲电商最爱用 Facebook 在线上推广自己的产品，同时 Facebook 在欧洲网络零售商中也是一个非常受欢迎的社交媒体。

德国比价搜索引擎公司 Idealo 研究了每个行业不同社交网络的普及程度，结果显示，Facebook 是迄今为止最受欢迎的社交网络。Facebook、Twitter 和谷歌+经常被全品类网络零售商和时尚行业、电子产品零售商使用，但是在汽车行业，Facebook 的使用频率高于 Twitter 和谷歌+。

从《欧洲电商新闻》报道中了解到，这些网络零售商使用社交媒体的目的各不一样。有些商家使用社交媒体发布产品信息、折扣信息或者一些小贴士，而 B2B 供应商则使用其给自己的分销商提供产品供应信息。德国比价搜索引擎公司还研究了英国、法国、德国、西班牙、意大利和波兰的网络零售商的情况。在六个国家中，Facebook、Twitter、谷歌+和 YouTube 是网络零售商最常使用的四个社交网络平台。在德国和波兰，博客是最流行的平台之一。德国一半在线零售商依赖博客，尽管其出于不同的目的。

6.2.2 Facebook 的运营策略

1. 创建企业页面

创建一个页面是开展 Facebook 营销的第一步，也是至关重要的一步。

（1）Facebook 的页面分为"Local Business or Place""Company, Organization or Institution""Brand or Product""Artist, Band or Public Figure""Entertainment""Cause or Community"几大类，企业一般选择"Brand or Product"，即产品或服务。选好页面后，设置一个可以体现公司特点并吸引人的名字，可以是公司的名字、品牌的名字或者产品的名字等，但需注意的是，所起的名字要和页面内容相符。如果希望增大用户在搜索栏搜到公司页面的可能性，建议根据产品名字为页面命名，与做 SEO 时选取关键词类似。

（2）关于专业信息，根据产品信息将其填写完整即可，这些信息必须包括公司或品牌的基本描述、官方网站、联系方式及创建信息等。

（3）需要做些如欢迎页面、Poll 投票、FBML（Facebook 标记语言）静态页面等应用程序的加载。

（4）企业页面准备就绪后，就可通过 Facebook 官方网站的插件将其添加到网站上。

2. 粉丝的拉新、留存、与粉丝互动

（1）Rich。Rich 点出粉丝专页是 Facebook 的任务控制中心，所有与品牌相关的 Facebook 营销活动都会连到这里。尤其在加了动态时报（timeline）后，不仅可以放置更具代表性的封面照片，而且可以把重要内容置顶。同时，后台的分析数据会让大家及时地知道哪些内容比较受粉丝喜爱。

（2）广告。如果企业想吸引更多的粉丝加入，可选一则专页上的内容将其设定成广告（sponsored stories），并决定这则广告的目标群是谁，如只显示给还不是粉丝的人看。广告的内容除了原本设定的以外，还会显示朋友跟该粉丝专页的互动，这种类型的广告可以帮你触及粉丝数 3~5 倍的会员，拉近品牌跟人的距离。

（3）外挂。外挂（social plug-in）较适用于网站上已有固定流量的品牌，如购物网站上就可以看到哪个朋友也喜爱某个商品，或是哪些朋友已经加入粉丝专页。能引起互动的内容格式以视频为首，其次是照片，最后是纯文字形式，周末或假期时更新的专页信息更多一些。

3. Facebook 营销推广策略

（1）使用 Facebook 的插件。现在很多网站都可以直接用 Facebook 来登录，产品详情处还有 like 按钮或者 share 按钮，这些都是 Facebook 提供的插件，有利于用户快速购物。

（2）多用图片和视频。图片和视频的到达率远高于单纯的文本到达率。使用图片能增加 120% 的参与度，如果是多图上传，这一比例会提高到 180%。据统计，如果字符为 250 个，可以得到 60% 的用户参与度，如果字符为 80 个，就可以得到 66% 的用户参与度。

（3）选择最优时间发帖。在正确的时间发表帖子，无疑能让更多的人看到，所以需要借助平常发帖的观察，了解在哪一个时段发帖比较好。也可以利用工具（如 Facebook Insight）进行查看，观察哪些帖子在哪个时段是比较受欢迎的。

除了内置的 Facebook Insight 工具外，还有一些常用的工具，如 Hootsuite、Sprout Social 以及 Simply Measured，都可以查看很多有用的数据，如星期几发布最好、什么时段的什么关键词最受欢迎等。

（4）预设帖子更新。你的帖子必须保持足够的活跃度，才可能吸引更多的用户，所以预设帖子很有必要。在更新帖子时需要注意：使用表情符号能增加 33% 的评论，帖子发布分享量也会增加 33%，使用表情符号比没有使用表情符号的帖子要增加 57% 的点赞量；提问的同时能获得更多的评论量。

（5）利用已有的社交渠道。在网站显眼的位置放置已有的社交渠道，相当于告诉客户你已经在其他社交渠道开设了社交账号，这样他们就能直接单击链接到其他社交平台上，因而会更直接地在社交平台上和你进行互动，如图 6-14 所示。

图 6-14　利用已有的社交渠道

（6）在 Facebook 上做广告。这是一种相对便宜和简单的广告方式，成本约 15 美元/天，可以用低预算的广告测试效果。

（7）在 Facebook 上做活动。通过 Facebook 的 Contest 可以吸引很多用户，同时做活动也能给你的 Facebook 页面带来很高的参与度，从而增加页面的质量得分。类似于"call to action"这样的描述比那些没有的帖子高出 5.5 倍的参与度。

（8）使用 @ 标签。在社交平台上，每个人都想成为焦点，如果你在所有人之中被 @，心情一定是愉悦的，所以适当地使用 @ 标签能拉近粉丝与页面的距离。

6.2.3　Facebook 营销实操

例如，David 的公司以前并没有 Facebook 主页，但由于 Facebook 是一个重要的社会化媒体营销渠道，因此 David 在第一时间建立了 Facebook 主页，并对页面进行了设计，以提供更好的用户体验，如图 6-15 所示。为了更进一步地做好 Facebook 营销，David 准备从客户细分和互动活动策划着手。

图 6-15　Facebook 营销主页

1. 客户细分

客户天生就存在很大差异，同质化的营销策略在不同的客户面前起到的作用不同，如果企业想最大化地实现可持续发展和长期增长，就需要关注正确的客户群体，找准客户的需求点，开展有针对性的营销。只有通过客户细分，企业才能找准未来的盈利点，找准哪些客户最可能给企业带来利润，哪些客户不能，并对不同的客户投入不同的成本。

对此，以节假日的 Facebook 营销为例来进行说明。

Facebook 的战略洞察报告包含用户的人口统计数据、心理统计特征、地区、兴趣和购买行为等信息，可帮助我们制定更好的创意战略来定位这些用户。例如，你可能会通过洞察报告发现，高终生价值（LTV）的客户中，女性占 70%，她们钟爱高端零售品牌，且居住在特定区域的市郊。凭借这一信息，可以在定位这些潜在客户时量身定制合适的营销文案。

另外，为了在假日购物季覆盖受众群，并确定如何以最佳方式与他们建立联系，可以面向潜在客户、高终身价值客户、品类采购者、忠实会员和电子邮件订阅用户开展不同的广告营销活动。通过细分受众，利用量身定制的创意打造不同的广告营销活动，尽量与各个受众群产生共鸣。

2. 互动活动策划

为了提升用户关注度，David 决定通过活动吸引粉丝，最终通过 Facebook 在短短 2 个月内吸引了 1 万粉丝，引起强烈的市场反应。创造这次奇迹的正是一系列社交媒体的大型推广活动。

在这一系列活动中，David 主要使用了 Facebook 营销的三个技巧。

（1）利用热点在欢迎页面上整合其他在线站点。

（2）利用视频教育启迪用户，并充分利用评论。

（3）利用 Facebook 页面手动加自动整合博客。

在这些活动中，David 率先用热点作为欢迎标签，链接到他的社交站点，提高了互动性。细心的用户还能找到优惠券。维护客户长期忠诚度的关键是给客户满意的初体验。David 在 Facebook 上提供视频，详细介绍产品安装与使用。他还在 Facebook 视频里加入社交元素，除了"喜欢"按钮外，还增加了"发送"按钮，用户单击该按钮可以直接发送链接给好友。Facebook 将用户的评论显示在他们的评论页面。除此之外，利用网络化博客工具自动将文章归类至专门的标签，并手动将文章加载到详情页面，可以优化新闻订阅。

6.3 YouTube 的理论与应用

6.3.1 YouTube 视频营销的基本理论

除了和 Facebook 等互联网营销有众多相同的优势，如成本较为低廉、传播速度较快以及搜索功能较为强大，容易形成买家效应之外，YouTube 还有自身独特的优势。

由于 YouTube 已经被谷歌收购，在同一关键词下，显然 YouTube 链接排名更靠前，从而更容易提升 SEO 排名。视频本身也有先天的优势，企业可以通过视频详细展示产品，其比图片更容易吸引买家关注。同时，YouTube 有相当强大的关键词搜索能力。只要访客输入关键词，所有相关视频就会显示出来。这些视频是不按时间排序的，因此 YouTube 推广有很长的有效性。

6.3.2　YouTube 视频营销的内容策略

在 YouTube 的营销推广中，并不是所有行业都能起到很好的营销效果。据统计，计算机、通信、消费类电子产品以及化妆品、服饰等女性用品和一些新奇特产品的推广效果较好。一般来说，针对企业营销，视频分为产品介绍（产品详解和使用教程简解）、产品亮点和使用评论三种。

1. 视频创意

清晰的画面、完美的本地发音和详尽的产品介绍是好的营销视频的基础，它们能让访客对视频的专业性产生信服感，如 3C 产品，可以详细介绍产品型号、零部件等。同时，视频需要拍出自己的风格，要有创意，而创意需要企业结合自身产品经过较长时间的探索才能得到。

2. 视频长短

企业应合理控制视频长度，一般以短视频为宜。另外，要随时监控视频的评论，把握评论的舆论导向，如果视频出现较多的负面评论，企业需要考虑如何优化评论或删除视频。

3. 视频更新

更新视频的频次要高，企业应定时发布新的相关视频，并根据浏览量的多少和评论数据合理调整视频的内容。

6.3.3　YouTube 视频营销的运营策略

1. 制作频道介绍短片

许多 YouTube 自频道在页面顶部有一个介绍短片，访客到来时会自动播放。你可以截取过去的视频短片中较精彩的部分拼接在一起，制作一个花絮或预告型介绍视频，放置在首页展示，让新访客快速了解你的频道主旨，也可以判断其是否对你的主题感兴趣。

2. 制作有趣的广告词

你可以在视频的简介部分、结尾部分等加上广告词，进行简单的频道介绍。大多数 YouTube 网红会在视频结束后说一句"欢迎大家订阅"的广告语，但这种做法远没有在视频中植入软广告的效果好。广告词一般不用很复杂，多为简单预告及欢迎订阅的内容，如视频主播常常说："我通常在每周五晚上 8 点发布视频，下一个视频将介绍逗笑自己的

15种方法。"这句话简单地概括了频道的信息，能吸引感兴趣的新观众订阅。

3. 制作主题一致的视频缩略图

对于视频这个特殊的载体来说，视频缩略图常常比标题更能吸引人们点击视频，因为人们的脑部结构决定了人们总是优先记忆图片，然后是文字，视频缩略图给用户的直观感受是很深的。所以，请确保它与主题内容的一致性，因为这会让你的频道看起来条理更清晰。虽然YouTube允许用户选择视频中的画面作为缩略图，但相比之下，自己设计更好。你可以使用Canva（免费）为每个视频制作独特的缩略图，注意确保所有视频缩略图在风格上的流畅性和一致性。

下面就是一个不错的案例，潜在订阅者可以通过缩略图大致了解视频的一系列内容，其逻辑性和条理性都给人很清晰的感觉。

4. 推进视频发布者合作

YouTube视频发布者间合作的事例并不罕见，这有点像微博大V之间的互动，相互引流的同时，还会碰撞出不一样的内容火花，这是吸引全新观众的有效方式。一个常见的做法是视频发布者相互出现在对方的视频中，这样两个人都有在对方的观众面前获得认可的机会。你可以联系希望合作的YouTube视频发布者，提出交叉推广的想法，并且一起打造一个活动或一个故事。

5. 通过"蹭热点"获关注

"蹭热点"是所有社交网络推广的重要方式之一，YouTube自然也不例外。你可以考虑制作一些与热点新闻、名人、流行趋势相关的视频，因为这些新闻已经有了一定的受众，能给你带来新的订阅者。

以下是常见的"蹭热点"视频制作方式。

（1）在视频中使用流行歌曲。

（2）在视频中模仿、讨论流行的事或物。

（3）在视频中回应其他热门视频制作者。

（4）对热门视频作出反应、模仿、评论等。

（5）对热门新闻发表自己的想法、观点等。在合适的时间发表这类帖子，能接触到一些原本不关注你视频的人，将他们引到你的频道。

（6）在受欢迎的社交平台分享视频。视频制作者可能都知道可以把视频分享到Facebook或者Twitter这种受欢迎的热门社交平台上，但你是否还探索过其他在线社交平台，特别是视频受众"驻足"的平台？如Reddit等论坛上都有可能存在欣赏你视频的受众。当你要把视频发布到其他子板块，或者Facebook群组时，需按照视频内容的相关性发布，有效投放，而不只是考虑社区的影响力大小。

发布视频的同时要让人们清楚地知道你是谁、是做什么的（可以使用你在YouTube上的介绍短片），你的目的是让别人记住你。当然，发布的视频越多，用户就越有可能订阅，这为他们提供了关注你的理由。

（7）创建播放列表。播放列表是用户整理 YouTube 播放内容的好方法，它将有机会出现在 YouTube 的搜索结果中。当然，视频的命名很重要。一般可以使用 Chrome 拓展程序 Keywords Everywhere 查看各视频的月度搜索量，尽量选择搜索热度较高的关键词嵌入你的视频命名中。

如果创作者保障有足够多的内容，可以考虑将它们组成播放列表，这种做法能有效地对视频进行分类，还能选择下一个播放给观众看的视频，牢牢地将用户的注意力吸引到你的作品上，而不是随着 YouTube 自动播放其他创作者的视频。你可以从播放列表中直接分享视频链接，这样，观众看到的所有视频都来自你的频道。

（8）使用 YouTube "资讯卡"推荐其他视频。YouTube 关闭了注释功能，而注释功能可以把观众引导到其他网页，因此此举引起了很多创作者的不满。于是 YouTube 推出了"资讯卡"，相当于强化版的注释功能。一般可以使用这些卡片在视频中推荐其他视频、播放列表或者能使更多观众观看的特定视频。

6.3.4 YouTube 视频营销的推广优化策略

YouTube 是很多外贸电商的社交流量来源之一，而且潜力巨大。但随之而来的问题就是：YouTube 是一个很拥挤、很嘈杂的地方。据 YouTube 官方博客，每分钟有超过 100 小时等量的视频上传。考虑到内容的泛滥性与竞争的激烈性，如何让自己的视频在巨量的视频内容竞争中脱颖而出，是一个很关键的问题。你怎么让大家看到你的视频，而不是其他的千万个视频呢？

答案是：视频推广优化，也就是我们说的视频 SEO。就 YouTube 而言，先判断影响 YouTube 视频排名的因素有哪些。

从图 6-16 中可以总结出以下几个因素：①标题和标签的信息；②用户停留时长；③描述内容中的关键词标签；④视频长度；⑤观看视频后有多少用户订阅；⑥评论数；⑦赞数和踩数。

想在巨量的视频内容竞争中脱颖而出，就需要围绕这些小因素来优化你的视频。除此之外，还有以下推广优化策略。

1. 互动性内容制作和分析

如果你的目标是得到很多观看次数，那么必须保证你的视频有互动性、信息量大而短，最重要的是让用户有分享的冲动。在 YouTube 后台，你可以清楚地看到你的视频分析，视频的观看次数具体是从哪几个方面产生的，如从外部网站、新闻站点嵌入播放、YouTube 站内搜索、YouTube 频道页面、YouTube 推荐、谷歌搜索、YouTube 广告等渠道。通过这些分析来判断受众偏好与来源，从而有侧重地去调整自己的营销重心。

图 6-16　LED（发光二极管）在 YouTube 上的视频显示

2. 制作有特色的标签和标题

标签很重要，标题更重要，视频标题的前半部分必须突出重点。由于 YouTube 无法根据视频内容进行排名，标签就是与视频联系非常紧密的文字内容，所以千万不要随便写或者只写个大概，一定要精确地写最相关的标签。

由于很多人在购买虚假"观看次数"，YouTube 不再以"观看次数"这个条件来推送视频，而是以"观看时长"为最主要的推送标准，这也说明视频内容的重要性。

3. 影片内置字幕

虽然标签和标题是视频优化的重要角色，但是，影片内置字幕也是 YouTube 判断视频好坏的标准之一。通常来说，有字幕的视频排名更靠前，因为它可以使用户获得更好的体验。所以在制作视频过程中，可以找第三方编辑视频或者加上字幕。

4. 注释行动号召按钮

"行动号召"按钮就是注释的一种，它虽然会延长用户的观看时间，但是精确和合理的注释位置可以增强用户黏性。如果放置不当或者注释过多（建议出现 5~7 s）会让用户觉得烦，从而跳出视频观看页面。

无论是 PPC（点击付费）广告，还是专区，又或者是视频，无一能脱离"行动号召"按钮，因为视频官方页面需要有订阅用户，订阅用户越多，意味着热度越高，所谓的 YouTube 红人就是指有很多订阅用户的视频发布者。

5. 放置视频链接

一种行之有效的推广方式是把有用的视频放在社交网络或论坛上。这些视频若能很好地解决问题，必定有人帮你继续传播或者扩散。如果在论坛中放置一些第三方链接，版主或管理员一般不会随便删除你的留言，还可能会关注你。

6.3.5 YouTube 推广实操

David 的公司在策划 Facebook 活动的同时，为了配合活动内容展示，也设计制作了一批视频，并将这些视频上传到 YouTube 上，以期在 YouTube 上也获得一些关注，结果没有想到一个 LED 方面的视频会有 78 000 以上的点击量、300 多个转发。然后，David 开始重视 YouTube 的传播，用心经营 YouTube 上的视频账号，他上传的新产品的创意视频，在 YouTube 上迅速扩散开来。

需要说明的是，利用 YouTube 推广，不光要在内容上进行产品的传播，而且要制作一些有意思和有用的视频。

接下来从拍客推广、自拍推广和买家推广三个方面进行讲述。

1. 拍客推广

拍客推广的实质就是利用大拍客的力量，将他的粉丝转化成我们的买家，具体有如下步骤。

1）寻找拍客

寻找拍客有两个主要途径：①搜索关键字。在 YouTube 顶部的搜索框中输入想要推广的产品名称。例如，要推广手机，就搜索 cellphone review、Samsung galaxy S23 review 等；要推广假发，就搜索 hair review、wig review 等；要推广珠宝，就搜索 jewelry review、necklace review 等。根据不同的行业、不同的产品，搜索最贴合自己产品名称或特性的关键词。②在同类视频右侧的相关视频中查找符合要求的视频。例如，我们正在观看一个 cellphone review 的视频，这时，该视频右侧出现一列同类视频，这些视频所属的频道很有可能是我们需要找的频道。以上只是最常用、最有效的寻找拍客的方法，也有一些其他的方法可以找到我们想要的拍客，大家可以在实际操作过程中慢慢摸索。

2）联系拍客

当发现一个视频中的产品与我们想要推广的产品吻合时，就单击这个拍客的频道名，进入他的频道主页，顶部导航条中最后一项是"about"，一些拍客会把自己的联系信息放在这里，可能是邮箱，或者是 Facebook、Twitter、Google+ 链接，可以通过这些信息联系他。如果他在"about"里没有留下任何联系信息，可以通过站内 message 联系他。在"about"页面有一个"Send message"按钮，单击就可以给拍客发站内信。建议找订阅（subscriber）数比较多（至少在 1 000）的拍客合作，这样的视频拍出来效果比较好。

3）发送开发信

给拍客发的开发信是合作的敲门砖，建议简明扼要地说明来意，篇幅不宜过长，否则会让对方没有耐心读下去。内容要突出合作，我们提供免费的产品，对方只需要帮我们拍个视频。我们可以把店铺链接放在开发信里，这时拍客单击进去看到有自己感兴趣的产品，会大大提高合作的可能性。如果我们通过发邮件联系拍客，邮件标题也很重要，建议突出"合作""免费产品"这样的关键词,标题不宜过长,6~8个单词比较适宜。

4)拍客选品及发货

发了一定数量的开发信之后,会有一些拍客给我们回复,表明他们愿意合作。这时候,建议先问一下拍客有没有在线聊天的联系方式,取得联系方式后要及时添加,因为在线聊天的沟通方式比邮件沟通方便得多。然后我们让拍客在店铺里挑产品,把产品链接及对应的尺码、颜色等信息发给我们,还有拍客的地址和电话。第一次合作的拍客,建议少发产品,试一试效果,然后决定是否继续合作或者增加产品量。拍客选好产品之后,及时给拍客发货,并告知对方运单号。在此有一点需要指出,在拍客选产品的时候,尽量推荐对方选新品或者当下热卖的产品,这样的产品比较有卖点,视频拍出来效果很好。

5)提醒对方拍视频

当跟踪到拍客已经收到包裹时,要向拍客询问对产品的看法,并询问什么时候可以把视频上传,提醒拍客不要忘记添加产品链接(产品链接要带上DHgate的跟踪码,以便查询哪个拍客给我们带来了多少订单,好的拍客将来要继续合作,并且可以多发产品)。

跟踪码添加规则如下:

?f=youtube–creator–creator ID–Item code–category

其中,creator ID 是拍客的频道名;Item code 是所推广产品的型号,这在产品链接中可以找到;category 是指所推广的产品所属的大类;其他部分是需要根据不同的产品、不同的拍客替换掉的。

6)追踪视频效果

对于视频效果好的拍客,我们应继续联系他选新产品。如果有拍客制作了很好的视频,画面清晰、产品展示非常详细等,可以把视频嵌入产品最终页的产品描述里,具体操作方法如下。

在上传产品或者编辑产品的页面,"产品详细描述"下有一个"产品视频链接"文本框(仅限 YouTube 视频),如图 6-17 所示。

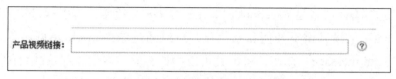

图 6-17 "产品视频链接"位置

将视频链接粘贴在这里,就会在前台展示出来,如图 6-18 所示。

2. 自拍推广

自拍推广如同前面所提到的拍客推广一样,都是为了更好地推广自己公司的产品,从而帮助公司提升销量,具体有如下几种方式。

图 6-18 视频显示效果

1）建立 YouTube 频道

卖家可以建立自己的 YouTube 频道，将一些火爆的产品拍成视频，这样当有买家想看产品细节的时候，可以把我们的视频链接发给他。

2）挑选火爆产品拍摄视频并上传到 YouTube

挑选火爆产品拍摄视频放在 YouTube 上，总会有人通过某些关键词或者 YouTube 的相关视频推荐功能找到我们的视频，这样就可以把 YouTube 上的流量引到自己的店铺。

3）将视频嵌入产品描述

我们也可以将自己拍的视频嵌入产品描述里，方法和拍客项目视频嵌入是一样的。

需要说明的是，通过以上方法得到视频之后，不仅可以将其嵌入产品描述中，让买家提交到产品 review 里，还可以用自己的社交账号将其分享出去，如可以将视频粘贴到 Facebook、Twitter、Google+ 上，还可以发送给买家，当有买家询问相关产品时，可以把视频链接通过站内信或其他途径发给他。

需要说明的是，David 所在的公司也会结合一些热点事件和电影来进行传播，一款能够"变形"的灯具产品的出现无疑迎合了这一潮流。视频中是一款新型的变形灯管，结合了《变形金刚》电影的热映期，蹭了一次题目热点，在视频中植入变形金刚的元素，再加上拍客详细的解说，细节和功能的展示，吸引了很多人来单击查看这个产品。视频的结尾和每一帧均设置了二维码，用户可以随时扫描进入购买页面，从而促成下单，最终形成真实的购买。

3. 买家推广

如果店铺已经有了一定的成交量，那么买家就是非常好的资源。买家收到产品后，我们应第一时间联系他，跟踪他的使用情况，如果他喜欢该产品，请他帮忙做个 YouTube 视频反馈，可以给他一些不同形式的奖励，卖家可以自定。

如果有买家帮我们拍了正面的视频，我们要建议买家提交到产品评论里，并显示在 Customer Reviews 里，如图 6-19 所示。

图 6-19 Customer Reviews 页面

买家的视频展示效果如图 6-20 所示。

图 6-20 买家的视频展示效果

当其他买家点开视频时，产品的视频评论就会在弹出的窗口中展示，其他买家就可以看到产品的细节以及此买家对产品的评论，从而大大提高该页面的转化率。

6.4 站内推广

6.4.1 什么是直通车

速卖通直通车实际上是一种广告工具，简单来讲，即卖家通过直通车后台自主设置相关的关键词，并出价竞争展示位置，当买家搜索时即可曝光产品，吸引潜在买家入店。速卖通直通车会在买家单击所展示的推广商品时，对卖家收取一定的推广费用，收取的费用由触发这次展示的推广关键词决定。直通车最大的价值就在于吸引流量，即"引流"，进而快速提升产品曝光率，提高商品销量或是提升店铺品牌的知名度。

有效使用直通车对于速卖通店铺的发展有重要的作用。如新店铺在没有什么销量也没有什么买家积累的情况下可以借助直通车去引流；新品上线，没有累计销量，也可以借助直通车引流；再者，打造爆款，积累客户资源，都可以利用直通车引流。因此，速卖通卖家必须掌握直通车操作的基本流程和技巧，以快速地提升店铺的整体效果。

直通车展示的位置如图 6-21 所示，分别在搜索结果的右侧和底部，这两个位置作为推广区，比较醒目，容易吸引买家的注意。其中，在买家进行搜索或是类目浏览时，每一页的结果列表的右侧区域可供同时展示最多 5 个直通车商品；在买家进行搜索或是类目浏览时，每一页的结果列表的下方区域可供同时展示最多 4 个直通车商品。

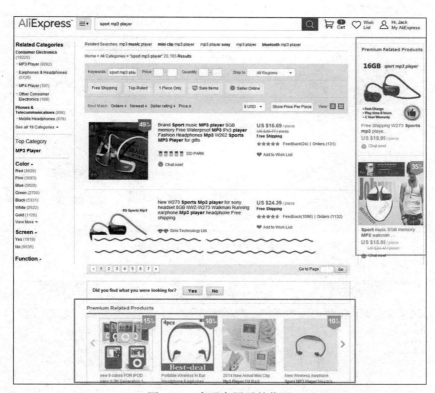

图 6-21　直通车展示的位置

推广商品展示在买家面前的常见情况如下。

（1）当买家搜索我们购买的推广关键词时，我们的推广商品将有机会出现在搜索结果页的右侧推广区或底部推广区。

（2）当买家搜索与我们所购买的推广关键词相近的关键词时，我们的推广商品将有机会出现在搜索结果页的底部推广区。

（3）当买家浏览含有我们商品的"相关类目"时，直通车将根据我们所购买的推广关键词和类目以及买家喜好智能地将我们的推广商品展示在类目结果页的右侧推广区或底部推广区。

1. 商品推荐投放

商品推荐投放是一种推广方式，属于直通车的一种，但是其显示的位置是在详情页底部的推荐位或是行业首页底部的推荐位，如图6-22和图6-23所示。

图 6-22　商品推荐投放——详情页底部

图 6-23　商品推荐投放——行业首页底部

关键词推广着重于搜索的流量，根据你所购买的关键词进行匹配；而商品推荐投放着重于非搜索的流量，根据当前"买家的行为习惯或是流量特性"进行匹配。影响推广商品在推荐位排序的主要因素有商品的信息质量、商品出价、商品是否满足浏览买家的潜在需求。商品的信息质量越高，商品推荐出价越高，商品与买家的潜在需求越匹配，展示在相关推荐位的机会也越大。

2. 推广产品排序

在右侧推广区的商品有的排在上面，有的排在下面；底部推广区的商品有的排在左边，有的排在右边。那么什么决定着排名顺序呢？速卖通直通车中影响商品排名的主要因素有"推广评分"和"关键词出价"。一般而言，"推广评分"越高，"关键词出价"越高，排名靠前的机会越大。也就是说，不是关键词出价越高排名越靠前，需要综合考虑"推广评分"和"关键词出价"两个因素。"推广评分"高，"关键词出价"不一定高，可能排名也靠前；相反，"推广评分"较低，即使"关键词出价"很高，也不一定排名靠前。虽然速卖通没有披露详细的排序规则，但是大概的思路与Google或百度的竞价排名类似，请参见以下内容。

Google的排名不完全是按照出价高低进行的，影响Google广告排名主要有三个因素。

（1）最高每次点击费用（CPC）。你愿意为每次点击所支付的费用，也就是针对一个关键词你愿意出的竞价价格。

（2）广告质量得分。广告标题、广告描述、链接网址、广告相关性等多种因素决定质量得分。

（3）网站本身。网站标题、网页元素、网站结构。

这意味着，单纯提高出价并不一定能使广告排名靠前；而广告展示次数多，但没有点击率也不能使广告排名靠前。Google广告的这一做法是为了鼓励广告商制作质量高的广告。好的广告，用户点击量高，即使你愿意出的竞价较低，你的广告也能排到比较靠前的位置。广告排名如表6-1所示。

表6-1 广告排名

广告客户	最高出价	质量得分	排名数字	排名
A	0.60元	2.0	1.2元（0.60元×2.0）	1
B	1.00元	1.0	1元（1.00元×1）	2
C	0.75元	0.8	0.6元（0.75元×0.8）	3

目前速卖通的"推广评分"分为"优""良""一"三档，其中：

如果推广评分为"优"，表示有资格进入搜索结果首页右侧位置，但是否实际进入，还取决于出价人数和我们的出价情况。

如果推广评分为"良",说明推广评分较低,没有资格进入搜索第一页结果首页右侧位置。我们需要通过更换关键词,或者优化商品信息等方法,将推广评分提升为优,并设置有竞争力的价格,增加进入搜索结果首页右侧位展示的机会。

如果推广评分为"—",表示推广评分很低,无法参与正常投放,我们需要为这样的词添加相关的商品,或者删除这些低推广评分的词。

根据直通车的规则,右侧推广区是速卖通直通车中买家重点关注的区域,较底部推广区来讲,具有更好的展示位置和曝光印象,具有更好的点击率。为了更好地保证卖家推广效果以及买家搜索体验,只有推广评分为"优"且出价更有竞争力的推广商品,才会获得展示在搜索结果首页和类目浏览结果首页右侧推广区的机会。

图 6-24 所示的四个关键词,上面两个关键词的"推广评分"是"良",下面两个是"优",虽然上面两个关键词出价明显高于下面两个,但是预估的排名位置却是下面两个在"第一页右侧",而上面两个在"其他位置",即不能显示在最好的位置(但商品将有机会展示在搜索结果首页底部及第二页开始的右侧和底部位置)。

关键词	推广评分▼	七日曝光量	七日点击量	七日花费	出价	预估排名
headphones	良	0	0	¥0	¥0.17	其他位置
original apple	良	0	0	¥0	¥0.22	其他位置
apple origina	优	0	0	¥0	¥0.10	第一页右侧
earbuds	优	0	0	¥0	¥0.11	第一页右侧

图 6-24 影响商品排序因素示例

推广评分主要用于衡量推广的商品在该关键词下的推广质量,其主要影响因素如下。

(1)关键词与推广商品的相关程度(如文本信息、类目、属性等)。

(2)推广商品的信息质量(如属性填写完整程度、描述的丰富度等)。

(3)买家喜好度(如点击、下单、评价等行为)。

(4)该商家的账户质量(如速卖通平台中该商家、商品处罚信息等)。

系统会根据多种影响因素定期自动计算,速卖通直通车会持续优化推广评分公式。为了更好地保证推广效果,我们需要定期对推广商品信息描述进行优化,选择正确的推广行业,以持续提高商品推广评分,同时设置具有竞争力的出价。

3. 出价、点击与扣费

我们需要为每个关键词设定一个金额,该金额表示的是我们为一次广告点击支付给速卖通的最高金额。当买家搜索了一个关键词,你设置的推广商品符合展示条件时,其就会在相应的速卖通直通车的展示位置出现。只有买家点击了你推广的商品时,才会扣费。

但是扣费不等于推广关键词的出价,实际扣费小于或等于你的出价金额,大多数情况下,实际点击扣费低于出价,因为推广关键词的出价仅决定排名,而实际扣费金额则与你的推广评分、排在你后面一名的卖家出价及推广评分有关。每次发生扣费时，系统会根据对应展示所监控到的关键词出价人数等情况，自动计算出保持关键词排名所需的最低价格。由于商品排名与推广评分及出价两个因素有关，因此，商品推广评分越高，实际点击扣费就越低。这也提醒我们不要仅仅关注出价，更要关注商品信息本身的质量。

另外，出价可以修改，但是必须超过"关键词底价"，才能获得在该关键词下的推广展示机会。关键词的底价是由系统设定的最低的价格，根据速卖通的解释，每个关键词的底价是根据其商业价值决定的。商业价值的大小与关键词所属的行业、专业程度和市场关注度等因素有关。每个关键词商业价值不同，因而各自的底价存在差异。如图6-25中两个关键词的底价一个是0.1元，另一个是0.2元。

图 6-25　关键词底价

对于"点击"，速卖通分为"无效点击"和"扣费点击"两种。"无效点击"是指经速卖通直通车防无效点击系统确认的、不为你带来有效访问的点击。无效点击主要包括以下情形：中国内地点击、重复性的人工点击、非人工的自动点击、其他欺诈性软件产生的点击等。速卖通直通车可以利用几十种维度的辨别方法，通过实时过滤、分析过滤等防范机制识别和过滤这些无效点击。对于这些点击，系统均不会扣除你的费用。扣费点击则是指经速卖通直通车防无效点击系统确认为来自非中国内地的正常买家，能够为卖家带来有效访问、系统可扣费的点击。

6.4.2　直通车推广计划的创建

通过后台"营销活动—速卖通直通车—直通车概况"，进入速卖通直通车管理系统的首页，如图6-26所示。最上端是导航栏，包括"推广管理""优化工具""数据报告"以及"账户中心"。左侧为账户的概览，包括账户状态、余额和有关消耗。你可以单击"充值"，按照提示进行充值操作，也可以对"每日消耗上限"进行调整，需要注意的是，这里的消耗上限是指整个账户的上限，当其超过这个上限时，整个账户停止推广。

右侧主体区主要包括"数据效果（七日）"概况、"诊断与优化"以及"我的监控"三部分内容。直通车推广计划的创建如下。

1. 重点推广计划的创建

单击图 6-26 所示的首页左上角的"新建计划"按钮，或者进入"推广管理"模块，单击"新建推广计划"，出现图 6-27 所示的创建界面。首先，我们需要选择新建的计划类型，可以选择"重点推广计划"或"快捷推广计划"。

图 6-26 直通车管理系统的首页（部分）

图 6-27 新建推广计划

其中，重点推广计划可以简单理解为需要重点关注的推广，最多可以创建 10 个，计划内的商品可以指定推广关键词，而且独有"创意推广"等功能，可加快爆款打造。快捷推广计划可以简单理解为泛泛的推广，具有批量选品选词等功能，可将相似商品打包推广，最多可创建 30 个，每个计划可容纳 100 个商品，效率比较高，但是精确性较差。"重点推广计划"和"快捷推广计划"的创建略有不同，下面加以介绍。

选择图 6-27 所示"重点推广计划"后，填写推广计划的名称，然后单击"开始新建"。

第一步，新建"推广单元"——选择商品。"推广单元"仅存在于重点计划下面，相当于重点计划下的分组。如图 6-28 所示，可以在"全部商品""热销商品""热搜商品""潜力推荐"中或是自己查找商品，选择自己想要推荐的商品。具体选择时，可以参考系统提供的相关指标来决策，如"同类商品热搜度""类目供需指数""竞争力"等。需要注意的是，一个"推广单元"只能选择"一个"商品。

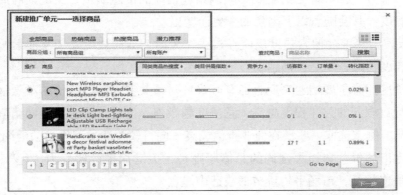

图 6-28　重点推广计划—新建推广单元—选择商品（只能单选）

第二步，新增关键词，每个推广单元可以添加 200 个关键词。如图 6-29 所示，我们可以在"推荐词"中选择"添加"符合推广要求的关键词，也可以手动"搜索相关词"或"批量加词"。其中系统"推荐词"是系统根据你在第一步选商品页面中所添加的商品，自动推荐的一批适合你推广的关键词。系统主要是通过你的商品信息来判断并推荐关键词的，因此，为了获得更丰富的推荐关键词，首先你需要尽量将商品信息填写完整，让商品信息更全面、更详细。

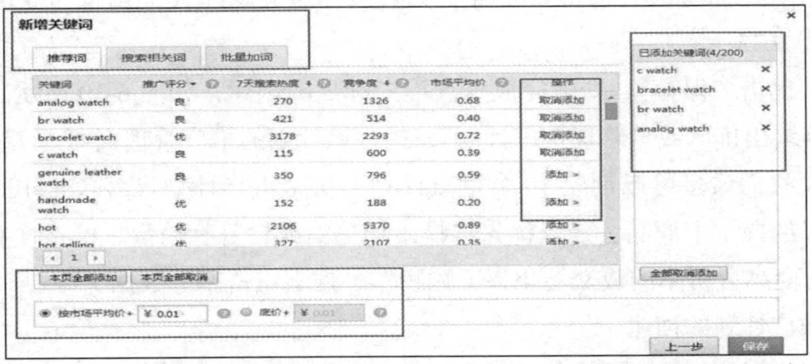

图 6-29　重点推广计划—新建推广单元—新增关键词

使用"搜索相关词"功能时，你需要先输入某一关键词搜索，系统将自动根据你输入的关键词列出相关关键词，并提供这些关键词的搜索热度、竞争度等信息。你可以根据具体推广需要选择添加关键词。

"批量加词"可以帮助你将已经整理好的关于你商品的关键词快速添加，你只需输入要添加的关键词，关键词之间用回车分隔，单击"添加"成功以后，单击下一步即可出价。

具体选择时，我们也要参考关键词的相关指标来进行，这些指标如下。

（1）推广评分。推广评分的主要影响因素包括商品信息质量、关键词与商品的匹配程度、买家喜好度，其会随着以上因素的变更而变更。

（2）7天搜索热度。搜索热度反映在过去7天内关键词被境外买家搜索的次数。数值越大，搜索热度越大；反之，则越小。

（3）竞争度。竞争度指速卖通直通车客户针对某关键词参与竞价的激烈程度。数值越大，代表同行对该词的关注程度越高、竞争度越激烈。你可以结合关键词竞争度与自己的商品预算情况，侧重选取一些潜在商业价值较高、同行较关注的词作为关键词重点竞价。

（4）平均市场价。选择关键词的总体原则是，关键词推广评分为"优"、7天搜索热度较高，竞争度较低，市场平均价较低或适中。

第三步，选择出价方式，即是按"市场平均价"还是按"底价"。一般情况下，我们按照"市场平均价"来出价。市场平均价是指设置该关键词的卖家中，有得到曝光的卖家的平均出价，反映了该关键词当前获取流量需要的竞争价格。可在各关键词市场平均价的基础上统一加价，最低加价幅度为0.01元（最终价格可以在推广计划管理时加以修改，所以一般这里保持+0.01元即可）。

需要注意的是，这里的出价实际上是针对所有关键词的"批量出价"，可以简化出价操作。如选择"底价"方式出价，则其主要功能是为所有已选关键词在其各自的底价基础上，加上一个统一的加价。例如，你选择了"A，B"这两个关键词，它们的底价分别是0.1元和0.2元，如果你统一加价0.05元，则代表你对关键词A的出价为0.15元，对关键词B的出价为0.25元。

第四步，单击"保存"，即可完成重点推广计划的创建，如图6-30所示。我们可以单击"修改关键词出价"或"管理推广计划"，进入该计划的推广管理页面。

类似地，我们最多可以创建10个重点计划，每个重点计划最多包含100个单元，每个单元内可以选择1个商品。建议优先选择市场热销或自身有销量、价格优势的商品进行推广（如参考商品分析中的成交转化率、购物车、搜索点击率等数据）。

2. 快捷推广计划的创建

快捷推广计划的创建与重点推广计划类似，但是也有很多不同。选择好计划类型并填写推广计划名称后，"新建推广单元——选择商品"，需要注意的是，1个快捷推广计划只能创建1个推广单元，而每个推广单元也即每个快捷推广计划可以容纳100个商品，并且卖家最多可以创建30个快捷推广计划。如图6-31所示，我们可以同时选择多个商品。

第 6 章 跨境电商营销与推广

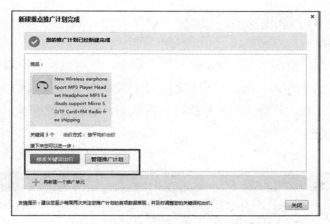

图 6-30 重点推广计划——完成

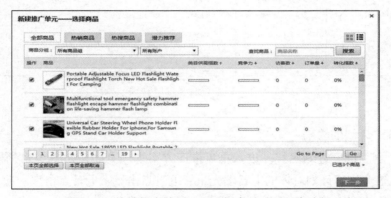

图 6-31 快捷推广计划——选择商品（可以多选）

选择完商品后，也需要选择关键词，与重点推广计划不同的是，快捷推广计划可以同时选择多达 500 个关键词，如图 6-32 所示。

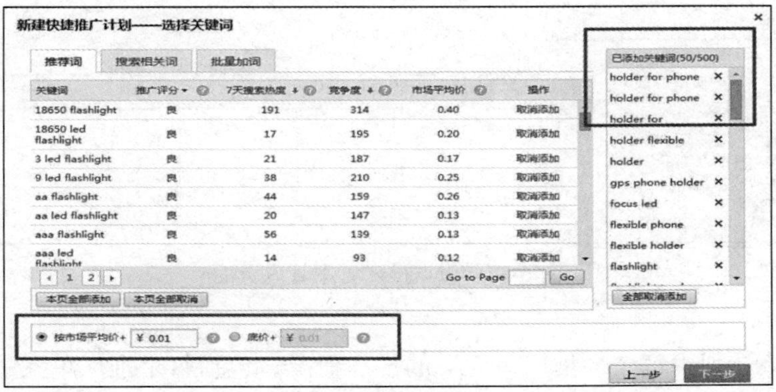

图 6-32 快捷推广计划——选择关键词

6.4.3 直通车推广计划的管理

单击导航条"推广管理",进入图 6-33 所示界面,罗列出所有计划列表,以及每个计划的推广概况。在这个界面,我们可以控制每个计划的状态是"启动"还是"暂停"(当状态显示为圆点时,表示目前正在正常推广;当状态显示为暂停符时,表示目前已暂停推广),"删除"或"修改"。

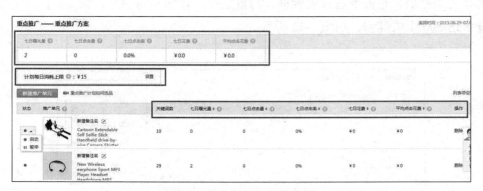

图 6-33 直通车推广管理

1. 重点推广计划的管理

单击某个重点推广计划名称,进入重点推广方案管理页面,如图 6-34 所示。管理页面首先展示的是这个推广计划总体的七日曝光量、七日点击量、七日点击率、七日花费、平均点击花费数据。接下来我们可以设置"计划每日消耗上限",即如果花费达到该限额,"该计划"暂时下线,第二天会自动上线继续投放。计划每日消耗上限设置不能小于 15 元 / 天。

图 6-34 重点推广方案管理页面

再往下是该计划中每个"推广单元"的推广概况,包括每个推广单元的关键词数、七日曝光量、七日点击量、七日点击率、七日花费、平均点击花费等,如下所示。

七日曝光量指商品在境外买家（不包括境内买家）搜索的时候，获得的展现次数。其为商品推荐投放以及关键词投放获得的展现之和。

七日点击量指商品在被境外买家（不包括境内买家）搜索的时候，获得点击次数。其为商品推荐投放以及关键词投放获得的点击之和。

七日点击率。点击率＝点击量／曝光量。点击率是反映你的商品是否满足买家的采购需求、是否令买家感兴趣的重要指标。其为综合商品推荐投放及关键词投放后的数据。

七日花费指商品的整体财务消耗，精确到小数点后两位，单位是元。其包含商品推荐投放展示后的费用及关键词投放带来的费用。

平均点击花费代表引入1个潜在买家的平均成本。其计算公式为：平均点击花费＝总花费金额／总点击量。其为综合商品推荐投放及关键词投放后的数据。

单击任意一个推广单元，即某一产品，进入该产品推广管理的详细界面，如图6-35所示。我们重点介绍图中"商品推荐投放""创意""添加关键词"以及修改出价与"预估排名"的功能。

图6-35　推广单元（产品）管理

1）商品推荐投放

如图6-36所示，将"商品推荐投放设置"功能选择为"开"，然后"设置单次点击最高价格"，"确认"即可。注意，这里系统给出了出价与历史曝光数据模拟计算的关系图，表示如果过去将商品推荐投放设为某个价格可能获得的曝光量，可供我们参考。在使用时主要是看出价与曝光量之间的线性关系，有时候出价高，曝光量增加不一定多，所以要进行具体的分析。设定好以后，你的商品就有机会展示在更多推荐区域，从而获得更多曝光和点击。

2）创意

创意针对重点计划中的推广单元，可以自主选择要展示的图片以及标题文案。图片和

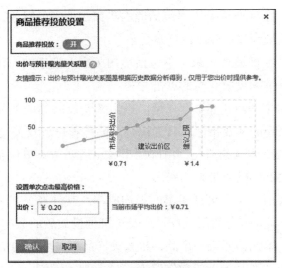

图 6-36 商品推荐投放设置

标题文案只作为直通车展示使用，不影响自然排名。因此图片和标题文案的设定灵活，提高流量转化，相当于可以自定义推广。每个推广单元最多设定 2 组自定义创意。

单击"创意→添加创意"按钮后，进入图 6-37 所示的"新增加创意"界面，我们可以选择用来展示的图片，可以选择我们想要推广的商品的 6 张主图的任意一张作为展示图片（而一般的推广只能默认 6 张主图的第一张进行展示），也可以自己定义商品展示标题（而一般的推广标题只能是商品的原标题）。设置好后，单击"提交审核"，会很快得到反馈信息，如果通过，即可正常展示。

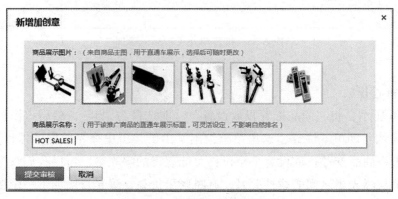

图 6-37 "新增加创意"界面

3）添加关键词

单击"添加关键词"，可以进入"关键词工具"界面，左侧为"加词清单"，右侧主体部分可以单击"按计划找词"或者"按行业找词",并列出与之相关的关键词,单击某个关键词,即可添加到左侧的"加词清单"中。

相关指标与前面所述的类似,但有特色的是这里给出了词的"推荐理由",这是直通车系统结合网站数据分析总结出的关键词所具备的某类特质,用以表征关键词的特性,给你在添加关键词时提供参考。

(1)高流量。整个网站或所选行业内买家搜索量高的关键词。

(2)高转化。整个网站或所选行业内买家搜索后更愿意点击的关键词。

(3)高订单。整个网站或行业内更容易使买家有下单意向的关键词。

(4)小二推荐。行业对应小二为你精挑细选的关键词。

可根据关键词的推荐理由以及关键词自身属性决定是否添加关键词,有推荐理由的关键词建议添加并且在添加后进行重点竞价。

4)修改出价与预估排名

我们可以对出价进行修改,如图 6-38 所示,单击左图"出价"中的具体价格,则会弹出"修改价格"对话框,并且提示你当前进入第一页右侧最低出价与近期第一页右侧市场平均出价,你可以根据这些提示修改自己的出价。

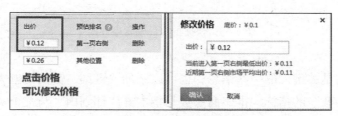

图 6-38　修改价格与预估排名

同时,我们可以了解此关键词的预估排名。预估排名即指根据你的出价,在当前这一时刻买家搜索这个关键词时,你的推广商品将会展示的排名位置。如果当前排名显示为搜索结果首页右侧,则表示此刻这个关键词下,你将会有推广商品展示在搜索列表结果首页右侧的位置上;如果当前排名显示为"其他位置",则表示你的商品将有机会展示在智能推广区。

当"预估排名"显示为"其他位置"时,有两种可能情况。

(1)该关键词的相关度为"优",这说明你的商品信息与关键词的匹配程度较高,有资格参与竞争排进搜索结果首页右侧,但是由于竞争该关键词的同行很多,相比之下,你的关键词出价较低,因此你不能排进搜索结果首页右侧。此时建议你设置更有竞争力的价格。

(2)该关键词的相关度为"良",这说明你的商品信息与关键词的匹配程度较低,或者商品的信息填写质量不够高,还不具备参与竞争排进搜索结果首页右侧的资格。此时建议你尝试提高关键词和所选商品的推广评分。

2. 快捷推广计划的管理

快捷推广计划的管理与重点推广计划类似，但是略有不同。其管理界面如图6-39所示，最上面是整个快捷推广计划的"关键词投放"和"商品推荐投放"的七日曝光量、七日点击量、七日点击率、七日花费、平均点击花费。接下来是"计划每日消耗上限"与"商品推荐投放"的设置，其设置方法与重点推广计划一样。

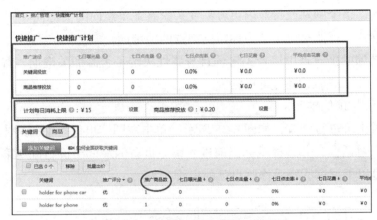

图6-39 快捷推广计划管理界面

接下来展示的是关键词的一些信息，也可以添加关键词。需要提醒大家的是，这里多了一个"推广商品数"的指标。推广商品数是指本推广计划内"与某个关键词的相关度为优或良"的"总商品个数"。当你单击某个关键词时，页面会跳转到该关键词对应的产品页面，可以预览到前5个相关度最高的推广商品，按照相关度从高到低排列显示在预览小图中。也就是说，当买家搜索这个关键词时，最有可能被展示出来的是这些相关度最高的商品，这也是你必须重点美化图片、填好属性、写清详细描述的商品。

另外，我们还可以对快捷推广计划中的商品进行管理。商品选项卡如图6-40所示，我

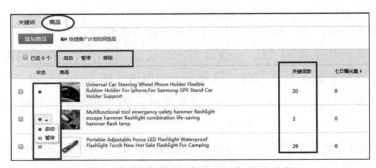

图6-40 快捷推广计划里的商品选项卡

们可以对这个推广计划所包含的商品进行"启动""暂停""移除"操作，并且"添加商品"，操作过程如新建快捷推广计划。

"关键词数"是指此推广产品所对应的关键词的个数，这是系统将关键词和你发布的商品自动匹配形成的，你可以单击商品链接对相关关键词进行查看。

6.4.4 直通车优化工具

直通车系统在优化工具里提供了"选品工具"和"关键词工具"，选品工具如图6-41所示。掌握这两种工具，能够有效帮助我们提升推广效果。

1. 选品工具

通过图6-41左侧的辅助选项，我们可以快速选择或查找我们需要的商品。尤其是直通车系统提供了四种不同"推荐理由"的按钮，单击每种理由，符合该理由的产品会自动展示在右侧主体区，帮助我们高效率地完成选品任务。其中，选择"不限"可以查看不涉及推荐理由筛选的所有商品数据；选择"热搜"可以查看店铺商品中，与买家热搜商品属性相符的类似商品，属于潜在热搜商品；选择"热销"可以查看店铺商品中，与网站热销商品属性相符的近似商品，属于潜在热销商品；选择"潜力"可以查看自身店铺商品中，自身订单、转化率等各项数据的综合表现较好，有投放潜力的商品。符合热搜、热销、潜力要求的商品建议加入重点推广计划重点关注。

在图6-41右侧，我们可以查看相关选品指标，并且按指标排序进行选品。其中相关指标含义如下。

图6-41 优化工具——选品工具

（1）类目供需指数。将买家的搜索次数与类目的商品总数做数据计算的结果，间接反映类目供需程度。条状图越长，代表类目供小于求，即商机越大；反之，竞争越激烈。

（2）竞争力。以商品定价为主要因素，将自身商品定价以及其他因素与同类目商品做比较。条状图越长，代表商品在同类商品中竞争力越大，越容易被买家点击或购买。

（3）转化指数。其综合了点击率、收藏率、加入购物车比率以及订单转化率的参数，值越大，点击率和转化率越高，最大值为1。

当我们选择好商品以后，可以勾选该商品（或批量勾选几个商品），单击该商品后的"加入"按钮（或是单击"加入推广计划"按钮），如图6-42所示，即可将商品加入"已有推广计划"或是"新建推广计划"，其结果如图6-43所示，然后我们就可以在"推广管理"中对相关计划进行管理操作。

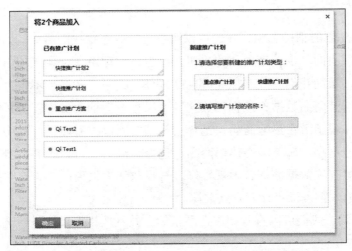

图6-42　选品工具——选择商品加入计划

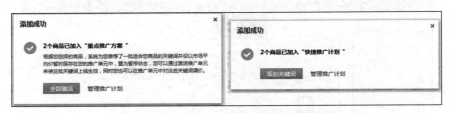

图6-43　选品工具——加入不同计划后的提示

2. 关键词工具

关键词工具如图6-44所示，这里默认的是"按行业找词"，系统会根据你发布的产品信息自动选择行业，并推荐相关的关键词。当然你也可以单击"选择"来选择适合自己产品的行业。

选择好关键词后，单击"选择推广计划"，将这些关键词加入相关的推广计划中，如图6-45所示，这样就可以按照这些关键词进行推广。

第 6 章 跨境电商营销与推广

图 6-44 关键词工具

图 6-45 关键词工具——加入推广计划

你也可以"按计划找词",先选定推广计划,然后在推广计划内有针对性地选词,其与推广计划的管理类似。

一般而言,重点推广计划和快捷推广计划搭配推广,选品和选词方法如下。

1)重点推广计划

选品:潜力好、历史销量高、好评率高的产品,选择店铺重点产品、市场热销品、适合当季推广的产品、新品以及具有价格优势的产品进行推广,确保关键词排在首页。

选词:关键词普量覆盖,关键词重点竞价、重点投入。

2)快捷推广计划

选品:无特殊优势产品,非主打产品等,无特色的产品,刚刚上传的产品等,确保关键词排名靠前,从而获得更高的流量、引流养品。

选词:关键词普量覆盖。

6.4.5 直通车数据报告

直通车的"数据报告"板块包括"账户报告""商品报告""关键词报告"以及"操作记录",我们主要讲解前三个报告的查看与分析。

1. 账户报告

账户报告如图 6-46 所示,你可以选择计划类型(全部类型、重点推广或快捷推广)、计划名称以及时间段(最近 7 天、最近 30 天、自定义时间段)3 个维度筛选出需要查看的账户的数据,包括曝光量、点击量、点击率、花费以及平均点击花费。

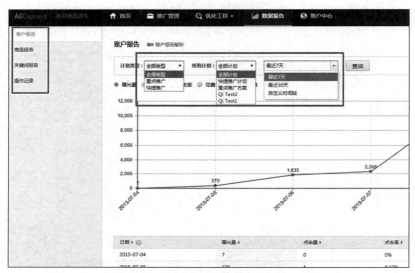

图 6-46　账户报告

2. 商品报告

商品报告如图 6-47 所示,你可以选择推广方式(全部类型、关键词流量或商品推荐投放)、计划类型(全部类型、重点推广或快捷推广)、计划名称以及时间段(最近 7 天、30 天、自定义时间段)4 个维度筛选出需要查看的商品的数据,包括曝光量、点击量、点击率、花费以及平均点击花费。

单击图 6-47 下部的某个商品链接,可以进入此商品更详细的数据报告中,如图 6-48 所示。可以查看最近 7 天、30 天或自定义时间段内该商品的曝光量、点击量、点击率、花费以及平均点击花费。

3. 关键词报告

关键词报告如图 6-49 所示。另外,我们还可以单击某个关键词,查看这个关键词的具体数据,也包括曝光量、点击量、点击率、花费以及平均点击花费等,如图 6-50 所示。

第 6 章 跨境电商营销与推广

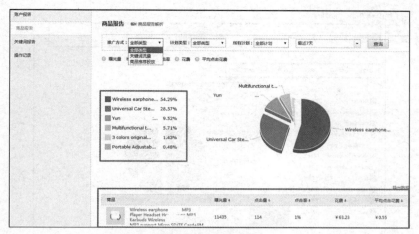

图 6-47 商品报告

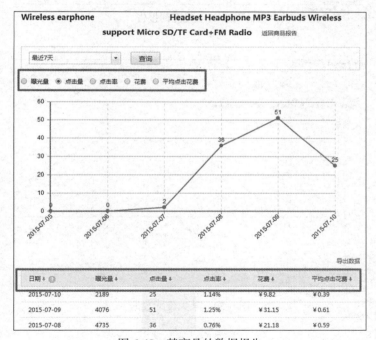

图 6-48 某商品的数据报告

在推广过程中,我们要随时查看数据报告,密切关注账户整体的推广效果以及花费情况,及时查看重点商品和重点关键词的推广引流效果,根据曝光量、点击量等指标及时调整推广方案,以使效果达到最好。

至此,将速卖通平台提供的推广营销工具都简要讲解了一遍,但是使用效果的好坏,主要还是看卖家自己的经验积累。这里提几条建议。

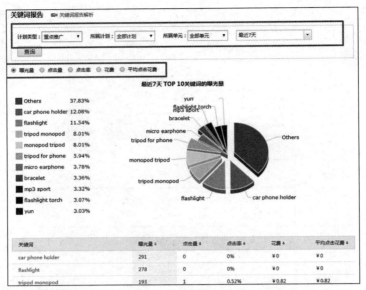

图 6-49　关键词报告

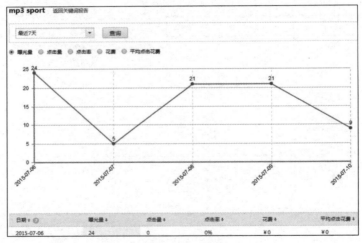

图 6-50　某关键词数据

（1）一定要掌握各种推广方式的原理，掌握设置方法，弄清楚应用的目的和适用的情形。

（2）尝试将各种方法综合应用，叠加使用时效果更佳。

（3）一定要随时监控推广效果，随时关注"数据纵横"中的指标的变化，及时调整优化。

（4）无论是实力雄厚的大卖家还是实力薄弱的小卖家，一定要努力使性价比达到最大，尤其是对于初创期的小卖家，一定要控制预算，否则可能得不偿失。

思考与作业

1. 查找相关资料，比较亚马逊、敦煌网、速卖通各自的优劣势以及适合的卖家类型。

2. 假定有一个五金建材类的中小企业打算从事跨境电商业务，已经在亚马逊、敦煌网开设了两家店铺，请结合本章知识，为该企业设计营销推广方案，包括提高谷歌广告投放曝光量子方案。

第 7 章
跨境电商物流

跨境卖家易遇到的物流陷阱

2020年以来，国外供应链受全球疫情影响惨遭重创，跨境电商乘势而上，依靠国内强大的制造业和完整的供应链，满足了全球商品货物的生产需求，跨境电商行业不断发展壮大。同时，跨境物流也在最近两年迎来了爆发式的增长。但是，跨境物流迎来契机的同时，许多不良货代为了牟利也不断涌入，虽然卖家们有了比以前更大的选择空间，但形形色色的物流坑也随即出现，该如何避免成了当下每个跨境卖家的必修课。

时效坑：对消费者来说，物流的配送速度是影响消费者购买的重要因素。2022年很多海外卖家存在发货迟、物流慢等问题，大大影响了旺季买家的消费热情，让买家转而回归到线下实体店进行购物。每年旺季，港口拥堵，物流渠道不畅通等因素造成的延误现象屡见不鲜，导致卖家产品过季，滞销的情况屡屡发生。所以有时候对于货代所承诺的时效，要学会辨别真假，对于库存安排计划要预留出足够的期限，从而降低断货、缺货的风险。

安全坑：安全坑可以有很多种定义，如包装坑、保险坑等。如包装坑，之前国内出现过好几次买家拆快递导致皮肤严重过敏的事情。所以包装的安全性千万不可忽视,有些不良货代会对外包装进行更换,或者使用不是很稳固的箱子对重要物品进行包装等,导致产品送到消费者手中时,已经破烂不堪了,从而引起大量的差评以及退货。

清关坑:一些不良的货代,提供虚假海关报关单,骗取清关费等,这也是卖家们需要注意的点。

同时,卖家对于目的国的产品审核以及禁止销售的规则也要熟知,避免出现被海关查验并扣留的情况。一旦发生这种情况,损失都是巨大的。

资料来源:防不胜防损失几十万,盘点亚马逊卖家最容易踩的10个坑之物流篇 [EB/OL].(2021-12-07).https://zhuanlan.zhihu.com/p/442091301.

思考讨论:

(1)如何避免跨境快递运输过程中寄件不成功的情况?

(2)查阅相关资料了解国际快递运单的完整填写包含哪些内容。

(1)掌握跨境物流主要方式。

(2)了解运费模板管理。

(3)熟悉海外仓运输模板设置。

7.1 跨境物流主要方式

7.1.1 国际小包物流方案

1. 中国邮政挂号小包

中国邮政挂号小包(China Post Registered Air Mail)是中国邮政针对 2 kg 以下小件物品推出的空邮产品,运送范围为全球。

1)主要特点

(1)通达范围广。可以投送至全球任何国家和地区。

(2)交寄便利。深圳、广州、义乌、金华、杭州、上海、北京、宁波、东莞、南京、福州等地区提供上门揽收服务,揽收区域外可通过邮政或第三方物流公司集货到指定集货仓。

（3）跟踪查询可视化。提供全程跟踪查询服务。

（4）赔付保障。邮件丢失或损毁提供赔偿，可在线发起投诉，投诉成立后最快 5 个工作日完成赔付。

2）运费价格

运费根据包裹重量按克计算，1 g 起重。

3）时效与跟踪

正常情况下 16~35 天到达目的地；特殊情况下 35~60 天到达目的地，特殊情况包括节假日、政策调整、偏远地区等。

物流商承诺货物 60 天（巴西 90 天）内必达（不可抗力及海关验关除外），出于物流商原因在承诺时间内未妥投而产生的限时达纠纷赔款，由物流商承担。

4）寄送限制

（1）重量及体积限制。中国邮政挂号小包重量及体积限制见表 7-1。

表 7-1 中国邮政挂号小包重量及体积限制

包裹形状	重量限制	最大体积限制	最小体积限制
方形包裹	小于 2 kg（不包含）	长 + 宽 + 高 ≤ 90 cm，单边长度 ≤ 60 cm	至少有一面的长度 ≥ 14 cm，宽度 ≥ 9 cm
圆柱形包裹		2 倍直径及长度之和 ≤ 104 cm，单边长度 ≤ 90 cm	2 倍直径及长度之和 ≥ 17 cm，单边长度 ≥ 10 cm

（2）货物寄送限制。

违禁品不能发运。

电池寄送限制：不能寄送如手机、平板电脑等带电池的物品，或纯电池（含纽扣电池）。

以下均是邮局安检肯定不能通过的物品类别。食品：包括茶叶、方便面等。化妆品：无论粉饼、化妆油、口红、睫毛膏，只要是化妆品都不能通过。药品：所有药品。电子产品：含 U 盘、USB Hub、充电器、充电宝、电机、带电池（含纽扣电池）的电子产品。所有刀具：含管制刀具、血刺等。其他：赌场筹码、万次火柴、键盘清洁泥、3D 镜片（安检呈现带放射性）、带灯的眼镜、熨斗棒（内含锂电池）、红外线仪、带电池望远镜或镜片太厚打不透、同包装内含粘胶或数量过多成盒装的水钻、手机贴、指甲贴、灯泡等，一包内多个或含电池的灯泡、LED 灯等，带电池可不接电使用的灯等。

5）退货说明

退回件包括以下包裹。

（1）转运仓发现破损而拒收的包裹。

（2）转运仓检查出来含违禁品的包裹。

（3）转运仓检查出来超大、超重包裹。

（4）被机场安检退回或者被海关退回的含违禁物品的包裹。

（5）海外段退回到转运仓的包裹。

中国邮政挂号小包退回件的退费如表 7-2 所示。

表 7-2 中国邮政挂号小包退回件的退费

不涉及退费	用户的小包在物流商转运仓发现破损、不能通过禁运品检查，超重、超规格、用户发错仓库、订单取消等原因不能做入库的，需要退回，不涉及退费
退费	（1）用户的小包不能通过收寄局安检被退回，运费和挂号费全部退回。 （2）退回件退费由物流商线下主动退还给商家，物流商需留存相应证明
不退费	（1）2015 年 4 月 1 日之后创建的物流订单，发生的用户小包不能通过境内机场航空安检或不能通过境内海关检查被退回，运费和挂号费不退。 （2）用户的小包在目的国不能进口被退回，出于收件人地址不详、收件人拒收等原因被退回的，运费和挂号费不退。 （3）用户的小包违反寄达国海关和禁限寄规定导致被进口国海关扣留、销毁的，运费和挂号费不退，由此产生的法律后果由寄件人承担

2. 中国邮政平常小包+

中国邮政平常小包+（China Post Ordinary Small Packet Plus）是中国邮政针对订单金额 7 美元以下、重量 2 kg 以下小件物品推出的空邮产品，运送范围为美国、俄罗斯、巴西、西班牙、乌克兰等 25 个重点国家。

1）主要特点

（1）价格优惠。不需要挂号费，适合货值低、重量轻的物品。

（2）交寄方便。北京、上海、深圳、广州、杭州、义乌、南京、宁波、金华、东莞、福州、苏州、温州、厦门等地区提供上门揽收服务，揽收区域外可通过邮政或第三方物流公司集货到指定集货仓。

（3）国内段收件确认。中国邮政提供国内段邮件的收寄、封发、计划交航等信息，平台网规认可使用。

（4）赔付保障。国内段邮件丢失或损毁由揽收服务商提供赔偿，可在线发起投诉，投诉成立后最快 5 个工作日完成赔付。

2）运费价格

运费根据包裹重量按克计算，1 g 起重，免挂号费。

3）时效与跟踪

正常情况下 16~35 天到达目的地；特殊情况下 35~60 天到达目的地，特殊情况包括节假日、特殊天气、政策调整、偏远地区等。

中国邮政平常小包+由中国邮政提供国内段收寄、封发、计划交航等信息，不提供国外段跟踪信息。

4）寄送限制

（1）买家下单时。仅"商品原价 × 数量 + 运费"≤ 7 美元的商品能选择中国邮政平常小包 +（原价 >7 美元的商品前台不展示中国邮政平常小包 + 物流方式）。

（2）卖家发货时。订单支付金额 ≤ 7 美元或买家下单时选择了中国邮政平常小包 + 才能创建中国邮政平常小包 + 物流订单。

其他同中国邮政挂号小包。

5）退货说明

退货说明同中国邮政挂号小包。

3. 新加坡小包（递四方）

新加坡小包（递四方）[Singapore Post（4PX）] 专线是由新加坡邮政在中国内地唯一合法代理——递四方速递公司针对 2 kg（印度尼西亚 1 kg）以下小件物品推出的空邮产品，可发带电商品，运送范围为全球。

1）主要特点

（1）可发带电商品。

（2）时效快。开通深圳、香港、北京、上海 4 个口岸城市同步直航至新加坡邮政，再由新加坡转寄到全球多个国家。实现 98% 以上的货件在收货后的第二日上网。

（3）通达范围广。覆盖全球。

（4）交寄便利。深圳、义乌、上海、广州、厦门等地区提供免费上门揽收服务，揽收区域之外可自行寄送到指定集货仓。

（5）赔付保障。邮件丢失或损毁提供赔偿，可在线发起投诉，投诉成立后最快 5 个工作日完成赔付。

2）运费价格

运费根据包裹重量按克计算，1 g 起重，每个单件包裹限重在 2 kg（印度尼西亚 1 kg）以内。

3）时效与跟踪

正常情况下 16~35 天到达目的地；特殊情况下 35~60 天到达目的地，特殊情况包括节假日、政策调整、偏远地区等。例如，速卖通在订单详情页面直接展示物流跟踪信息，也可以在递四方官网查询相关物流信息或在新加坡邮政官网查询相关物流信息。

物流商承诺货物 60 天（巴西 90 天）内必达（不可抗力及海关验关除外），出于物流商原因在承诺时间内未妥投而产生的限时达纠纷赔款，由物流商承担。

4）寄送限制

电池寄送限制如下：

（1）新加坡邮政小包挂号不接受纯电池。

（2）英国、意大利、德国、老挝4个国家不能寄任何电池（包括内置电池和配套电池）。

（3）其他国家只接受内置电池。内置电池为内置在电子设备内的电池，且要做好绝缘处理，以免引起短路现象。

（4）所有电池产品及设备需使用合适的外包装材料进行严密包装，以能抵抗运输过程可能发生的碰撞、挤压等外力的侵袭，以免产品损坏或者发生危险。

（5）每票内置电池数量不能超过2块锂电池（lithium battery）或者4块锂纽扣电池（lithiumcells）。

（6）新加坡邮政不接受的内置电池产品：电动单车电池、电动轮椅电池、小型发电机、自动体外心脏除颤器（automated external defibrillator），其他超功率的散置电池或者内置电池等。

其他同中国邮政挂号小包。

5）退货说明

（1）库内退件。运费及挂号费全部退回。

（2）包裹不能通过相关（邮政、航空）安检被退回的，退还50%运费，挂号费不退。如海外段（新加坡及新加坡中转出去的货物）未过安检退件还需收取新加坡退回中国香港的航空运费RMB（人民币）12元/kg，产生的关税由卖家承担。

（3）包裹出于不能进口或者被买家拒收等原因退回的，不退运费及挂号费。

（4）凡货物被航空公司因安检不通过、海关查验不通过而没收或销毁，不退运费及挂号费，以及不赔偿货物损失。

（5）如包裹需要退回，退回的运费收费标准如下。

运费：从其他国家或地区到新加坡，免费；从新加坡到中国香港的航空运费，按照RMB 12元/kg收取。

所有退到中国香港的货件，统一安排进口回深圳，进口操作费用按照RMB 45元/kg收取，如产生关税，则由卖家承担。

卖家可选择不需要退件，如不需要退件，则无费用产生，但物流商不接受关于此票退件任何形式的索赔。

4. 速优宝芬兰邮政

速优宝芬兰邮政是由速卖通和芬兰邮政（Posti Finland）针对2kg以下小件物品推出的中国香港口岸出口特快物流服务，运送范围为俄罗斯、白俄罗斯全境邮局可到达区域。

1）主要特点

（1）时效快。芬兰邮政与俄罗斯、白俄罗斯邮政合作快速通关，快速分拨派送，正常情况下俄罗斯全境派送时间不超过35天。

（2）交寄便利。义乌、杭州、上海、北京及广东等地区提供免费上门揽收服务，卖家可选择揽收服务商"燕文"或"申通"上门揽收。揽收区域之外可以自行发货到指定集货仓,自行发货所用物流公司由卖家自己选择。

(3)赔付保障。邮件丢失或损毁提供赔偿,可在线发起投诉,投诉成立后最快5个工作日完成赔付。

2)运费价格

运费根据包裹重量按克计算,1 g起重,每个单件包裹限重在2 kg以内。

3)时效与跟踪

预计包裹入库后15~30天内到达目的地。物流商承诺包裹35天内必达(不可抗力除外),出于物流商原因在承诺时间内未妥投而产生的速卖通平台限时达纠纷赔款,由物流商承担(按照订单在速卖通上的实际成交价赔偿,最高不超过300元人民币)。

物流商与速卖通平台已对接,速卖通会在订单详情页面直接展示物流跟踪信息。也可在俄罗斯邮政官网(包裹到俄罗斯邮政后)以及白俄罗斯邮政官网(包裹到白俄罗斯邮政后)查询相关物流信息。

4)寄送限制

寄送限制基本同中国邮政挂号小包。

5)退货说明

(1)库内退件。运费及挂号费全部退回。

(2)包裹不能通过相关(邮政、航空)安检被退回的,运费及挂号费全部退回。

(3)包裹出于不能进口或者被买家拒收等原因退回的,不退运费及挂号费。

(4)凡货物被航空公司因安检不通过、海关查验不通过而没收或销毁,不退运费及挂号费,以及不赔偿货物损失。

(5)如被退回的包裹需要退回给卖家,退回的运费收费标准以物流商在速卖通平台上的公示为准。

5. 芬兰邮政经济小包

芬兰邮政经济小包(Posti Finland Economy)是由速卖通和芬兰邮政针对2 kg以下小件物品推出的空邮产品,免挂号费,运送范围为俄罗斯、白俄罗斯。

1)主要特点

(1)价格优惠。不需要挂号费,适合货值低(仅订单金额≤7美元的订单可使用)、重量轻的物品。

(2)收寄信息可查询。可查询包裹从揽收到收寄的追踪信息,平台网规认可使用。

(3)交寄方便。深圳、广州、义乌、杭州、上海、北京等地区由揽收服务商"燕文"提供免费上门揽收服务,非揽收区域卖家可自行寄送至集运仓库。

(4)赔付保障。国内段邮件丢失或损毁由揽收服务商提供赔偿,可在线发起投诉,投诉成立后最快5个工作日完成赔付。

2）运费价格

运费根据包裹重量按克计算，1 g 起重，每个单件包裹限重在 2 kg 以内。

3）时效与跟踪

预计包裹入库后 15~30 天内到达目的地。物流商承诺包裹在国内集货仓入库 37 天（含）内从芬兰邮政发出。若包裹在国内集货仓入库 37 天后仍未从芬兰发出将被视为包裹丢失，物流商承担赔偿责任（按照订单在速卖通平台上的实际成交价赔偿，最高不超过 300 元人民币）。若包裹在国内集货仓入库 37 天内（含）顺利从芬兰邮政发出，物流服务商将不再承担包裹丢失责任。

芬兰邮政经济小包由芬兰邮政提供国内段收寄、封发、交航，以及包裹经从中国香港发出到芬兰发出的信息，不提供芬兰发出后的跟踪信息。芬兰邮政与速卖通平台已对接，速卖通会在订单详情页面直接展示物流跟踪信息。

4）寄送限制

（1）买家下单时。仅"商品原价 × 数量 + 运费"≤ 7 美元的商品能选择芬兰邮政经济小包（原价 >7 美元的商品前台不展示芬兰邮政经济小包物流方式）。

（2）卖家发货时。订单支付金额 ≤ 7 美元或买家下单时选择了芬兰邮政经济小包才能创建芬兰邮政经济小包物流订单。

其他基本同中国邮政挂号小包。

5）退货说明

（1）用户的小包没有交货的，物流运费不收取。

（2）用户的小包违反寄达国海关和禁限寄规定导致被进口国海关扣留、销毁的，运费不退，由此产生的法律后果由寄件人承担。

6. 中俄快递 –SPSR

中俄快递 -SPSR（Russia Express-SPSR）服务商 SPSR Express 是俄罗斯最优秀的商业物流公司，也是俄罗斯跨境电商行业的领军企业。中俄快递 -SPSR 面向速卖通卖家提供经北京、中国香港、上海等地出境的多条快递线路，可寄送重量 100 g~15 kg，尺寸在 60 cm × 60 cm × 60 cm 以内的包裹，运送范围为俄罗斯全境。

1）主要特点

（1）时效快。俄罗斯境内 75 个主要城市（包含莫斯科、圣彼得堡等）11~14 日到达，其他偏远地区 31 日内可到达。

（2）交寄方便。深圳、广州、义乌、杭州、上海、北京等地区由揽收服务商"燕文"提供免费上门揽收服务，非揽收区域卖家可自行寄送至集运仓库。

（3）取件便利。SPSR 在俄罗斯境内 260 多个城市遍布 900 多个方便的自提点。

（4）赔付标准高。邮件丢失或损毁提供赔偿，可在线发起投诉，投诉成立后最快 5 个工作日完成赔付。

2）运费价格

运费根据包裹重量按每 100 g 计算，不满 100 g 按 100 g 计。

3）时效与跟踪

对应俄罗斯境内各地区的时效承诺为 14~32 天。包裹按各区承诺时效必达目的地（不可抗力除外），出于物流商原因在承诺时间内未妥投而产生的卖家纠纷赔偿，由物流商按照订单在速卖通上的实际成交价赔偿，最高不超过 1 500 元人民币。

SPSR 与速卖通平台已对接，速卖通会在订单详情页面直接展示物流跟踪信息。你也可以在揽收服务商燕文官网查询到包裹在揽收服务商（燕文）仓库出库前的信息，并在 SPSR 官网查询到包裹从揽收服务商仓库出库后的信息。

4）寄送限制

（1）重量及体积限制。重量不超过 15 kg；体积在 60 cm × 60 cm × 60 cm 以内（单边长度不大于 60 cm）。

（2）超过 5 件同一个 SKU 的物品不能寄送（超出限额，俄罗斯海关将视为非自用物品而拒绝清关并退运。同款，但不同颜色、尺寸等视为不同 SKU 的物品）。

（3）电池寄送限制。不能寄送手机、平板电脑等带电池的物品，或纯电池（含纽扣电池）。

（4）以下违禁品不能发运。酒、药品、琥珀和琥珀成品、动物和植物、出生证明、贵金属、宝石和珠宝、现金及现金等价物、鱼子酱、压缩气体和液化气体、腐蚀性物质、洗涤剂、化肥、干冰和液氮、爆炸物、枪支及其零部件和弹药、食品、裘皮、人类遗骸（包括骨灰）、内燃机、磁铁、火柴、打火机；相关配件、水银填充的温度计和气压计、银行本票、旅行支票、油漆、所有类型的身份证件、护照及其类似物品、艺术作品、毒药、色情物品、放射性物质、运送到军事基地或监狱的包裹、喷雾剂、化工和类似的化学物品、烈酒、不明液体、禁止频率的无线电设备、未知的电子产品。

其他基本同中国邮政挂号小包。

5）退货说明

退货说明同速优宝芬兰邮政。

7. 中俄航空 Ruston

中俄航空 Ruston（Russian Air）专线是由黑龙江俄速通国际物流有限公司提供的中俄航空小包专线服务，支持发往俄罗斯全境邮局可到达区域。

1）主要特点

（1）时效快。包机直达俄罗斯，80% 以上包裹 25 天内到达。

（2）价格优惠。0.078 元 /g + 挂号费 7 元 / 件。

（3）交寄便利。浙江、广东、江苏、福建、上海等地区 5 件起免费上门揽收，揽收区域或非揽收区域也可自行付费任意快递发送至指定集货仓。

（4）赔付保障。邮件丢失或损毁提供赔偿，可在线发起投诉，投诉成立后最快 5 个工作日完成赔付。

2）运费价格

运费根据包裹重量按克计算，1 g 起重，每个单件包裹限重在 2 kg 以内。

3）时效与跟踪

正常情况下 16~35 天到达目的地；特殊情况下 35~60 天到达目的地，特殊情况包括节假日、特殊天气、政策调整、偏远地区等。物流商承诺货物 60 天内必达（不可抗力除外），出于物流商原因在承诺时间内未妥投而产生的限时达纠纷赔款，由物流商承担。

物流商与速卖通平台已对接，速卖通会在订单详情页面直接展示物流跟踪信息。也可以在中国邮政官网和服务商网站 Ruston 官网查询相关物流信息。买家可在俄罗斯邮政官网（包裹到俄邮后）查询相关物流信息。Ruston 官网可切换为俄语版本，也可提供该网站给买家查询。

4）退货说明

（1）用户的包裹在物流商转运仓未通过禁运品检查，不能做入库，需要退回，不涉及退费。

（2）用户的包裹未通过收寄局安检被退回，其余运费及挂号费退还。

（3）用户的包裹未通过航空安检被退回，其余运费及挂号费退还。

（4）用户的包裹未通过海关的检查被退回，运费和挂号费均不退。

（5）用户的包裹在目的国不能进口被退回，运费和挂号费不退。

（6）退回件退费由物流商线下主动退还给商家，物流商需留存相应证明。

8. 航空专线 – 燕文

航空专线 - 燕文（Special Line-YW）的物流商北京燕文物流有限公司是国内最大的物流服务商之一。

航空专线 - 燕文已开通拉美专线、俄罗斯专线、印度尼西亚专线。

1）主要特点

（1）时效快。拉美专线通过调整航班资源一程直飞欧洲，再利用欧洲到拉美航班货量少的特点，快速中转，避免旺季爆仓，大大缩短妥投时间。

俄罗斯专线与俄罗斯合作伙伴实现系统内部互联，一单到底，全程无缝可视化跟踪。国内快速预分拣，快速通关，快速分拨派送，正常情况下，俄罗斯全境派送时间不超过 25 天，人口 50 万以上城市派送时间低于 17 天。

印度尼西亚专线使用服务稳定，可靠的中国香港邮政挂号小包服务，由于中国香港到印度尼西亚航班多，载量大，同时中国香港邮政和印度尼西亚邮政有良好的互动关系，因此，中国香港邮政小包到达印度尼西亚的平均时效优于其他小包。

（2）交寄便利。深圳、广州、义乌、杭州、上海、北京等地区提供免费上门揽收服务，揽收区域之外可以自行发货到指定集货仓。

（3）赔付保障。邮件丢失或损毁提供赔偿，可在线发起投诉，投诉成立后最快 5 个工作日完成赔付。

2）运费价格

运费根据包裹重量按克计算，1 g 起重，每个单件包裹限重在 2 kg 以内。

3）时效与跟踪

正常情况下 16~35 天到达目的地；特殊情况下 35~60 天到达目的地，特殊情况包括节假日、特殊天气、政策调整、偏远地区等。物流商承诺货物 60 天（巴西 90 天）内必达（不可抗力及海关验关除外），出于物流商原因在承诺时间内未妥投而产生的限时达纠纷赔款，由物流商承担。

物流商与速卖通平台已对接，速卖通会在订单详情页面直接展示物流跟踪信息，或在燕文官网查询相关物流信息。

4）寄送限制

寄送限制基本同中国邮政挂号小包。

5）退货说明

退货说明同中俄航空 Ruston。

9. 中外运–西邮经济小包

中外运 - 西邮经济小包（Sinoair-Correos Economy Service）是中外运空运发展股份有限公司联合西班牙邮政针对速卖通卖家的重量 ≤ 2 kg 和成交价值 ≤ 15 英镑（约合 20 美元）的货物，共同推出的国际商业快递干线 + 末端西班牙邮政平邮派送的经济小包服务，运送范围为西班牙。

1）主要特点

（1）时效快。采用国际商业快递干线运输和商业通关，正常情况下 8~15 天可以实现西班牙大陆地区妥投。

（2）交寄便利。深圳、广州、义乌、杭州、上海、北京等地区由揽收服务商北京燕文物流有限公司提供免费上门揽收服务，非揽收区域卖家可自行寄送至集运仓库。

（3）赔付保障。邮件延迟配送、丢失或损毁均可由物流商提供赔偿。可在线发起投诉，投诉成立后最快 5 个工作日完成赔付。

2）运费价格

运费根据包裹重量按克计算，1 g 起重，每个单件包裹限重在 2 kg 以内。

3）时效与跟踪

预计货物入库后 15 天内可到达西班牙邮政马德里分拨中心，特殊情况除外（特殊情况包括但不限于不可抗力、海关查验、政策调整以及欧洲重大节假日等）。

物流商承诺包裹在国内集货仓入库 20 天内必达西班牙邮政马德里分拨中心（特殊情

况除外）。出于物流商原因在承诺时间内未到达而产生的纠纷赔款，物流商将按照订单在速卖通上的实际成交价赔偿，最高不超过 150 元人民币。

物流商承诺包裹在国内集货仓入库 30 天内西班牙全境妥投（特殊情况除外）。出于物流商原因在承诺时间内未妥投而产生的纠纷赔款，物流商将按照订单的实际成交价赔偿，最高不超过 100 元人民币（需要卖家提供买家索赔邮件截屏和卖家退款截屏后进行赔付）。

运输环节信息可追踪查询：卖家只需要通过速卖通网的订单号，即可实现对出口报关、国际干线运输、进口清关以及到达西班牙邮政马德里分拨中心等关键环节的追踪和查询。物流商不提供西班牙末端派送签收信息的追踪查询。物流商与速卖通平台已对接，速卖通会在订单详情页面直接展示物流跟踪信息。

用户可以在揽收服务商网站燕文官网查询到包裹在揽收服务商（燕文）仓库出库前的信息，并在中外运官网查询出口报关、国际航空运输、进口清关以及货物到达西邮马德里分拨中心等物流信息。

4）寄送限制

（1）买家下单时。仅"商品原价 × 数量 + 运费"≤ 15 英镑（约合 20 美元）的商品能选择中外运 – 西邮经济小包（原价 > 20 美元的商品前台不展示中外运 – 西邮经济小包物流方式）。

（2）卖家发货时。订单支付金额 ≤ 15 英镑（约合 20 美元）或买家下单时选择了中外运 – 西邮经济小包才能创建中外运 – 西邮经济小包物流订单。

中外运 – 西邮经济小包重量及体积限制如表 7-3 所示。

表 7-3　中外运 – 西邮经济小包重量及体积限制

包裹形状	重量限制	体积限制
不限	≤ 2 kg	14 cm ≤ 单边长度 ≤ 60 cm 宽度 ≥ 9 cm 长 + 宽 + 高 ≤ 90 cm

（3）危险品和违禁品不能发运。

（4）电池寄送限制。仅深圳仓和广州仓接受根据国际航空运输协会（IATA）规定的 100 瓦时以下的含电池类物品（电池需内置），不接受纯电池类物品（含纽扣电池）。北京、上海、杭州、义乌仓不接受任何带电及纯电物品。

提醒：内置电池为内置在电子设备内的电池，且要做好绝缘处理，以免引起短路现象。

（5）品名限制。由于进口清关是在英国进行商业清关，所以申报品名必须详细准确，不能填写笼统的品名，如 sample、gift、parts、others 等。

其他同中国邮政挂号小包。

5）退货说明

（1）用户的包裹在物流商转运仓未通过禁运品检查，不能做入库，需要退回，不涉及退费。

（2）用户的小包未通过收寄局安检被退回，运费全部退回。

（3）用户的小包未通过机场航空安检或海关检查被退回，如确认是因为用户交寄了违禁品或涉嫌违法的物品，运费一律不退，由此产生的法律责任由用户自行承担。

（4）用户的小包被机场安检误退回的，退还运费的 50%。

（5）用户的小包违反寄达国海关和禁限寄规定导致被进口国海关扣留、销毁的，运费不退，由此产生的法律后果应由寄件人承担。

各小包物流方案的对比如表 7-4 所示，供参考。

表 7-4　各小包物流方案的对比

物流方案名称	运送范围	揽收范围	价格参考（发往俄罗斯）	价格参考（发往巴西）	时效承诺	赔付上限（人民币）
中国邮政挂号小包 China Post Registered Air Mail	全球	深圳、广州、义乌、金华、杭州、上海、北京、宁波、东莞、南京、福州	按克计重 86.67 元 /kg+ 8 元 / 件	按克计重 104.5 元 /kg+ 8 元 / 件	60 天（巴西 90 天）	300 元
中国邮政平常小包 +China Post Ordinary Small Packet Plus	俄罗斯、巴西、美国等 25 国	深圳、广州、义乌、上海、北京	按克计重 105 元 /kg	按克计重 105 元 /kg	/	300 元
新加坡小包（递四方）Singapore Post（4PX）	全球	深圳、广州、义乌、上海、厦门	按克计重 106 元 /kg+ 12 元 / 件	按克计重 115 元 /kg+ 12 元 / 件	60 天（巴西 90 天）	300 元
速优宝芬兰邮政 Posti Finland	俄罗斯、白俄罗斯	义乌、杭州、上海、北京、广东省	按克计重 75 元 /kg+ 10 元 / 件	/	35 天	300 元
芬兰邮政经济小包 Posti Finland Economy	俄罗斯、白俄罗斯	深圳、广州、义乌、杭州、上海、北京	按克计重 105 元 /kg	/	/	300 元
中俄快递 -SPSR Russia Express-SPSR	俄罗斯	深圳、广州、义乌、杭州、上海、北京	按每 100 克计重约 50 元 /kg+ 26 元 / 件	/	核心城市 15 天	1 500 元
中俄航空 -Ruston Russian Air	俄罗斯	浙江、广东、江苏、福建、上海	按克计重 78 元 /kg+ 7 元 / 件	/	60 天	700 元

续表

物流方案名称	运送范围	揽收范围	价格参考（发往俄罗斯）	价格参考（发往巴西）	时效承诺	赔付上限（人民币）
航空专线 - 燕文 Special Line-YW	俄罗斯、巴西、印度尼西亚等22国	深圳、广州、义乌、杭州、上海、北京	按克计重 80元/kg+ 7元/件	70元/kg+ 22.5元/件	60天（巴西90天）	700元
中外运 - 西邮经济小包 Sinoair-Correos Economy Service	西班牙	深圳、广州、义乌、杭州、上海、北京	发往西班牙按克计重 76元/kg+ 3元/件	/	20~30天	100~150元

7.1.2 国际快递物流方案

1. EMS 线上发货

1）服务介绍

国际及港澳台速递邮件，分为九个大区，直达 99 个国家及地区，按起重 500 g、续重 500 g 计费，无燃油附加费，每票货件另有 4 元 / 票国内报关费。

2）寄送限制

（1）尺寸限制。EMS（邮政特快专递服务）寄送单个包裹"长、宽、高"任一边不得超过 1.5 m，最短面周长 + 最长单边不超 3 m。

（2）重量限制。单个包裹的计费重量不得超过 30 kg

（3）EMS 计费重计算方式。包裹单边 <60 cm，不算体积重，计费重 = 实际重量；包裹单边 ≥ 60 cm，包裹记抛，体积重 = 长 × 宽 × 高 /8 000。体积重和实际重量大的为计费重。若货物计费算体积重，货物入库后，计费重量显示在"毛重"一栏。

（4）禁寄物品。

①国家法律、法规、行政规章明令禁止流通、寄递或进出境的物品，如国家秘密文件和资料、国家货币及伪造的货币和有价证券、仿真武器、管制刀具、珍贵文物、濒危野生动物及其制品等。

②平台禁止销售的侵权商品。

③各寄达国（地区）禁止寄递进口的物品。

④含锂电池的电子类产品。

⑤航空禁运品，如液体、粉末以及含液体或粉末的物品等。

（5）常见仓库安检退回物品。

①邮政速递仓库收寄货物通过杭州口岸和上海口岸发往海外，其中有 12 个国家和地

区的货物须从杭州口岸发出，12个国家和地区分别为美国、英国、德国、法国、日本、韩国、中国香港、新加坡、加拿大、意大利、俄罗斯、澳大利亚。由于杭州口岸机场安检较严，带磁、带电、带马达、带电机、电子类产品、电器类产品、灯泡及无法验视密封性良好的产品无法通过安检。具体常见机场安检退回产品如车载DVD、电动按摩器、电动玩具、气动工具、泵、电磁阀、液压或气压产品、充气的球类产品等。

②通过上海口岸发出：除以上12个国家和地区通过杭州口岸发出，其他国家和地区均通过上海口岸发出，上海口岸安检根据实际情况而变，最终以仓库确认为准，最终的安检解释权以机场航空安检部门的规章为标准。

③带液体产品，如水笔、圆珠笔、面膜等。

④带有刀、剑、枪等武器外形的玩具。

2. e-EMS 线上发货

1）服务介绍

E特快（e-EMS）服务由阿里巴巴物贸平台整合专业渠道服务商，为卖家提供专业的邮政产品服务，一期开办15个国家和地区（分别是：日本、韩国、中国香港、新加坡、中国台湾；英国、法国、加拿大、澳大利亚、西班牙、荷兰；俄罗斯、巴西、乌克兰、白俄罗斯）。

国际e特快运作模式与国际e邮宝类似，内部处理与标准国际EMS基本相同，国际e特快采取将传统的500 g首重、500 g续重调整为50 g首重、50 g续重的计费模式，符合电商产品的特点，有效降低卖家的物流成本，提高产品的市场竞争力。

2）寄送限制

寄送限制同EMS。

3. FedEx

1）服务介绍

FedEx是全球最具规模的快递运输公司，隶属于美国联邦快递集团，是集团快递运输业务的中坚力量。FedEx线上发货主要优势航线为亚洲和美洲航线，比如美国、加拿大、印度尼西亚、以色列等国家，且最快3天即可完成递送，基本上国家在无异常情况下6天左右可完成递送，清关能力相对较强。

FedEx线上发货有FedEx IP（国际优先权）服务和FedEx IE（国际经济）服务。FedEx IP服务为优先型服务，舱位有保障，享有优先安排航班的特权，时效有保障。FedEx IE服务为经济型服务，价格相对较为实惠，但是时效相对FedEx IP较慢。

2）寄送限制

（1）尺寸限制。单个包裹单边≥270 cm或围长（长+2×宽+2×高）≥330 cm无法安排寄送。

（2）重量限制。单个包裹实际重量≥68 kg无法安排寄送。

（3）禁寄物品。涉及知识产权货物一律无法寄送；电池以及带有电池货物无法寄送；各寄达国（地区）禁止寄递进口的物品；任何全部或部分含有液体、粉末、颗粒状、化工品、易燃、易爆违禁品，以及带有磁性的产品（上海仓库可安排磁性检验后出运）均不予接收。

（4）FedEx 发往欧盟、中东等地区需随货提供如实申报的发票，涉及的国家有：AE（阿联酋）、BE（比利时）、BH（巴林）、CH（瑞士）、CZ（捷克）、DE（德国）、DK（丹麦）、ES（西班牙）、FR（法国）、GB（英国）、IE（爱尔兰）、IN（印度）、IT（意大利）、KW（科威特）、LU（卢森堡）、NL（荷兰）、NO（挪威）、PL（波兰）和 SE（瑞典）。

3）关于赔付

商业快递赔付标准：所有国际商业快递渠道商提供的服务均适用于《华沙公约》，对于货物破损、延误或丢件，最高每公斤 20 美元，结合申报金额，取两者较低，且最高赔付金额不超过 100USD。如果你的包裹包含易碎品，建议在发货前做好防碎包装（如增加填充物、外箱加固等保护措施），以免发生破损。易碎品在运输途中发生破损，各大商业快递承运商均无法申请到赔付，由此产生的风险需要发件人承担。

4. UPS

1）服务介绍

UPS 线上发货主要优势航线为美洲和欧洲航线，如美国、加拿大、墨西哥、巴西、英国、德国等国家，且最快 3 天即可完成递送，基本上国家在无异常情况下 6 天左右可完成递送。

UPS 线上发货有 UPS Express Saver 服务和 UPS Expedited 服务。UPS Express Saver 服务为 UPS 全球速快服务，舱位有保障，享有优先安排航班的特权，时效有保障。UPS Expedited 服务为 UPS 全球快捷服务，价格相对较为实惠，但是时效相对较低。

2）寄送限制

（1）单件包裹实际重量 ≥ 70 kg、单边 ≥ 270 cm、围长（围长 = 长 +2× 宽 +2× 高）≥ 419 cm 无法安排寄送。

（2）UPS 方面没有进防水袋免抛的服务，所有包裹均需要计算体积重量。

（3）UPS 发往巴西的包裹，因货值低报现象严重，且被海关扣留或者强制退运，需要卖家随货提供 Commercial Invoice 和货物价值声明给仓库，方能安排出运。

（4）巴西、阿根廷需要卖家提供收件人税号（CPF），方能出运；智利等南美洲国家，建议提供收件人税号。

3）禁寄物品

禁寄物品同 FedEx。

4）关于赔付

赔付同 FedEx。

5. HK DHL

1）服务介绍

2012年3月，中外运敦豪（中国香港）与速卖通平台合作，推出优质服务——HK DHLExpress线上发货，全力支持速卖通卖家，提升物流服务质量。

2）寄送限制

HK DHL没有明确的体积和重量限制。但是，单件重量≥70 kg或者单边≥120 cm时，需收取超长超重附加费260元/票。

HK DHL线上发货服务不提供进防水袋免抛的服务，所有包裹均需要计算体积和重量。

TNT发往瑞士和瑞典的包裹，因货值低报现象严重，且被海关扣留或者强制退运，需要卖家随货提供Commercial Invoice和货物价值声明给仓库，方能安排出运。

3）禁寄物品

禁寄物品同FedEx。

4）关于赔付

赔付同FedEx。

6. TNT

1）服务介绍

2012年5月，TNT与全球速卖通平台合作，共同推出TNT线上发货服务，全面的欧洲空运、陆运网络覆盖，为速卖通卖家提供高效安全的物流服务。TNT线上发货主要优势航线为欧洲航线，如英国、德国、法国等国家，且最快3天即可完成递送，基本上国家在无异常情况下6天左右可完成递送。

2）寄送限制

单件包裹实际重量≥70 kg无法安排寄送，尺寸方面没有明确的限制。

TNT针对可装入TNT官方提供的小防水袋，仓库会安排将货物装进防水袋，如是体积重货物可为卖家提供免抛服务。

3）禁寄物品

禁寄物品同FedEx。

4）关于赔付

赔付同FedEx。

7. TOLL

1）服务介绍

TOLL（拓领环球速递）是澳大利亚拓领集团的一部分，是亚太最好的整合物流服务供应商之一，网点遍及五大洲，全球范围内有7个中转站，为客户提供高效、灵活的物流解决方案。

2014年1月，TOLL携手速卖通，为广大卖家提供至澳大利亚快捷、可靠的快递服务。

TOLL 线上发货目前只支持澳大利亚航线，其优势航线也是澳大利亚航线，基本上国家在无异常情况下 6 天左右可完成递送，澳大利亚当地清关能力相对较强。

2）寄送限制

单件实际重量 ≥ 45 kg、单边 ≥ 180 cm、围长（围长 = 长 +2× 宽 +2× 高）≥ 300 cm 无法安排寄送。

TOLL 针对可装入 TOLL 官方提供的小防水袋，仓库会安排将货物装进防水袋，如是体积重货物可为卖家提供免抛服务。

3）禁寄物品

禁寄物品同 FedEx。

4）关于赔付

赔付同 FedEx。

各快递物流方案的对比如表 7-5 所示，供大家参考。

表 7-5 各快递物流方案的对比

物流方案名称	服务优势	仓库所在地
EMS	服务直达 99 个国家和地区，通关能力较强	杭州
e-EMS	采取将传统的 500 g 首重、500 g 续重调整为 50 g 首重、50 g 续重的计费模式，符合电商产品的特点，有效降低卖家的物流成本，提高产品的市场竞争力	杭州
FedEx	主要优势航线为亚洲和美洲航线，如美国、加拿大、印度尼西亚、以色列等国家，且最快 3 天即可完成递送，基本上国家在无异常情况下 6 天左右可完成递送，清关能力相对较强	深圳、上海
UPS	主要优势航线为美洲和欧洲航线，如美国、加拿大、墨西哥、巴西、英国、德国等国家，且最快 3 天即可完成递送，基本上国家在无异常情况下 6 天左右可完成递送	深圳、上海
HK DHL	速度快，到欧洲一般 3 个工作日，到东南亚一般 2 个工作日，可送达国家网点比较多，查询网站货物状态更新也比较及时，遇到问题解决速度快，21 kg 以上物品更有单独的大货价格	深圳
TNT	TNT 线上发货主要优势航线为欧洲航线，如英国、德国、法国等国家，且最快 3 天即可完成递送，基本上国家在无异常情况下 6 天左右可完成递送	上海
TOLL	目前只支持澳大利亚航线，无异常情况下 6 天左右可完成递送，澳大利亚当地清关能力相对较强	上海

以上是对速卖通平台常用的物流方式的简要介绍。由于各种物流方式的规定经常发生更改，所提及的内容可能与现实有差异，以各物流公司的官方信息和速卖通平台实时更新的信息为准。

另外，航空货运安检常见退回物品及退回原因说明如下。

1. 涉及国家安全物品

肯定不过：U盘、移动硬盘、光盘、书籍杂志、文件、读卡器、存储卡、文物、武器（刀具、弩箭、任何枪形物品含玩具）、军事装备等。

拆包能过：空白笔记本。

2. 涉及航空安全物品

肯定不过的有以下品种。

含液体物品：瓶装液体或内部包含液体一律不行（如美甲用的胶、贴手机用的胶都不能过）。

电子产品：含电池的（如带电池无线鼠标、玩具）、充电器，适配器、变压器、集线器、电机、带较大电路芯片物品。

易燃易爆物品：电池、含电池物品、打火机、万次火柴（镁棒）、化工品、带压缩气体，含压力物品（如带压缩泵的空瓶）、自发热贴（暖宝宝）。

含磁铁物品：音箱、扩音器、耳麦（大的头戴式不能过，小的带线耳机同包数量5个及以下可过）。

批量物品：一个小包裹内含数量较多的二极管、电子元件、灯泡、LED灯、电容等。

视具体情况可能能过的有以下品种。

汽车元配件、带线鼠标、不含电池的玩具、自带线的适配器、带小型芯片的物品、不含电池或太阳能光电板或磁铁的LED灯、硅胶、键盘清洁泥、规格较小的电容、同包裹内包括数量过多手机贴、玻璃珠等无法识别是天然还是合成成分的粒状物。

3. 涉及可能为毒品

肯定不过：化妆品、药品、所有含粉末物品、所有膏状物等。

4. 涉及海关或检验检疫不过物品

肯定不过或如检到直接罚没：文物、贵金属、石头（因不知道是否含放射性肯定不能过）、食品、野生动植物及制品、货币类等。

5. 任何在安检视图中呈现"不明图像"的物品

不过：安检过程中呈现黑色（打不透）物品，如含重金属或铝板等。

6. 衣服、鞋帽等

肯定不过：带发热、发光功能的鞋帽或衣服等。

可能不过：如海关抽检时发现涉及仿牌的可能不过。

7. 疑似危险品

肯定不过：所有带光、带响的物品都不能过。

8. 玩具

肯定不过：带电池（含纽扣电池），如果有电池槽但是实际没有电池可以过。

可能不过：如检验检疫抽检到就不能过（没电池也不能过）。

9. 家居

肯定不过：含磁铁或其他违禁品。

正常能过：不含磁铁或其他违禁品。

10. 茶叶

属于食品，肯定不过。

11. 运动

同衣服、鞋帽类。

7.2 运费模板管理

首先熟悉新手模板，然后学习如何新建运费模板，最后学习海外仓情况下如何设置运费模板。

7.2.1 新手模板

单击管理后台中的"产品管理→模板管理→运费模板"，进入"管理运费模板"界面，如图7-1所示。

图7-1　管理运费模板界面

系统已经默认提供了一个名称为"Shipping Cost Template for New Sellers"的新手模板。此模板由"运费组合"和"运达时间组合"组成。

在运费组合板块中，速卖通系统提供了"China Post Registered Air Mail""Russian Air""EMS""ePacket"四种运输方式。在每种运输方式下，罗列出了这种运输方式可以运送到的国家和地区名单，以及收费标准。

收费标准是在运输公司提供的标准运费基础上进行减免折扣的，系统提供的标准运费为各大快递运输公司在中国内地的公布价格，减免折扣率则是目前速卖通平台与相关运输公司洽谈的优惠折扣，但是从其他代理商走货，则不一定拿到这样的折扣，或者可以拿到更大的折扣。

"运达时间组合"主要展示了不同运输方式、不同运送国家和地区下的卖方"承诺运达时间"。

"承诺运达时间"是在速卖通平台原有"大小包 60 天未妥投纠纷退款规则"（指当买家以"未收到货"提起纠纷，买卖双方沟通后无法达成协议，且卖家无法在发货后 60 天内提供物流妥投证明的情况下，平台执行全额退款给买家的规则）的基础上，将设置物流时间的功能开放给卖家，让有能力为买家提供更好物流服务、敢于对买家承诺物流服务的卖家优势得到凸显，增强买家购物信心，提升买家购物后保障而推出的一项消费者保障服务。

全平台卖家根据自身货运能力填写运费模板中"承诺运达时间"，对不同运输方式到达不同国家和地区的运达时间进行保障（例如承诺 EMS 最迟在 27 天可到达美国）。

若同时满足以下三个条件，经过平台仲裁后，货款将全部退给买家。

（1）货物超时未到达。

（2）买家提起超时赔付纠纷。

（3）买卖双方沟通后无法达成协议。

所以，只要卖家能够与买家保持良好的沟通，处理好客观原因导致的超时问题，获取买家的理解和支持，就不必担心超时退款的问题。

7.2.2 新建运费模板

新手模板大部分情况下并不能满足我们的需要，因此我们需要根据自身的需求自定义设置。单击"新增运费模板"，如图 7-2 所示。首先为运费模板自定义一个名称，注意不能使用中文。

速卖通平台将与之合作的物流公司分为"邮政物流""商业快递""专线物流"以及"其他"，我们需要做的事情包括：①选择物流方式，即允许买家选择何种物流途径寄送货物。②设置运费，根据系统的提示选择是按照标准运费计收，还是卖家承担运费（会在货物详情展示页面中显示 free shipping），抑或是根据不同的国家情况自定义运费。③设置承诺运达时间，系统中显示的是默认时间，如下所示。

（1）商业快递（DHL、UPS、FedEx 和 TNT）默认时间 23 天。

（2）EMS，e 邮宝默认时间 27 天。

图 7-2　新增运费模板设置

（3）中邮、中国香港航空大小包对于以下国家和地区默认 39 天：阿尔巴尼亚、阿根廷、阿鲁巴、阿塞拜疆、孟加拉国、巴林、文莱、捷克、多米尼加、芬兰、斐济、格鲁吉亚、印度尼西亚、印度、伊朗、约旦、柬埔寨、韩国、毛里求斯、马尔代夫、荷兰、新西兰、阿曼、秘鲁、巴基斯坦、波多黎各、葡萄牙、巴拉圭、斯洛伐克、塞尔维亚、乌克兰、越南、以色列、马来西亚、新加坡、瑞士、奥地利、丹麦、比利时、爱尔兰、英国、法国、泰国、挪威、美国、土耳其、日本、瑞典以及中国香港。

（4）中邮、中国香港航空大小包对于其他国家（包括巴西、俄罗斯等）默认 60 天。

其他物流方式下的可以自己设置。但是"承诺运达时间"从卖家填写运单号开始到货物妥投为止，填写上限为 60 天，与现行大小包纠纷规则一致，比现行商业快递（23 天）、EMS（27 天）纠纷退款规则在时间上更为宽裕。

下面我们以 EMS 物流方式为例介绍一下设置的具体流程。如图 7-3 所示，勾选 EMS 方式后，我们先进行运费设置。

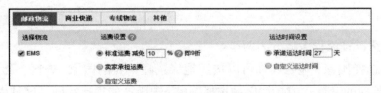

图 7-3　EMS 物流设置

标准运费：平台按照各物流服务提供商给出的官方报价计算运费。决定运费的因素通常为：货物送达地、货物包装重量、货物体积重量。如果卖家为不同的运输方式减免了折扣，平台会在官方运费的基础上加入折扣因素后将计算出的运费值呈现给下单的买家。

减免百分数:就是在物流公司的标准运费的基础上给出的折扣。例如,某物流公司标准运费为 US$100,输入的减免百分数是 30%,买家实际支付的运费是 US$100×(100%-30%)=US$70,可以将此折扣信息填写在产品的运输折扣内容里,以吸引买家下单。

卖家承担运费:实际上就是免运费,产品买家展示页面会出现 free shipping 的字眼,增加产品的曝光。约有 80% 的海外买家会使用"free shipping"搜索产品信息。因此,卖家承担运费可以吸引买家的注意力。

自定义运费:可以选择只对部分国家和地区设置标准运费、免运费或者是自定义运费(阶梯运费)。一般建议新卖家选择对欧美发达国家和地区发货,以减少货物发往偏远国家和地区造成的偏远运费损失。自定义运费也可以根据你的买家群分布来定运费,从而吸引自己的主要群体买家。

需要注意的是,如果选择运费设置是"标准运费减免 X%"或是"卖家承担运费",则此设置意味着对所有的国家和地区均执行此标准。如果要想对不同的地区或国家单独设置,则需要使用"自定义运费"功能,界面如图 7-4 所示。

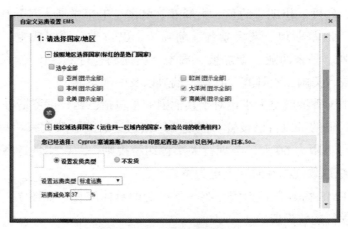

图 7-4 自定义运费界面

自定义运费设置流程大概分为两步。

第一步:选择国家/地区。你可以按照地区选择单一的国家/地区,然后针对每个国家/地区进行单独的设置;或是按区域选择国家/地区,使得运往同一区域内的国家/地区使用统一的运费标准。

第二步:设置发货类型,即设置运费类型。针对选定的国家/地区,运费类型可以设置为"标准运费""自定义运费"(又可分为"按重量设置运费"和"按数量设置运费"两种方式,图 7-5 和图 7-6)、"卖家承担运费"和"不发货"(图 7-7)四种类型。

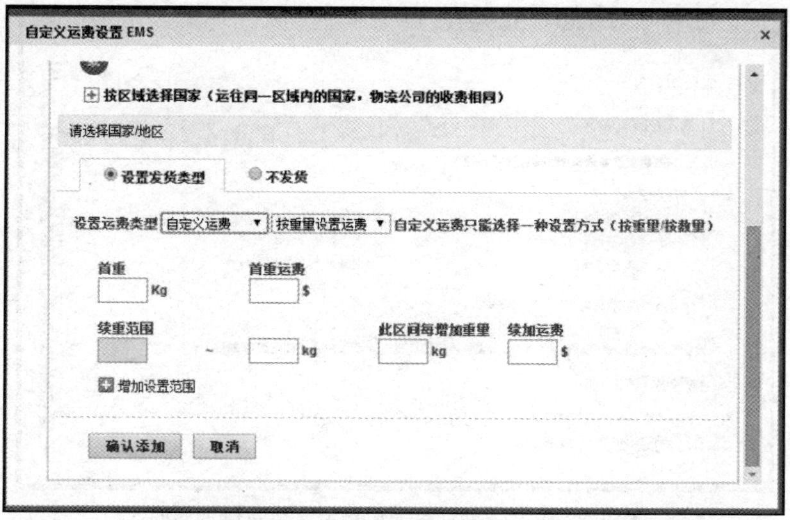

图 7-5　设置发货类型——自定义运费——按重量设置运费

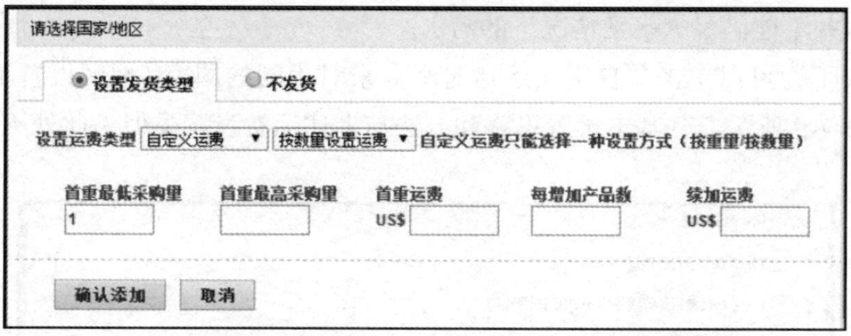

图 7-6　设置发货类型——自定义运费——按数量设置运费

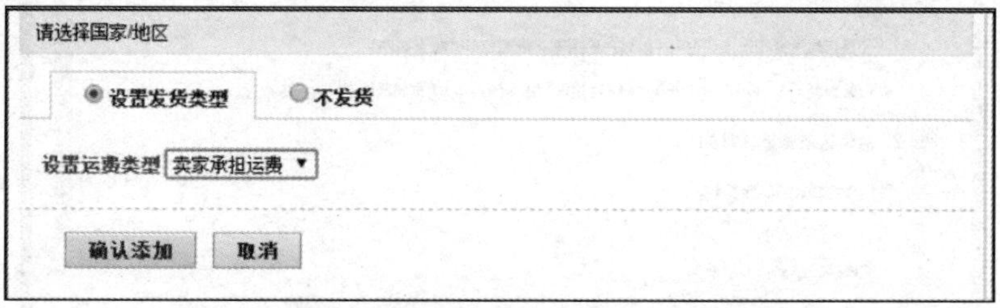

图 7-7　设置发货类型——卖家承担运费和不发货

　　以上是对 EMS 方式下运费设置的说明，需要注意的是，不同物流方式下的设置界面略有不同，但原理都是一样的，图 7-8 所示为中国香港邮政大包自定义运费设置界面，与 EMS 的有所不同。

　　下面对"承诺运达时间"设置进行简要说明。首先，我们可以修改系统默认的 27 天

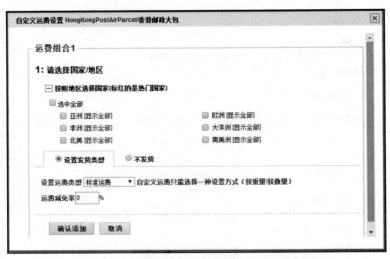

图 7-8 中国香港邮政大包自定义运费设置界面

为其他时间,但是最长不超过 60 天,需要注意的是这个时间对所有国家/地区都是有效的,所以一般而言并不能满足大多数情况下的需求。

这种情况下,可以单击"自定义运达时间"来对不同的国家/地区设置不同的承诺运达时间,如图 7-9 所示。其基本设置思路和方法与上述运费设置类似,此处不再赘述。

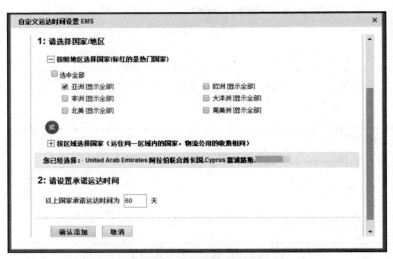

图 7-9 EMS 自定义运达时间设置

在设置运费模板时,应注意以下几点。

(1)熟悉各种物流方式的优劣,有针对性地进行设置。

(2)考虑卖家和买家的权益,权衡双方的感受。

(3)考虑邮路的实际情况,如果难以查询妥投信息,或是大小包裹运输时效低,可以选择不发货。

（4）适当延长承诺运达时间，防止买家在承诺最后运达时间前提起纠纷。

（5）选择信誉良好的货代提供物流服务，及时了解各物流方式到达不同国家/地区的时间信息，合理设置运达时间。

（6）设置多套运费模板，如遇到圣诞节等可能带来物流爆仓的时期，提前设置一套供特殊时期使用的运费模板，适当延长"承诺到达时间"。

（7）保持良好的买家沟通，遇到特殊情况货物无法按时到达，应尽快联系买家说明原因，征得买家同意后延长收货期。

（8）切忌模仿，因为国际物流受国家/地区政策、物流资费调整、极端天气、政治、邮路状况等多种因素影响，不同的时期，卖家应该设置不同的运费模板。

7.3 海外仓运输模板设置

海外仓是指在除本国地区的其他国家/地区建立的海外仓库。卖家将货物从本国/地区出口通过海运、货运、空运的形式储存到买家所在国/地区的仓库，买家通过网上下单购买所需物品，卖家只需在网上操作，对海外的仓库下达指令完成订单履行。货物从买家所在国/地区发出，大大缩短了从本国/地区发货物流所需要的时间。

2015年2月6日，速卖通平台新增海外发货地设置功能，卖家可设置海外发货地：美国、英国、德国、西班牙、法国、意大利、俄罗斯、澳大利亚、印度尼西亚。其他国家和地区暂不支持。需要注意的是，部分类目暂未开放海外发货地设置功能，即使有海外仓，也暂时不能设置（目前，平台相关功能有所增加以实际功能为准）。

7.3.1 申请海外仓权限

海外发货地设置功能仅向通过审核的卖家开放，你需要先备货到海外，再提交申请，提供海外仓证明资料，通过审核才能设置海外发货地。其大概流程如图7-10所示。

图7-10 海外发货地设置功能申请

申请的界面如图 7-11 所示，入口为管理后台中的"交易→物流服务→我有海外仓"，输入相关信息后，提交"申请"即可。

图 7-11　申请发货地设置权限

申请注意事项如下。

（1）主账号和子账号都可以申请，申请成功后，系统会同时开通主账号以及所属子账号的权限。

（2）若你使用的是第三方海外仓，需要提供以下资料信息：合作物流商、客户代码（物流商给客户用的代码）、与第三方物流商签订的合同照片、使用第三方物流系统的后台截图（库存查询、订单管理页面等）。

（3）若你使用的是自营海外仓，需要提供以下资料：海外仓地址、中国发货证明（如发货底单、发货拍照、物流跟踪详情截图等）、海外通关证明（如缴税证明等）、仓库照片{将你的报名 ID 写在小纸条上（或打印）并放在当地最近的报纸上拍照，照片背景可看到门牌号或仓库实景}。

7.3.2　海外仓商品运费模板设置

第一步：新增或编辑运费模板。进入"卖家后台→产品管理→模板管理→运费模板"，单击新增运费模板按钮或选择现有运费模板进行编辑，如图 7-12 所示。

第二步：选择发货地。单击"增加发货地"，勾选需要设置的发货国家 / 地区，单击"确认"按钮，同一运费模板可以同时设置多个发货国家，如图 7-13 和图 7-14 所示。

目前运费模板中可选择的发货地设置仅包含中国在内的 10 个国家，如果你的商品发货地不在其中，请选择发货地为中国。

第三步：设置运费及限时达时间。单击发货地区后的"展开设置"，可针对不同的发

第 7 章 跨境电商物流

图 7-12 新增或编辑运费模板

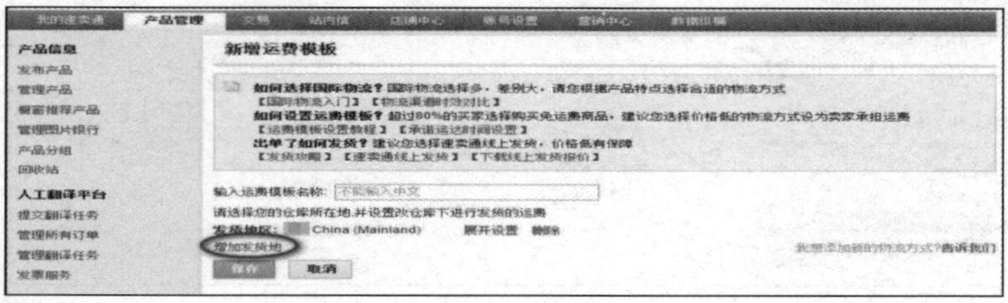

图 7-13 增加发货地

图 7-14 选择发货地所在国家和地区

货地区以及不同的物流方式分别设置运费及承诺运达时间，如图 7-15 所示。

注意：你可以单击自定义运费，选择物流方式所支持的国家及运费；可以单击自定义运达时间，对不同国家设置不同的承诺运达时间。

例如，发货地在美国，可以设置支持发往美国、加拿大、墨西哥、智利、巴西，并分别设置运费及承诺运达时间。发货国与目的国一致（除俄罗斯），承诺运达时间最长不能超过 15 天，俄罗斯可按照分区设置承诺运达时间，如图 7-16 所示。

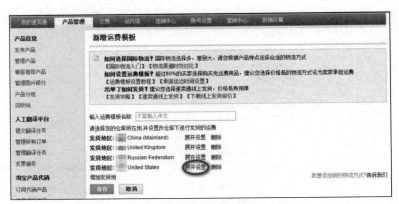

图 7-15 展开设置运费及限时达时间

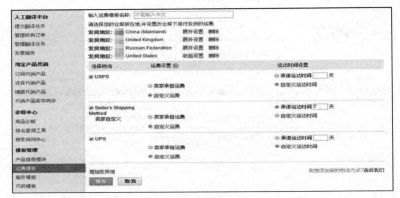

图 7-16 详细设置

7.3.3 发布海外仓商品

发布海外仓商品时，单击发布或编辑产品，进入产品发布页面，正常填写商品信息。你需要特别关注"发货地"和"运费模板"信息的填写。

第一步：填写发货地。在发货地一栏勾选你的商品发货地，可同时勾选多个发货地，如图 7-17 所示。需要注意的是，海外本地发货商品默认提供本地无理由退货服务。

（1）仅发件国和目的国一致的订单默认提供本地无理由退货服务。例如，备货在美国仓的商品支持发往美国和加拿大，只有收货地为美国的订单才默认提供无理由退货服务。

（2）无理由退货服务承诺：若买家不喜欢所购买的商品，可选择在交易结束前发起无理由退货，退回商品（必须未使用过，不影响二次销售，查看详情）。卖家提供的退货地址必须在本地，退货运费由买家承担。买家退回商品后需要卖家确认，若卖家对退回商品或退款金额存在争议，可向平台发起申诉。

（3）海外发货商品发货期必须≤ 3 天。海外发货商品需要提前备货到海外仓，并设置发货期≤ 3 天，并在 3 天内将货物发出。若设置的发货期 > 3 天，将无法获得海外发货标

第 7 章　跨境电商物流

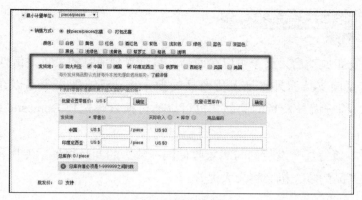

图 7-17　填写发货地

识、搜索筛选、平台活动等海外发货商品专享推广资源。

第二步：选择运费模板。产品发布页面只会展示能够选择的运费模板（运费模板发货地与商品选择的发货地完全一致），发货地不匹配的运费模板将不展示，如图 7-18 所示。

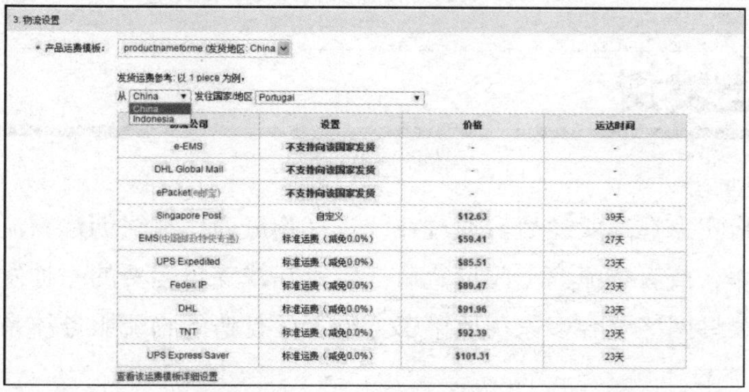

图 7-18　选择运费模板

需要注意的是，商品发货地必须和运费模板设置完全一致，根据海外仓所在地新增或编辑运费模板。例如，你有 3 件商品，发货地如表 7-6 所示，你需要分别设置 3 个不同的运费模板。因为"商品发货地"必须完全和"运费模板设置的发货地"一致，所以 A 商品只能关联运费模板 1，不能够关联运费模板 2 和运费模板 3。

表 7-6　3 件商品发货地

商品	发货地	商品可关联的运费模板
A	中国	运费模板 1：发货地只有中国
B	美国	运费模板 2：发货地只有美国
C	中国和美国	运费模板 3：有 2 个发货地，中国和美国

7.3.4 海外仓商品前台展示

海外仓商品发布成功后，买家可以在商品详情页看到商品的发货地信息，进行选择。

同时，搜索页面支持海外本地发货商品的独立筛选项，即买家可以在搜索页面选择 Ship From 国家，筛选海外发货的商品，也可以通过搜索筛选项 Domestic Delivery 一键筛选出本国发货的商品。

另外，海外本地发货（发货国与买家收件国一致）的商品将展示专属标识，如图 7-19 所示，海外发货商品的曝光机会将大大提升。

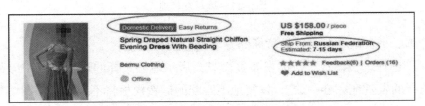

图 7-19　海外本地发货商品专属标识

7.4 线上发货

线上发货是指卖家在速卖通后台通过在线选择物流商、在线创建物流订单，然后将货物寄至物流商仓库，或者物流商上门揽货后，卖家在线支付运费的一种发货方式。线上发货是由速卖通、菜鸟网络联合多家优质第三方物流商打造的物流服务体系，目前速卖通大力推介这种发货方式。

线上发货的流程如图 7-20 所示，下面就简要介绍一下各环节的操作流程。

第一步：从待发货订单选择"线上发货"。我们以订单 67823024307089 为例，单击图 7-21 中的"线上发货"按钮。

图 7-20　线上发货的流程

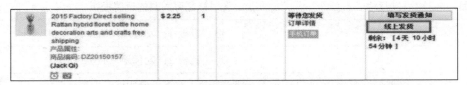

图 7-21　待发货订单选择"线上发货"

进入订单详情页后，我们可以看到订单 67823024307089 的具体情况，买家付款已经结束，需要进入卖家发货环节。单击图 7-22 中的"线上发货"按钮。需要强调的是，由于俄罗斯邮政政策调整，买家收货人名称需填写全名才能正常取件，建议卖家在发货前与买家确认收货人名称是否为全名，如不是，及时通过邮件、站内信、电话等多种方式与买家沟通确认，以提升买家体验。

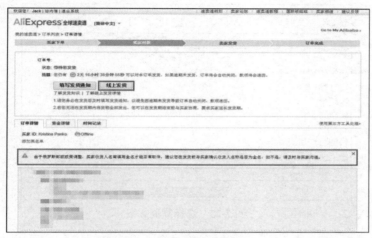

图 7-22　订单详情页面

第二步：单击图 7-22 中的"线上发货"，进入图 7-23 所示界面，选择物流方案。系统会自动列出物流服务的名称、参考运输时效、交货地点以及试算的运费。需要注意的是，这些数据和信息均基于卖家发布产品时提供的相关数据和订单有关数据自动给出，如果基础数据有误，试算运费将不能反映真实情况。可以单击"包裹重量"右边的"修改"按钮，对发货地址、包裹重量、尺寸等信息进行修改，并重新试算运费。

卖家应综合考虑运输时效、交货地点和运费情况，进而选择最优的物流方案。

在选择物流方案中，需要注意的是，卖家选择使用的物流服务和买家下单时选择的不一致，可能导致买家拒收或提起纠纷。如出于特殊原因需要更换物流方案，那么就提前和买家沟通好，征得买家同意后更换。

需要注意的是，物流服务 DHL Express-HK、FedEx IE、FedEx IP、中外运 - 西邮经济小包、TNT、e 邮宝、UPS Express Saver、TOLL、UPS Expedited 不能送达俄罗斯。这就要求卖家在选择物流方案时一定要准确核对，避免运送不达或者中途丢件。

第三步：物流方案选择完毕后，单击"下一步，创建物流订单"开始创建物流订单。如果卖家位于线上发货系统的揽收范围内，可申请上门揽收，若不在揽收范围内，那么商品需要快递到线上发货集结仓，这里就涉及国内的运输物流，需要填写国内快递名称及国内物流单号，便于卖家系统查询和集结仓揽收。

图 7-23　选择物流方案

填写确认国内物流信息后，填写包裹信息（如果一笔交易订单需要分多个包裹发货，可以多次使用线上发货功能）；填写和核对产品信息：商品的中文品名、英文品名、产品件数、申报金额、申报重量和是否含锂离子电池，如图 7-24 所示。

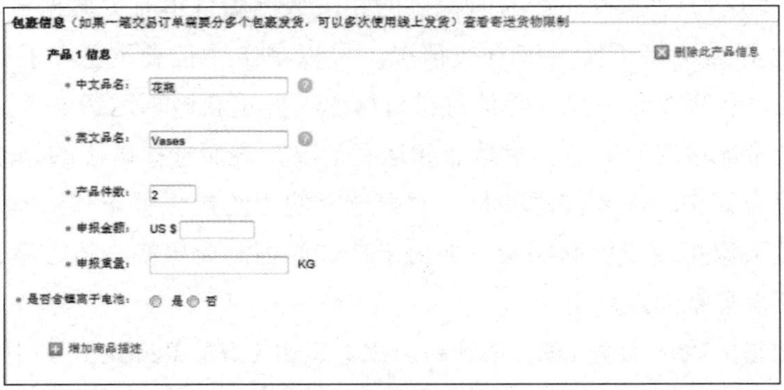

图 7-24　创建物流订单

在填写和核对产品信息后，核对和修改发货人信息：包括姓名、电话、邮编和地址；确认买家收货信息：包括联系人姓名、邮政编码、地址、城市、州/省份、国家、手机号码和电话号码，如图 7-25 所示，之后勾选"我已阅读并同意了《线上发货—阿里巴巴用户协议》"，单击"确定"按钮。

图 7-25 创建物流订单

至此，物流订单创建成功，如图 7-26 所示。

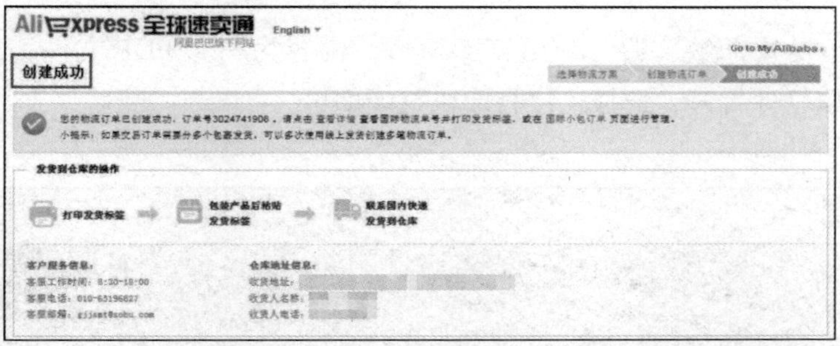

图 7-26 物流订单创建成功

第四步：货物打包准备好后，需要打印发货标签。在"交易→物流服务"中，找到对应的物流方式，并进入查找到相应的订单号，单击"查看详情"，就可以看到物流订单的状态。图 7-27 所示为"国际小包订单"界面（"国际小包订单"下面有"国际快递订单"和"E 邮宝订单"，功能基本类似，但是界面不同）。

图 7-27 国际小包订单界面

找到如图 7-28 所示 3024741908 订单的状态为"等待仓库操作"。接下来单击"打印发货标签"即可。

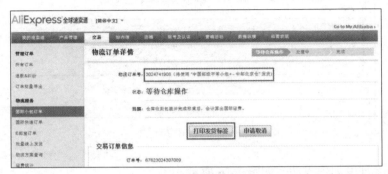

图 7-28　物流订单详情

单击"打印发货标签"后，弹出打印窗口，内容为一个 PDF 文件，如图 7-29 所示。将其用 PDF 阅读软件打开，选择连接打印机打印即可。

图 7-29　打印发货标签

打印页面，可进行标签打印的设置，可自定义标签打印数量（如 3×2，每张 A4 纸打印 6 枚标签）。打印后，即可得到邮政标签。

第五步：将打印好的标签粘贴在产品的外包装上，并做好防水处理（目的在于避免运输过程中雨水侵蚀标签，导致买家无法收到货物，影响买家体验），之后就可以安排国内物流公司上门取件或者送至物流公司。

第六步：回到卖家后台，进入"交易→物流服务→国际小包订单"，找到对应订单号，单击"填写发货通知"，进入填写发货通知页面。

填写发货通知，发货状态选择全部发货或者部分发货，单击"提交"按钮，如图 7-30 所示。

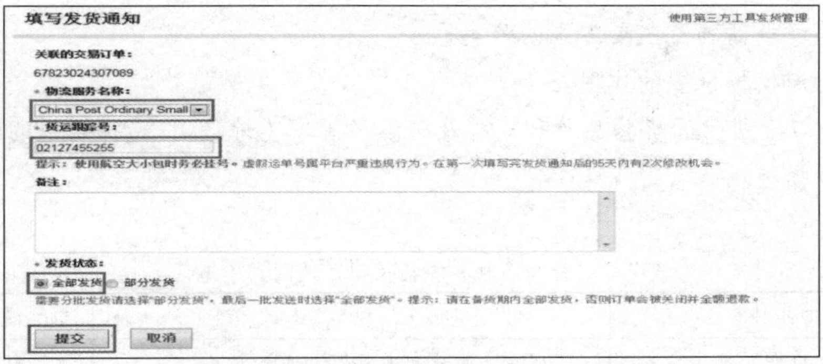

图 7-30 填写发货通知页面

第七步：支付运费。当货物被相关物流公司收到后，物流公司会称重计算运费，并通过系统显示到平台中，如图 7-31 所示。这时，可以单击"支付"或者"批量支付"，利用支付宝或支付宝国际账户付款。需要注意的是，如果卖家不及时支付运费，速卖通平台将在一定时间内自动从支付宝国际账户内扣除货款。

图 7-31 支付运费

另外，如图 7-32 所示，物流服务中还包含"批量线上发货""物流方案查询""运费统计""地址管理""投诉管理"等功能。

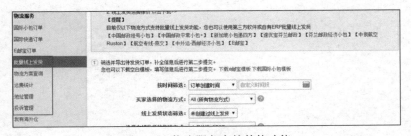

图 7-32 物流服务中的其他功能

1. 简述跨境电商物流主要方式的分类。
2. 简述物流模板设置的作用。
3. 针对表7-7所示的货物品种和规格及拟运送国家（地区），选择合适的物流方式，并正确设置运费模板。

表7-7 货物品种和规格及拟运送国家（地区）

货物品种	规格	拟运送国家（地区）
一个手机移动电源（充电宝）	90 g，带盒包装18 cm×8 cm×2 cm	菲律宾；加拿大
一条毛毯	3.5 kg，长110 cm，直径15 mm	中东；澳大利亚

第 8 章
跨境电商支付与退税

全国首个跨境电商海外仓离境退税试点落地天津

2022年9月15日，天津金轮自行车集团（以下简称"金轮集团"）收到了首票以跨境电商出口海外仓（以下简称"9810"）模式报关出口货物退税款6.87万元。该笔业务顺利完成出口报关、货物离境、出口退税流程，标志着全国首个跨境电商海外仓离境退税试点在天津武清正式落地。

"9810"模式是指境内企业将出口货物通过跨境物流送达海外仓，通过跨境电商平台实现交易后从海外仓送达购买者。"9810"模式出口退税是指境内企业将出口货物通过境物流送达海外仓，并通过跨境电商平台实现销售，即可按文件规定申报出口退税。

"比起之前，我们至少提前4个月拿到出口退税，收到退税款后可以马上投入再生产，缓解了流动资金压力，我们的'TOTEM''UPLAND'等自主品牌在海外仓批量备货，每台自行车的物流成本节约近50%，利润提高至以前的3倍，我们今后拓展海外市场更有优势了，感谢政府多部门联合送来这个助企纾困的好政策！"金轮集团跨境电商经理骆金辉表示。

据了解，新政策下，生产企业摆脱了根据订单拼箱高成本的运输方式，根据产品销售周期，可以批量备货，整体物流成本大大降低；自主品牌出口后，企业还可以获取研发以及品牌溢价部分的利润，产品利润率大大提升；企业根据海外仓出货情况，将信息触角延伸到消费市场终端，大大提高市场敏感性，利于企业对生产经营情况进行及时调整。

资料来源：【喜迎二十大】全国首个跨境电商海外仓离境退税试点落地天津武清[EB/OL].（2022-10-08）.https: //m.thepaper.cn/baijiahao_20205845.

思考讨论：

（1）什么是"9810"模式？

（2）"9810"模式对跨境电商企业有哪些帮助？

（1）了解跨境电商支付方式。

（2）了解出口跨境电商退税。

（3）了解网上跨境支付交易风险。

8.1 跨境电商支付方式

国际货款的结算方式主要有信用卡收款、PayPal、Payoneer、电汇、西联汇款、MoneyGram等。不同的结算方式有不同的优缺点，企业进行国际货款结算时需要根据自身的需求进行选择。

8.1.1 国际支付宝

1. 简介

我们在速卖通上处理货款主要通过支付宝国际账户来操作。支付宝国际账户是支付宝（中国）网络技术有限公司拥有的国际支付产品，主要是为从事跨境交易的国内用户建立的一个资金账户管理系统。与国内支付宝账户的不同在于，这个资金账户是多币种账户，包括美元和人民币账户，目前只有速卖通与阿里巴巴国际站会员才能使用。

国际支付宝的第三方支付服务是由阿里巴巴国际站同国内支付宝联合支持提供的。速卖通平台只是在买家端将国内支付宝改名为国际支付宝。在使用上,只要有国内支付宝账号,无须另外申请国际支付宝账号。当登录到"My Alibaba"后台(中国供应商会员)或"我的速卖通"后台(普通会员)时,就可以绑定国内支付宝账号收取货款。

国际支付宝目前接受的主要方式包括以下几种。

1)信用卡支付

买家可以使用 Visa 及 Mastercard 对订单进行支付,如果买家使用此方式进行支付,平台会将订单款项按照买家付款当天的汇率结算成人民币支付给你。

2)T/T 银行汇款和西联汇款支付

此方式是国际贸易主流支付方式,大额交易更方便。如果买家使用此方式支付,其中会有一定汇款的转账手续费。此外,银行提现也需要一定的费用。

3)Moneybookers 支付

Moneybookers 共支持 50 余种欧洲各国流行的支付方式,包括信用卡、借记卡(没有透支功能的银行卡,类似于国内的一卡通)和一些欧洲各国当地的支付方式。其中,速卖通平台为 Maestro、Solo、Carte Bleue、PostePay、CartaSi、4B、Euro6000 七种借记卡开通了快速付款通道,因此买家使用这七种借记卡支付货款,卖家会在订单管理里看到"借记卡支付成功";买家用其他 Moneybookers 提供的支付方式支付货款,卖家会在订单管理里看到"Moneybookers 支付成功"。

4)借记卡支付

国际通行的借记卡外表与信用卡一样,并于右下角印有国际支付卡机构的标志。它通行于所有接受信用卡的销售点。需要注意的是,当使用借记卡时,用户没有 credit line,只能用账户里的余额支付。

5)其他

(1)QIWI、Yandex.Money、WebMoney,俄罗斯及周边地区主流支付工具。

(2)Boleto、TEF(网银类支付方式),巴西流行支付工具。

(3)Mercadopago,拉丁美洲最大的支付平台,提供本地信用卡、借记卡、网银或线下存款、OXXO 支付方式。

(4)DOKU,印度尼西亚在线支付公司,包括钱包、网银、ATM(自动取款机)和便利店支付。

(5)iDEAL,荷兰本地支付方式,跨境交易中广受欢迎。

(6)giropay,目前只支持德国的网银支付方式。

(7)SOFORT BANKING,目前只支持德国和奥地利的网银支付方式。

使用国际支付宝有众多的优势,首先,卖家先收款,后发货,全面保障卖家的交易安全。国际支付宝是一种第三方支付服务,而不是一种支付工具。对于你而言,它的风控体系可以保护你在交易中免受信用卡盗卡的欺骗,而且只有当国际支付宝收到了你的货款时,其才会通知你发货,这样可以避免你在交易中使用其他支付方式导致的交易欺诈。

其次,国际支付宝方便快捷,线上支付,直接到账,足不出户即可完成交易。使用国际支付宝收款无须预存任何款项,速卖通会员只需绑定国内支付宝账号和美元银行账户就可以分别进行人民币和美元的收款。国际支付宝提现无须申请,国际支付宝直接把钱汇到你的国内支付宝账户或绑定的银行账户中。

2. 激活支付宝国际账户和设置提现账户

首先,设置好收款账户,从首页导航条单击"交易"板块,进入左侧导航栏中"资金账户管理→支付宝国际账户",单击并进入如图8-1所示的"激活使用协议"界面,勾选"同意"并单击"现在激活"按钮,对"Alipay account"进行设置。

图 8-1　激活使用协议

其次,进入图8-2所示的界面,设置支付密码。支付密码是资金账户进行现金提取的唯一授权方式。建议设置密码采用数字、字母和符号的组合,长度为6~20位,以保证密码的安全。而且支付密码和登录密码不能相同。

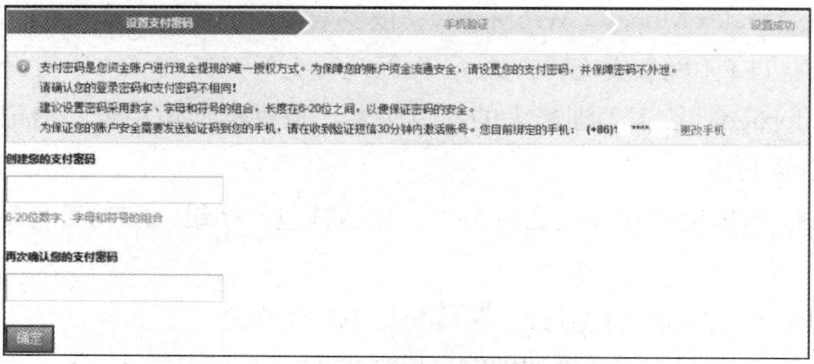

图 8-2　设置支付密码

用户输入支付密码后,单击"确定"按钮,速卖通将发送验证码到你绑定的手机,输入正确的验证码后确认提交,即可成功激活账号。

账号激活后，进入"我的账户"，首页显示美元账户和人民币账户的余额信息以及近期资金活动的记录，如图 8-3 所示。国际支付宝目前仅支持买家美元支付，卖家可以选择美元和人民币两种收款方式。

图 8-3　我的账户——首页

买家通过信用卡付款，卖家收款时会出现两种货币收款情况：如果付款方式处显示为"信用卡（人民币通道）"，国际支付宝会按照买家支付当天的汇率将美元转换成人民币支付到卖家的国内支付宝或银行账户中；如果显示的是"信用卡（美元通道）"，则卖家美元收款账户收到美元。

买家通过 T/T 银行汇款支付时，国际支付宝将支付美元到卖家的美元收款账户。（只有设置了美元收款账户才能直接收取美元）

我们首先要做的是设置提现账户，单击图 8-3 的"提现账户管理"，进入图 8-4 所示的设置界面。大部分情况下外国买家是以美元支付的（欧元、卢布等货币的支付也被速卖

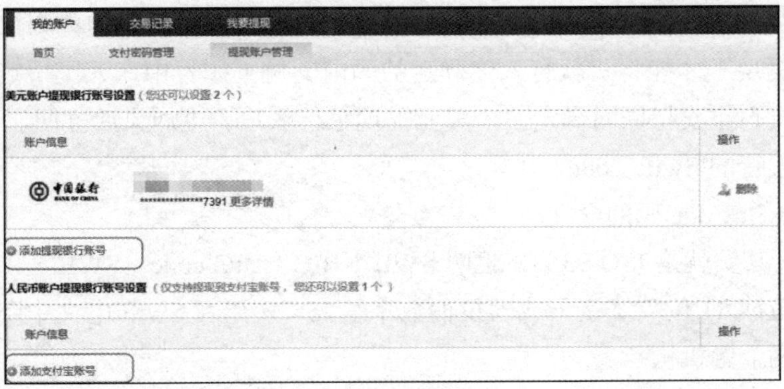

图 8-4　提现账户管理

通自动转化成美元），但是也有一些买家是用人民币支付的，所以我们要对应设置美元账户和人民币账户提现的银行账号。人民币账户仅支持提现到支付宝账号，可以单击"添加支付宝账号"，根据系统指示自行设置。

单击"添加提现银行账号"，可以设置美元提现账户，如图8-5所示。选择账户后，依次填写"账户姓名（中文）""账户姓名（姓名拼音）""银行选择""开户银行名称（英文）""Swift Code""银行卡号"等必填项。填写完毕后，单击"保存"按钮。

需注意的是，美元账户下，可以设置个人账户或企业账户，个人账户对应的银行卡需为借记卡。另外，应确保银行卡账号能接收新加坡花旗银行以公司名义的美元打款。这其实挺简单，我国主要银行均可以做到这一点。

图8-5 设置美元提现账户

国内的银行都有外币业务，可以接收外币，但是需要本人带上有效身份证件去银行开通个人外币收款功能。如果你的卡本身就是双币卡（人民币和美元），就可以直接接收。

对于新手而言，我们建议你去中国银行开一张借记卡，你只需告诉银行工作人员，你需要能够接收国外汇款的银行卡，他们就能帮你办理。另外，一定向银行要"汇款路线"的信息，银行工作人员一般会给你一张纸，纸上就是一些诸如银行英文名称Swift code（类似银行的身份证号，可参看http：//seller.aliexpress.com/education/payment/account/swift_code.html）之类的信息。拿到这些信息后，填入即可。如有不懂的地方，应及时和开户银行沟通。

通过人民币通道收到的货款，在放款后直接进入支付宝国际账户的人民币账户中，需要单击"我要提现"才能将货款打入你绑定的国内支付宝账号中，人民币账户提现不收取手续费；国际支付宝支持同时绑定三个美元提现银行账户，更加灵活方便。

如何查询银行的Swift Code？

1）银行Swift Code码的含义

Swift Code其实就是ISO 9362，也叫SWIFT-BIC，BIC code，SWIFT ID，由电脑可以自动判读的8位或11位英文字母或阿拉伯数字组成，用于在Swift电文中明确区分金融交易中相关的不同金融机构。

Swift Code的11位数字或字母可以拆分为银行代码、国家代码、地区代码和分行代码四部分。以中国银行上海分行为例，其银行识别代码为 BKCHCNBJ300。其含义为：BKCH（银行代码）、CN（国家代码）、BJ（地区代码）、300（分行代码）。

（1）银行代码：由 4 个英文字母组成，每家银行只有一个银行代码，并由其自定。银行代码通常是该行的行名字头缩写，适用于其所有的分支机构。

（2）国家代码：由 2 个英文字母组成，用以区分用户所在的国家和地理区域。

（3）地区代码：由 0、1 以外的两位数字或两位字母组成，用以区分位于所在国家的地理位置，如时区、省、州、城市等。

（4）分行代码：由 3 个字母或数字组成，用来区分一个国家里某一分行、组织或部门。如果银行的 Swift Code 只有 8 位而无分行代码，其初始值定为"×××"。

2）如何查询银行的 Swift Code

可以通过拨打银行服务电话和登录 Swift 国际网站两种方式查询银行的 Swift Code。

（1）拨打各个银行的服务电话，询问想查询的该行 Swift Code，各大银行的服务电话如下。

中国银行：95566

中国工商银行：95588

中国农业银行：95599

中国建设银行：95533

中国交通银行：95559

招商银行：95555

民生银行：95568

华夏银行：95577

（2）登录 Swift 国际网站查询页面（http：//www.swift.com/bsl/index.faces?bicSearch_bicOrInstitution）查询我国某个城市具体某家银行的 Swift Code。

首先，需要知道具体某家银行的缩写统一代码，国内可以转账的银行统一代码如下。

中国银行：BKCHCNBJ

中国工商银行：ICBKCNBJ

中国农业银行：ABOCCNBJ

中国建设银行：PCBCCNBJ

中国交通银行：COMMCN

招商银行：CMBCCNBS

民生银行：MSBCCNBJ

华夏银行：HXBKCN

工行国际借记卡：ICBKCNBJICC

以中国银行上海分行为例，登录 Swift 国际网站查询页面后，根据提示填入查询的银行信息。

BIC or institution name 中填入中国银行的统一代码：BKCHCNBJ；City 中填入要查询的城市拼音：shanghai；Country 选择 CHINA；最后在 Challenge response 中填入验证码。完整填写要查询的银行信息后，单击 Search。在系统显示的搜索结果中，就可以看到所要查询的银行 Swift Code 了。

3. 提现

我国对美元个人收款账户设置了每年 5 万美元的结汇限制。但是如果买家使用信用卡人民币通道支付，所有的外币都将由中国银行按照买家支付当天的平均汇率直接转换为人民币，卖家收到的是人民币，因此没有 5 万美元的收款限制。"我要提现"如图 8-6、图 8-7 所示。如果设置了美元收款账户收取美元，使用公司账户收款时，必须办理正式报关手续，并在银行端完成相关出口收汇核查、国际收支统计申报后，才能顺利收汇、结汇；如果使用个人美元收款账户，会受到每年 5 万美元的限制。

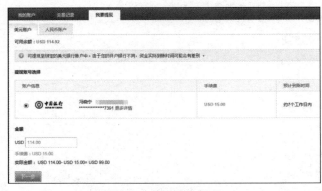

图 8-6　美元账户提现

图 8-7　确认提现信息并输入支付密码

如果结汇额度超过了 5 万美元怎么办呢？有两种解决方案。

（1）如果一次提现已经超过 5 万美元，可以分年结汇，如 2010 年先结 5 万美元，剩余的待下一年结。

（2）在金额未超过 5 万美元时提现一次，下次提现时更改个人收款账户，分开提现。

4. 放款查询

资金账户管理中的"放款查询"模块主要是允许我们查询相关订单的放款状态，如图 8-8 所示，可以查询某一订单具体的订单金额、退款金额、待放款金额、手续费、联盟佣金、已放款金额、放款时间等信息。

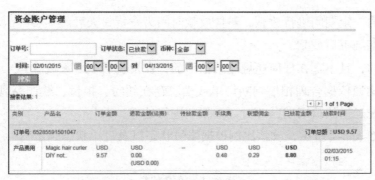

图 8-8　放款查询

关于收款的常见问题：

（1）速卖通是否支持办理退税？

因为目前速卖通平台仅支持买家使用 Visa、Masterkard、Moneybookers、电汇和信用卡支付，而且信用卡收到的是人民币，所以暂时无法进行核销退税。

（2）中国香港银行账户能否在我们平台收美元？

可以，中国香港银行账户能在速卖通平台收美元。

（3）滞留在支付宝上的资金利息是怎么处理的？

没有利息，资金放在银行的外汇监管账户上。

（4）买家打进支付宝是美元，货款到客户那里是人民币还是美元？

买家是用信用卡付款，卖家在信用卡收款时会出现两种货币收款情况：如果付款方式处显示为"信用卡（人民币通道）"，则卖家人民币收款账户收到人民币；如果显示的是"信用卡（美元通道）"，则卖家美元收款账户收到美元。

（5）请问如果买家收货不确认，那卖家又如何收到货款呢？

系统会设定收货超时时间，如果买家未在规定时间内确认收货，系统在核对物流妥投后放款，卖家同样可以收到货款。

（6）买家确认收货之后，卖家多久可以收到货款？

如果卖家所发货物妥投，且买家确认收货。正常情况下卖家可以在交易完成后 3~5 个工作日收到货款。

5. 速卖通平台放款规则

1) 基本规则

为确保速卖通平台交易安全，保障买卖双方合法权益，就通过速卖通平台进行交易产生的货款，速卖通及其关联公司根据相关协议及规则，有权根据买家指令、风险因素及其他实际情况决定相应放款时间及放款规则。

（1）速卖通根据卖家的综合经营情况（如好评率、拒付率、退款率等）评估订单放款时间。

在发货后的一定期间进行放款，最快放款时间为发货 3 天后。

买家保护期结束后放款。

账号关闭的，且不存在任何违规违约情形的，在发货后 180 天放款。

（2）如速卖通依据合理相信判断订单或卖家存在纠纷、拒付、欺诈等风险的，速卖通有权视具体情况延迟放款周期，并对订单款项进行处理。

放款方式如表 8-1 所示，放款比例根据账号状态以及订单状态确定。

表 8-1 放款方式

账号状态	放款规则		备注
	放款时间	放款比例	
账号正常	发货 3 个自然日后（一般是 3~5 天）	70%~97%	比例根据账号经营表现有所不同，3%~30% 保证金释放时间见表 8-2
	买家保护期结束后	100%	买家保护期结束是指买家确认收货/买家确认收货超时后的 15 天
账号关闭	发货后 180 天	100%	

目前阿里巴巴速卖通平台支持 EMS、DHL、UPS、FedEx、TNT、SF（顺丰速运）、邮政航空包裹 7 种物流运输方式。针对以上方式，放款流程基本如下。

买家确认收到货物或买家确认收货超时情况下，系统自动核实订单中所填写货运跟踪号（以下简称"运单号"）。系统将会核对运单号状态是否正常、妥投地址是否与订单中的收货地址一致等信息。如运单号通过系统审核，系统会自动将款项支付到卖家的相应收款账户中。如运单号未通过系统审核，订单将会进入服务部人工审核流程。

所有进入服务部人工审核流程的订单，服务人员都会根据运单号的查询情况进行判断。目前主要有以下几种情况。

（1）地址不一致（运单号妥投地址与买家提供的收货地址不一致）：服务人员会联系卖家，请卖家提供发货底单。

（2）未妥投（订单中部分或全部运单号的查询结果未正常显示妥投）：服务人员会联系买家，核实买家是否已经收到货物，如买家表示收到货物，正常放款；如未收到，请卖家配合向快递公司进行查询。

（3）运单号无效（运单号无法查询到任何信息）：服务人员会联系卖家提供发货底单。

（4）货物被退回（运单号显示货物已经被退回）：联系卖家核实是否收到货物，并做退款处理。

2）一般放款

（1）一般放款的原则。交易完成的订单同时满足下列条件的，速卖通进行放款操作。

买家确认收货。

物流妥投（运单号物流信息显示货物已被签收，且签收信息与订单信息相吻合）。

备注：如速卖通依据合理判断相信订单或卖家存在纠纷、欺诈等风险的，速卖通有权延长放款周期。

（2）交易完成订单的物流核实。对于交易完成的订单，速卖通会核实订单的物流信息，只有确认为"物流妥投"，订单的款项才会流入卖家相应账户中。

（3）交易中订单的物流核实。对于交易中的订单，如果卖家线下查询物流已经"妥投"，请主动联系买家；如果买家确认物流妥投无误，卖家可以要求买家单击"确认收货"的按钮。

在联系买家未果的情况下，若卖家采用航空包裹或顺丰发货，卖家可以在全部发货之日起5日后，单击"申请放款"按钮，并向速卖通提供物流公司官方网站查询到的妥投截屏（其中包含运单号和具体签收信息）。

速卖通在1~3个工作日对卖家提供的妥投截屏进行审核。审核通过的，速卖通会给买家去信要求其确认收货，买家确认收货后速卖通放款给卖家，若5日内买家未确认的，速卖通将在第6日放款给卖家。审核未通过的，速卖通会发邮件通知卖家；同时，第二次请款功能将在上次请款之日起15日后再次开启。

3）特别放款

特别放款，是指在卖家发货后即安排向卖家放款的一种特殊放款方式。由于外贸合同中间环节多、运输周期长，所以正常放款的话，卖家从发货到收款的周期会很长，一般为15~60天，这就给卖家造成了很大的资金压力。为了帮助卖家进行资金流转，速卖通会对一部分信誉较好、资金流健康的卖家提供特殊的放款方式，即发货后一般3~5天速卖通平台先放款给卖家，但是在订单特别放款的时候会冻结部分资金作为保证金，即只将货款的一部分放款给卖家。

每笔订单冻结一定比例的保证金主要是为了用于特别放款订单后期可能产生的退款。保证金释放冻结是由卖家经营数据指标决定的，每个卖家都不一样，具体会核实店铺纠纷、评价、拒付、退款等各方面情况而定，平台一般冻结的保证金比例为3%~30%。特别放款保证金释放时间具体如表 8-2 所示。

表 8–2 特别放款保证金释放时间

条件		释放时间
物流	交易结束时间—发货时间	
商业快递 + 系统核实物流妥投	无要求	交易结束当天
（1）商业快递 + 系统未核实妥投 （2）非商业快递	≤ 30 天	发货后第 30 天
	30~60 天	交易结束当天
	≥ 60 天	发货后第 60 天

如图 8-9 所示，你会在"放款查询"下发现两个关于保证金的链接，即"保证金冻结解冻记录查询"与"保证金使用和追缴记录查询"。实际上，这里的保证金是指速卖通平台冻结的享受"特别放款服务"的卖家的部分货款。

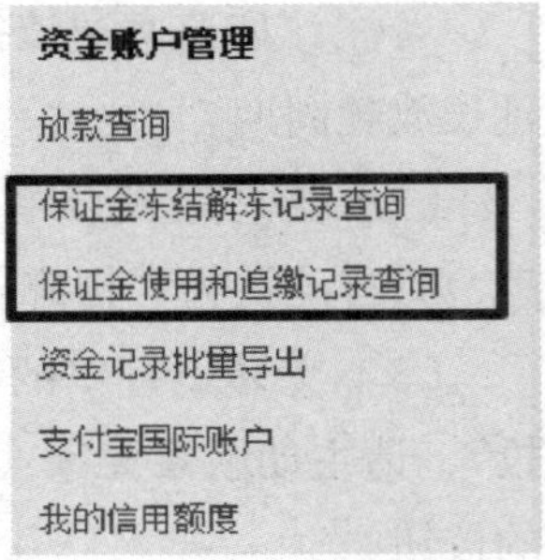

特别放款计划不支持主动报名，由平台根据卖家经营指标邀请卖家参加，因此新手短期内很难获得这项服务，建议你尽力完善好店铺各项数据，即有机会收到平台邀请。

享受特别放款服务的卖家，并非每笔订单均可获得特别放

图 8-9 保证金使用管理

款，如果某笔订单有异常或疑似异常（或存在平台认为不适合予以特别放款情形的），平台有权拒绝安排特别放款。

享受特别放款服务的卖家，要严格遵守《加入速卖通平台"特别放款计划"承诺函》及平台规则。如果卖家有如下异常行为或状态，平台将取消卖家特别放款的服务。

（1）不再符合卖家风控数据指标（纠纷率、退款率、好评率等）。

（2）卖家违反平台规定进行交易操作的。

（3）卖家未在规定时间内补足保证金的。

（4）卖家存在其他涉嫌违反承诺函、协议或平台规则的行为等。

享受特别放款服务的卖家授权速卖通平台及 Alipay Singapore E-Commerce Private Limited 在卖家国际支付宝账户冻结一定数额的"特别放款保证金"，平台有权根据卖家的经营状况对保证金额度进行调整。

若是卖家原因造成买家、平台或其他第三方损失的，该保证金将被直接划扣用于赔偿该损失。不足部分，平台有权对卖家支付宝国际账户中的资金进行划扣以补偿损失，仍不足赔付的，平台有权继续向卖家追讨。

被平台取消特别放款服务的卖家，保证金（如有）将在速卖通平台通知特别放款服务取消之日起 6 个月后退还；其间若是卖家原因导致买家、平台或其他第三方损失的，平台

有权将保证金（如有）划扣以补偿损失，并将剩余部分于6个月期限届满退还卖家；不足部分，平台有权继续向卖家追讨。

4）放款绿色通道

为帮助广大卖家加快回笼资金，提高资金周转效率，速卖通平台特此推出放款绿色通道，速卖通平台将对以下两种类型的订单进行一定审核。

（1）买家确认收货但还未被核实物流妥投信息的订单。

（2）买家确认收货超时但还未被核实物流妥投信息的订单。

对符合审核规则的订单提供放款绿色通道政策，审核规则如下。

（1）订单维度。

①订单未被拒付。

②订单支付时间少于180天。

③订单未被买家售后投诉。

④订单未被诱导确认收货的。

（2）产品维度。对于销售以下类型的产品，卖家需提供相关证明，否则速卖通平台将暂时不提供放款绿色通道。

①订单中销售的产品为Kingston等品牌产品或者计算机软件类产品，卖家需提供相关授权证明。

②订单中销售的产品为存储设备且容量大于16 G的，卖家需提供产品资质证明。

③订单中销售的产品为音像制品的，卖家需提供音像制品的授权证明。

④订单中销售的产品为Television类目，卖家需提供相关资质证明。

（3）卖家维度。

①高纠纷率卖家的订单将暂时不提供放款绿色通道政策（纠纷率：买家提退款订单数/发货订单数，速卖通平台会根据卖家的纠纷情况进行判定）。

②有填写过虚假运单号的卖家将不提供放款绿色通道政策。

③因不诚信交易行为被关闭账号的卖家将不提供放款绿色通道政策。

如果申请放款绿色通道，卖家需提供绿色通道订单对应的发货证明（如物流公司或货代的发货底单、发货记录等证明信息的扫描件或者照片）或者物流网站中该订单物流信息的截屏图片。

将以上证明材料通过卖家后台待放款页面中的"请求放款"功能上传，速卖通客服人员在核实订单及物流信息后对订单进行放款。

买家确认收货或收货超时但没有货物妥投信息的订单提前放款，如后期产生任何纠纷、问题（如买家申请信用卡拒付等），卖家需承担所有责任，若导致阿里巴巴遭受任何损失的，阿里巴巴将保留向卖家追索的权利。

若卖家拒绝承担相关问题的责任，速卖通平台将自动取消该会员申请放款绿色通道的资格,该会员所有订单将不提供放款绿色通道的政策。

为了保证你及时收到货款,请注意以下几点。

(1)尽量使用平台支持的货运方式,并在发货期内填写真实有效的运单号。

(2)及时更新运单号。如运单号在货运途中发生变更,请及时更新。

(3)卖家配合服务人员提供相应的证明。

(4)在买家确认收货或者确认收货超时,且货运信息正常的情况下,你会在3~5个工作日收到相应的订单款项。

8.1.2 信用卡收款

在欧美发达国家,信用卡的使用频率非常高,主流的付款方式是信用卡。由于欧美信用卡是链接个人信用资料的,所以信用卡是非常安全的付款方式。常见的信用卡组织有Visa、Mastercard、American Express、Discover、Jcb、中国银联等,其中前两个使用较广泛。很多跨境电商平台都支持国际信用卡支付,若企业开通国际信用卡收款业务需要预存保证金。

尽管信用卡收款方式非常安全,但信用卡收款费用较高,且存在风险,主要体现是客户的退单和少部分信用卡诈骗行为。在跨境贸易中,由于主流的跨境电商平台倾向于保护买家,若消费者退单或悔单,往往使商家损失前期物流等费用投入。一般支付公司在提供支付服务时,都提供了比较安全的各种验证加密措施,一旦碰到黑卡或者盗卡,则会被系统拒绝付款,导致订单失败。

8.1.3 PayPal

PayPal是目前全球最大的网上支付公司,是针对具有国际收付款需求用户设计的账户类型。PayPal集信用卡、借记卡、电子支票等支付方式于一身,能够帮助用户通过电子邮件,安全、便捷地实现在线付款和收款。PayPal在全球190个国家和地区有超过2.2亿用户,已实现在24种外币间进行交易。

1. PayPal 的优势

(1)资金周转快。PayPal具有即时支付、即时到账的特点,最短仅需3天,即可将账户内款项转至企业国内的银行账户。

(2)成本低。PayPal无注册费用、年费,只有产生交易才需付费,手续费仅为传统收款方式的一半。

(3)安全保障高。PayPal具有完善的安全保障体系和丰富的防欺诈经验,拥有业界最低的风险损失率(仅为0.27%),不到使用传统交易方式风险损失率的1/6。

2. PayPal 的交易流程

PayPal 的交易流程可以分为两种模式,如图 8-10 和图 8-11 所示。第一种模式,买家登录 PayPal 账号—单击付款—输入对方账号、金额、付款原因—付款成功—等待卖家发货;第二种模式,卖家登录 PayPal 账号—单击收款—主动请款—输入买家账号、金额、收款原因—发送请款成功—等待买家付款—发货。

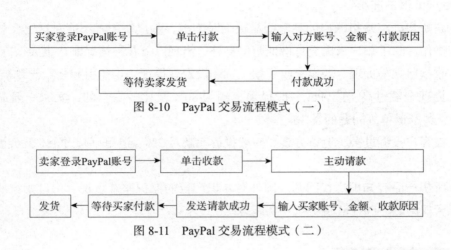

图 8-10　PayPal 交易流程模式(一)

图 8-11　PayPal 交易流程模式(二)

3. PayPal 的账户类型

PayPal 账户主要分为个人账户、高级账户和企业账户。其中,个人账户可以升级为高级账户,继而升级为企业账户。相反,企业账户也可以降为高级账户或者个人账户。

(1)个人账户。个人账户适用于在线购物的买家用户,主要用于付款,也可以用于收款,但相对于高级账户和企业账户而言,少了一些商家必备的功能和特点,因此不建议卖家选择。

(2)高级账户。高级账户适用于在线购物或在线销售的个人商户,主要用于付款、收款,并可享受商家费率,使用网站付款标准、快速结账等集成工具以及集中付款功能,帮助商家拓展海外销售渠道,提升销售额。进行跨国交易的个人卖家可以使用高级账户。

(3)企业账户。企业账户适用于以企业或团体名义经营的商家,特别是使用公司银行账户提现的商家。企业账户拥有高级账户的所有商家功能,可以设立多个子账户,适合大型商家使用,每个部门设立子账户进行收款。另外,企业账户需要添加企业名开办的电汇银行账户进行转账。

4. PayPal 关于争议的处理

由于 PayPal 是保护买家的,买家有任何不满意都可以提出争议。若卖家发货不符合以下标准,争议结果会对买家有利。

（1）交易日后 7 天内发货。

（2）发货有追踪单号，在线可以查询成功妥投，请保存发货底单。

（3）发货地址选择交易详情上 PayPal 提供的发货地址，或者是买家 PayPal 账户上添加的地址。

（4）250 美元或以上的交易要有签收人签字（一般快递公司提供的服务）。

5. PayPal 账户冻结

PayPal 账户冻结是指账户的某笔交易被临时冻结，账户使用者不能对这笔交易进行退款提现等操作。除了账户未提交身份证明信息外，出现以下几种情况账户也会被冻结。

（1）收款后立马提现。若卖家收了款，货还没发就提现，难免引起怀疑导致被冻结。

（2）提现金额过高。PayPal 一般提现金额为 80% 是比较安全的，卖家一般需要预留 20%，防止买家退单等问题的发生。

（3）被客户投诉过多、退单过多。一般投诉率超过 3%、退单率超过 1% 就会被 PayPal 公司终止合作。

（4）所售产品有知识产权问题。国外对知识产权的保护非常重视，一旦卖家所售产品存在知识产权问题，PayPal 将对账户实施冻结。

8.1.4 Payoneer

Payoneer 是一家总部位于纽约的在线支付公司，其主要业务是帮助其合作伙伴将资金下发到全球，它同时为全球客户提供美国银行/欧洲银行收款账户，用于接收欧美电商平台和企业的贸易款项。Payoneer 的合作伙伴涉及的领域众多，并已将服务遍布全球 210 多个国家和地区。

Payoneer 的优点是使用中国身份证即可完成账户在线注册，并自动绑定美国银行账户和欧洲银行账户，可以像欧美企业一样接收欧美公司的汇款，并通过 Payoneer 和中国支付公司的合作，完成线上的外汇申报和结汇。Payoneer 具有两小时内快速到账的特点。Payoneer 适用于单笔资金额度小但是客户群分布广的跨境电商网站或卖家。用户可以通过 Payoneer 的官网 https：//www. payoneer.com/ 申请。申请成功后，Payoneer 的实体卡会从美国寄到国内，收到实体卡后需要到 Payoneer 官网验证并激活。

企业申请 Payoneer 账户就获得了美国银行账号，可以直接提现到国内银行账号。Payoneer 预付借记卡、万事达卡支持全球 200 多个国家和地区的 ATM 取现，或实体店刷卡和在线消费。Payoneer 费用结构包括：账户管理年费、入账手续费、提现当地手续费。

Payoneer POS（销售点）刷卡免费，ATM 单笔 3.15 美元，Payoneer 的费用清单如表 8-3 所示。

表 8-3 Payoneer 的费用清单

项目	明细	收费	优惠说明
账户管理年费	万事达卡+欧、美收款账户	4.95~29.95 美元	通过"推荐好友"注册,入账满 100 美元返现 25 美元
入账手续费	美国、欧洲银行入账	0~1%	3 个月内入账 15 万美元或者累计入账 20 万美元,入账免费
提现手续费	人民币结汇、外币电汇	1.2%~2%	累计入账 50 万美元,提现费用降低为 1.8%; 累计入账 100 万美元,提现费用降低为 1.5%; 累计入账 150 万美元,提现费用降低为 1.2%
	万事达卡	0~3.15 美元/笔	POS 刷卡免费,ATM 单笔 3.15 美元; 汇损不超过万事达卡市场汇率的 3%; 不推荐日常使用,可在境外旅游或者急需资金时使用

8.1.5 电汇

电汇(T/T)是汇款人将一定款项交存汇款银行,汇款银行通过电报或电传通知目的地的分行或代理行(汇入行),指示汇入行向收款人支付一定金额的一种汇款方式。电汇业务流程如图 8-12 所示。

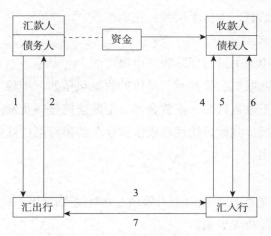

图 8-12 电汇业务流程

1—电汇申请书交款付费;2—电汇回执;3—加押电报、电传、SWIFT;4—电汇通知书;5—收款人收据;6—付款;7—付讫借记通知书

电汇结算具有交款迅速、安全性高的特点,有利于资金充分利用,但费用较高。在实际的跨境电商进出口业务中,T/T 分为预付、即期和远期。现在用得最多的是 30% 预付和 70% 即期。T/T 付款有以下三种方式。

（1）前 T/T。先收款，后发货。在发货前付款，即预付货款，这种方式对买方来说风险较大。

（2）后 T/T。先发货，后收款。全部发货后付款，这种方式对卖方来说风险较大。

（3）先定金，再余款。外贸业务中，对于老客户一般采用 T/T 付款，经常是发货前预付部分货款，余款在发货后付清。通常情况下，电汇常用的方式是预付 30% 货款作为定金，另外 70% 的余款见提单付款复印件后支付。定金比例越大，出口风险越小。

8.1.6 西联汇款

西联汇款是世界上领先的特快汇款公司，迄今已有 150 年的历史。其拥有全球最大、最先进的电子汇兑金融网络，代理网点遍布全球近 200 个国家和地区。中国邮政储蓄银行、中国农业银行、浦发银行、中国光大银行、浙江稠州商业银行、吉林银行和福建海峡银行是西联汇款业务的中国代理行。西联汇款的优点主要体现在安全性上，西联汇款先收钱、后发货，对商家最有利。其缺点主要体现在买家需要跑银行（买家消费体验不好）、新买家的信任危机、不适合小额付款三方面。

西联汇款分为现金即时汇款和直接到账汇款两类，现金即时汇款有西联网点、网上银行和银联在线三种方式，付款流程包括如下步骤。

（1）在网点填写西联汇款申请书。

（2）填写汇款相关信息，支付手续费，完成汇款。

（3）通知收款人收款。

（4）填写境外汇款申请书进行国际收支申报。

跨境电商企业选择西联汇款收款时，具体的收款包括如下步骤。

（1）与发汇人核实汇款人姓名、汇款金额、汇款监控号码及发出汇款国家。

（2）收到汇款通知后，到就近代理西联汇款业务的银行网点兑付汇款。

（3）提交收汇申请书。

（4）提取汇款。

（5）境外个人的每笔汇款及境内个人等值 2 000 美元以上（不含）的汇款，需要填写涉外收入申报单进行国际收支申报。

8.1.7 MoneyGram

MoneyGram（速汇金业务）是一种个人间的环球快速汇款业务，10 余分钟即可完成由汇款人到收款人的汇款过程，具有快捷便利的特点。速汇金在国内的合作伙伴是：中国银行、中国工商银行、交通银行和中信银行。速汇金与西联汇款业务相似，但速汇金只针对个人业务。通过速汇金系统办理汇出款业务，目前仅限于美元。

速汇金付款流程如下。

（1）准备外汇管理要求的有关证明文件（如需），到"速汇金"办理柜台填写申请表。

（2）持经柜台处理后的表格到现金区缴款。

（3）持表回"速汇金"办理柜台办理汇出，并自留一联底单。

（4）通知收款人。

速汇金收款业务流程如下。

（1）收款人本人持速汇金业务参考号码和有效身份证明到"速汇金"柜台。

（2）根据金额大小，按"速汇金"柜台要求提供相关资料。

（3）核对无误后，办理收款，自留一联底单。

8.1.8 World First

World First（WF）是世界一流的外币兑换公司，专注于为企业和个人卖家提供国际支付服务，每年帮助数以万计的电商开放非本国银行账户，让他们收到付款的同时节省跨境交易的成本。World First 业务：面向在美国、英国、加拿大和欧元区（如德国、法国、西班牙和意大利）市场销售的中国销售商，并可分别提供免费的美国、英国、加拿大和欧元账户。无论是 Amazon 还是 eBay 上的货款，你都能轻松收回。整个汇款过程为：营销网站（如亚马逊）会先自动把你的资金汇入 WF 账户中，然后将在你的要求下将其转换为其他币种，并汇入你中国的收款账户。资金流向为：亚马逊—WF 海外账户—中国收款账户。

1. World First 账户申请

打开 World First 官网：www.worldfirst.com.cn，单击右上角的注册按钮，如图 8-13 所示。

图 8-13　World First 官网

信息要用英文填写，勾选橙色竖框的两项内容，单击注册进入下一步，请记下你设置的密码，账户开通后需用此密码登录后台，如图 8-14 所示。

由于国内防火墙的影响，请不要在这一步上传身份证和住址证明，到了上传的部分请选择"稍后提供此信息"，如图 8-15 所示，否则有可能注册失败。

填写个人信息和联系方式，单击"下一个"按钮，填写居住地址，再单击"下一个"按钮，选择所需账户，如图 8-16 所示。

填好后，再单击"下一个"按钮完成注册，如图 8-17、图 8-18 所示。

完成注册后请联系客服，提供你的身份证正反两面照片和 3 个月有效期的纸质住址证明。

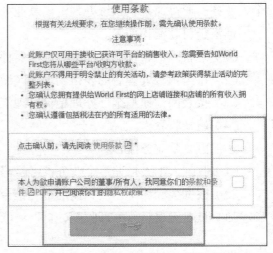

图 8-14　World First 账号注册页面 -1

图 8-15　World First 账号注册页面 -2

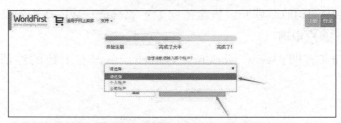

图 8-16　World First 账号注册页面 -3

图 8-17　World First 账号注册页面 -4

图 8-18 World First 账号注册

2. World First 收款

World First 是亚马逊最重要的收款方式之一，可以用 World First 的欧美银行账号从 Amazon 的大多数站点进行收款。其主要针对亚马逊美国站、欧洲站、英国站、加拿大站、日本站和墨西哥站，使用 World First 提供的美元/欧元/英镑/加元/日元收款银行账户进行收款，款项会入账到 World First（WF 卡）。一个 World First 账户，可同时拥有 World First 美元账户、欧元账户、英镑账户、加元账户和日元账户，建议用 World First 的美国银行账户绑定 Amazon 美国站，欧洲银行账户绑定亚马逊欧洲站（德、西、法、意），英镑账户绑定亚马逊英国站，加元账户绑定亚马逊加拿大站，日元账户绑定亚马逊日本站，其他需要货币转换的站点（如 Amazon 墨西哥站）则用 WF 的美元账户来收款。如果你有 WF，也需要从 Amazon 欧洲站、英国站、加拿大站、日本站收款，但却没有欧元、英镑、加元、日元账户，可联系你的 World First 客服申请。

以亚马逊美国站点为例，操作如下。

（1）亚马逊美国站设置 World First 美元账户收款。亚马逊美国站可以错名收款，如以张三的身份在亚马逊美国站开店，可绑定李四的 World First 公司账户或个人账户。首先登录 World First Online 后台，在页面左下角找到 World First 美国银行账户信息（WF 美元账户），包括银行所在国家/地区、银行账户持有人姓名（账户名）、9 位汇款路径号码（ABA Routing Number）、银行账号，如图 8-19 所示。也可以在开通 World First 账户时客服给你发的"电子商务账户分配"邮件里找到这些信息，如图 8-20 所示。

（2）登录亚马逊美国站卖家平台（Amazon Seller Central），再单击右上角的 Settings（设置）下的 Account Info（账户信息），在弹出的页面里找到 Payment Info（付款信息）选项，选择 Deposit Methods（存款方式），然后单击亚马逊美国站

图 8-19 World First 美国银行账户信息
（WF 美元账户）

（Amazon.com）右侧的 Add/Edit 按钮即可添加或修改收款方式，绑定 World First 的美国银行收款账号（WF 美元账户）。

登录美国亚马逊卖家平台，单击右上角的 Settings（设置）下的 Account Info（账户信息）。

在 Amazon 美国站绑定 World First 美元账户（英文界面）。

亚马逊美国站用 WF 美国银行账户来收款，Bank Location Country（银行所在国家）选美国 United States。

9-Digit Routing Number，填 World First 美元账户的 9 位汇款路径号码。

Bank Account Number，填 World First 美国银行账号。

Bank Account Holder Name，填 World First 账户持有人姓名（若绑定子账号可填亚马逊店铺名）：

WF 个人账户举例：World First RE Tianquan Xie。

WF 公司账户举例：World First RE Shenzhen ZNP JinChuKou MaoYi Ltd，如图 8-21 所示。

图 8-20　绑定 World First 的美国银行账户信息（WF 美元账户）

图 8-21　亚马逊绑定 WF 卡页面 -1

在亚马逊美国站设置 World First 美元账户收款（中文界面）。

账户持有人姓名/开户公司名称，用拼音或英文填写 World First，后台显示的个人姓名或企业名如图 8-22 所示。

填好后，单击 Submit（提交）完成绑定。亚马逊美国站的美元可直接免费入账到 World First 美元账户，成功添加美国银行收款账户后，系统可能要你填写税务信息，个人卖家没有美国税号，可填 W-8BEN 表。

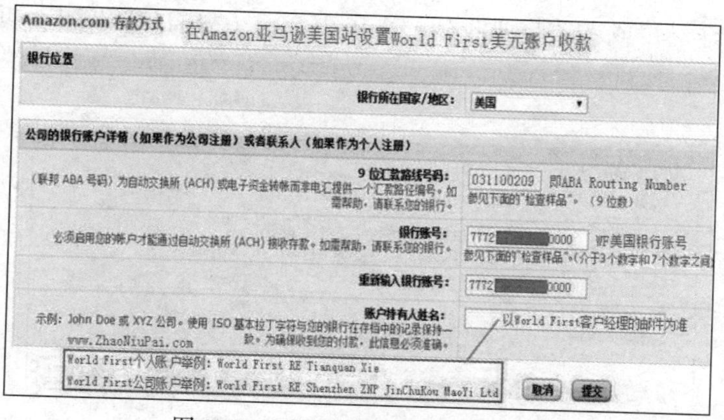

第8章 跨境电商支付与退税

图8-22 亚马逊绑定WF卡页面-2

3. World First 提现

从 World First 提现到国内银行账户操作流程（WF 转账人民币）。

亚马逊、CDiscount、新蛋、eBay-PayPal 等电商平台的货款免费入账到 World First 账户后，就可以从 WF 提现到国内银行卡了。提现之前需要绑定国内银行卡。注意：以个人名义注册的 WF，只能提现到账户持有人的个人银行卡；以公司名义注册的 WF，只能提现到公司名下的对公银行账户。

由于 World First 单笔提现金额越大，汇损越低，建议仅当 WF 账户余额高于 500 英镑、500 欧元、1 000 美元或 1 000 加元时，再来提现。单笔超过 1 万美元的大额提现可提前联系你的客服申请降低汇损。准备好后，登录 WF 后台，选择你想从 WF 提现的钱，在右侧打钩（可同时选中多个币种，此处以提现美元为例），然后单击右下角的"转账所选余额"，如图 8-23 所示。

图8-23 World First 界面

在 WF 中预约转账分为四步：选择收款人—指定金额—指定日期—复查所有信息。
选择之前要在 WF 后台绑定国内银行卡，备注是给自己看的，也可以不填，填写你想要提现的美元金额，或者填将要收到的人民币金额（只需填写其中一项），如图 8-24、图 8-25 所示。

图 8-24　World First 转账页面 -1

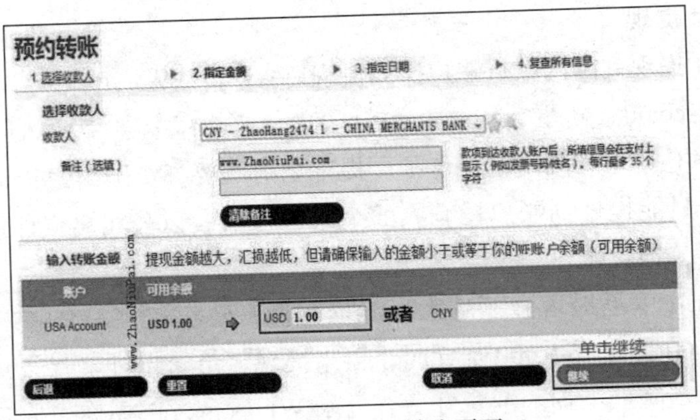

图 8-25　World First 转账页面 -2

　　WF 没有最低和最高提现额度限制，提现金额越大，汇损越低，但请确保输入的金额小于或等于你的 WF 账户余额（可用余额）。如果你的 WF 美元账户里只有 10 000 美元，但误把数字填成 1 000 000，系统会提示"请确保输入的金额小于目前余额"或者"您选择的买入金额可能超过目前余额，当汇率报价到达该值时，您需要返回到这一步并减少金额"。

　　选择支付日期，World First 将根据你所选定的时间完成货币转换（美元—人民币），如图 8-26 所示。

　　可用的支付日期为提现后第二个工作日起的一年内，WF 的新用户默认开通了人民币提现第二天到账功能（周一到周四 14：30 之前转款最快在第二个工作日到账国内，2015 年 9 月之前注册的老用户可联系你的客服补交店铺链接、身份证等文件后免费开通此功能），建议使用系统预设的最早付款日期。

　　复查所有信息，一旦单击"接受汇率并预约交易"，这笔交易的汇率将会固定，如图 8-27 所示。

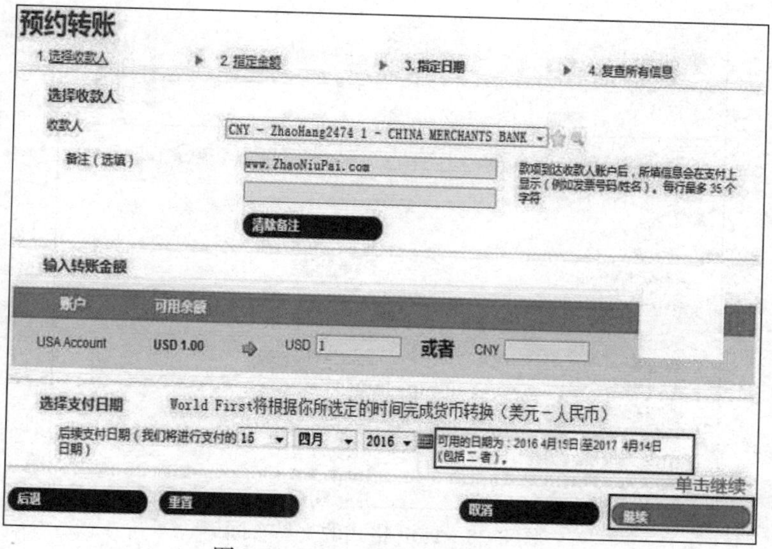

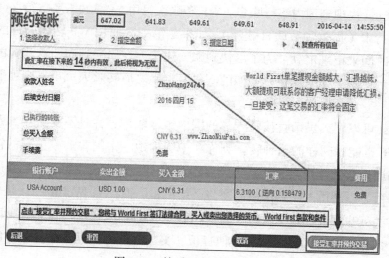

图 8-26　World First 转账页面 -3

图 8-27　接受汇率并预约交易

WF 提现时还会提示"World First Online 法提供货币对的实时汇率",现在提现已经可以显示实时汇率(每 20 秒更新一次)。从 WF 提现到国内,会扣 1%~2.5% 的汇损,World First 单笔提现金额越大,汇损越低,单笔超过 1 万美元的大额提现可提前联系你的客服申请降低汇损,建议和客服谈好后再提现。

您的转账已确认,表示 WF 提现操作完成,同时会收到交易和支付确认电邮及 PDF 格式的交易合同,如图 8-28 所示。

World First- 交易和支付确认电邮 -World First Trade Confirmation,收到支付确认邮件 World First Payment Notification。

图 8-28 PDF 格式的交易合同

从 World First 提现到国内银行账户（WF 转账人民币），总共需要等待 2~4 个工作日才会到账国内银行卡（周末和节假日顺延）。如果是第一次使用 WF 转款，你的收款银行可能需要更长的时间来审理汇款。为了尽快到账，建议你在周一到周四这几天的下午两点半之前在 WF 后台提现。如果你在星期四的下午两点半之后转款人民币，则可能要拖到下周才会到账。

World First 可以把人民币直接转入你的国内银行账户，并且不受每年 5 万美元的个人结汇限制。WF 也能以同样的币种转款到你在中国内地、中国香港或美国的银行卡里，以美元本币转回国内收款账户需要联系你的客服开通同币种转换功能，而且要确保你的国内银行卡能收外币（以外币入账到国内需要自己结汇，不推荐）。World First 是一家货币兑换公司，美元转美元也要扣 1%~2.5% 的费用（行政费）。如果是提现美元到美国或提现欧元到欧洲要 1 个工作日到账，提现所有其他货币、美国之外的美元、欧洲之外的欧元则需要 2~4 个工作日到账。

8.2 出口跨境电商退税

国内出口货物退税的形式主要有三种。

（1）出口免税并退税。货物在出口销售环节不征增值税，对货物在出口前实际承担的税收负担，按规定的退税率计算后予以退税。

（2）出口免税不退税。货物在出口销售环节不征增值税，而且因为这类货物在前一道生产、销售环节或进口环节是免税的，因此出口时，该货物的价格中是不含税的，也无须退税。

（3）出口不免税也不退税。出口不免税是指国家限制出口的某些货物在出口环节视同内销，照常征税。出口不退税是指对这些货物不退还出口前实际负担的税款。适用这个政策的主要是税法列举的限制出口的货物。

出口退税货物应具备以下条件。

（1）必须是属于增值税、消费税征税范围的货物。

（2）必须是报关离境的货物。

（3）必须是在财务上做销售处理的货物。

（4）必须是出口收汇并已核销的货物。

通常情况下，外贸电商从业者基本是小型公司，退税方面面临诸多问题，退税复杂的流程、监管机构审核严格使企业退税办理周期长、时间成本高等。

为进一步发挥外贸综合服务企业提供出口服务的优势，支持中小企业更加有效地开拓国际市场，2014年国家税务总局发布《国家税务总局关于外贸综合服务企业出口货物退（免）税有关问题的公告》，允许符合一定条件的第三方外贸综合服务企业代理出口货物退（免）税实务。新规出台后，跨境电商企业可以将退税业务外包给专业服务平台，由此提升退税操作的效率。

针对跨境电商零售出口的税收问题，2014年，财政部、国家税务总局实施了《财政部税务总局关于跨境电子商务零售出口税收政策的通知》，对符合条件的跨境电商零售出口企业执行增值税、消费税退免税政策。随着各口岸退税通道陆续贯通，针对跨境电商网上"私人订制"的出口货物，卖家能真正实现退免税。出口跨境电商退税以国家最新文件规定为准。

由于多品种、小批量、多频次的特点，国内跨境电商企业一般选择通过行邮物品（行李和邮递物品）渠道将产品寄到境外，但无出口报关单，出口产品不能享受退税优惠。2014年以来，上海、深圳、青岛、东莞、重庆等口岸陆续贯通针对跨境贸易及电商的出口退税，更有先行者推出代理退税服务。

8.3 网上跨境支付交易风险

由于网上跨境支付交易流程和交易环节涉及多个国家/地区，因此存在多种交易风险。针对跨境支付存在的各种风险，需要完善相关法律体系，并从多方面考虑构建安全的跨境支付环境。

8.3.1 网上支付交易存在的风险

根据当前我国跨境商务贸易的业务操作，整个交易环节可能出现的风险主要有以下几种。

1. 信息审核风险

跨境电商是跨境贸易领域的新业态，相关法律法规尚未成熟完善。这导致支付机构应当承担的法律职责尚不明确，支付机构不能准确地审核客户身份信息成为跨境支付信息审核的潜在风险，将导致主体身份虚假信息的泛滥。从更深层次来看，境内外的个人和机构有可能利用虚假的货物贸易转移外汇资金，也可能以分拆的形式逃避外汇局的监管，导致非法人员通过支付机构的平台将境内资金转移到国外，危害国家资金安全。

2. 汇率变动风险

在客户付款、商家收款期间，汇率是随着市场变化而波动的。支付机构在收到资金后，一般在 $T+1$ 个工作日集中进行结售汇。若消费者在这期间退货，则购物资金存在兑换不足额的风险。

3. 备付金管理风险

跨境支付业务办理流程、国际收支统计申报以及风险控制等运营方案尚未有统一的标准。合作银行与支付机构向外汇局呈报的信息尚未有成熟的口径。当备付金账户的资金积累到一定额度后，支付机构有动用账户资金、提取账户资金进行短期投资获取利益的倾向。因此，客户外汇账户存在备付金被挪用或损失的风险。

4. 网络支付风险

跨境支付对支付信息的审核有更高的要求，支付时间也较长，这间接加大了支付的风险。境内客户可能面临个人隐私信息被窃取、银行卡被盗用的风险。而一些非法人员利用钓鱼网站或其他技术手段盗取支付信息，则会给跨境交易双方造成巨大的损失。

8.3.2 完善互联网金融监管的思考

1. 完善互联网金融法律法规体系

针对跨境支付业务存在的各种问题，首先需要确立监管职责，完善监管模式，建立有效的监管体系。应该提高管理法规的深度，由相关政府部门研究出台非金融机构服务管理法规，明确跨境支付的含义、监管技术、监管流程等风险控制措施。

2. 明确跨境支付机构职责

监管机构对跨境支付机构实行准入管理，从支付机构经营外汇资格、业务范围、内控制度等方面进行监管。明确第三方支付机构的主要义务。

3. 加强网络支付安全管理

针对支付机构的交易安全，应加大技术研发力度，提升跨境支付的网络安全技术，实现精确验证参与者身份信息、跨境支付数据信息加密以及对跨境交易参与者实行信用等级划分，并加大网络购物安全的违法处罚力度。

1. 简述跨境电商国际货款结算方式的分类。
2. 跨境支付产业链中都有哪些交易主体？它们之间是如何构成联系的？

参考文献

[1] 蔡文芳. 跨境网店运营：慕课版 [M]. 北京：人民邮电出版社，2020.

[2] 周任慧. 跨境电子商务实务 [M]. 北京：化学工业出版社，2019.

[3] 谈璐，刘红. 跨境电子商务实操教程 [M]. 北京：人民邮电出版社，2018.

[4] 柯丽敏. 跨境电商运营从基础到实践 [M]. 北京：电子工业出版社，2020.

[5] 邹益民，旷彦昌. 跨境电商数据运营与管理：微课版 [M]. 北京：人民邮电出版社，2021.

[6] 陈秀梅，冯克江. 跨境电商客户服务 [M]. 北京：人民邮电出版社，2020.

[7] 刘春光，文鹏. 跨境电子商务实务 [M]. 北京：电子工业出版社，2021.

[8] 张南雪. 跨境电商运营实务 [M]. 北京：人民邮电出版社，2022.

[9] 肖旭. 跨境电商实务 [M]. 北京：中国人民大学出版社，2020.

[10] 冷玉芳. 跨境电子商务实务 [M]. 北京：机械工业出版社，2021.

[11] 来立冬. 跨境电子商务 [M]. 北京：电子工业出版社，2018.

[12] 易静，蒋晶晶，彭洋，等. 跨境电商实务操作教程 [M]. 武汉：武汉大学出版社，2017.

[13] 张利. 跨境电子商务 [M]. 成都：电子科技大学出版社，2017.

[14] 叶杨翔，朱杨琼，郑红花，等. 和我一起学做速卖通 [M]. 北京：电子工业出版社，2017.

[15] 丁晖. 跨境电商多平台运营实战基础 [M]. 北京：电子工业出版社，2017.

[16] 张建平，朱加宝. 跨境电商工作宝典 [M]. 青岛：中国海洋大学出版社，2017.

[17] 韩琳琳，张剑. 跨境电子商务实务 [M]. 上海：上海交通大学出版社，2017.

[18] 严行方. 跨境电商业务一本通 [M]. 北京：人民邮电出版社，2016.

[19] 麓云. 跨境电商：速卖通、推广、运营一册通 [M]. 北京：清华大学出版社，2016.

[20] 冯晓宁，梁永创，齐建伟. 跨境电商：阿里巴巴速卖通实操全攻略 [M]. 北京：人民邮电出版社，2015.

[21] 陈道志，卢伟. 跨境电商实务 [M]. 北京：人民邮电出版社，2018.

[22] 速卖通大学. 跨境电商美工 [M]. 北京：电子工业出版社，2016.

[23] 速卖通大学. 跨境电商营销 [M]. 北京：电子工业出版社，2016.

[24] 速卖通大学. 跨境电商客服 [M]. 北京：电子工业出版社，2016.

[25] 井然哲. 跨境电商运营与案例 [M]. 北京：电子工业出版社，2016.

[26] 阿里巴巴商学院. 跨境电商基础、策略与实战 [M]. 北京：电子工业出版社，2016.

[27] 关继超. 跨境电商 [M]. 广州：广东人民出版社，2016.

[28] 陈祎民. 跨境电商运营实战：思路、方法、策略 [M]. 北京：中国铁道出版社，2016.

[29] 柯丽敏，洪方仁，郑锴. 跨境电商案例解析 [M]. 北京：中国海关出版社，2016.

[30] 潘兴华，张鹏军，崔慧勇. 新手学跨境电商从入门到精通 [M]. 北京：中国铁道出版社，2016.

[31] 张永捷，姜宏，李冰. 跨境电子商务新手攻略 [M]. 北京：对外经济贸易大学出版社，2015.

[32] 阿里巴巴网络技术有限公司. 做跨境电商就是这么简单 [M]. 北京：中国海关出版社，2015.

[33] 张夏恒. 跨境电商类型与运作模式 [J]. 中国流通经济，2017（1）：76-83.

[34] 鄢荣娇. 我国跨境电商物流中的海外仓建设模式研究 [D]. 合肥：安徽大学，2016.

[35] 单祯婷. 鑫君公司跨境电子商务平台选择研究 [D]. 湘潭：湘潭大学，2015.

[36] 丁慧琼. 中小跨境电商融资及对策研究：以浙江地区为例 [J]. 国际商务财会，2017（2）：31-33，42.

[37] 李月乔. 我国中小外贸企业开展跨境电商面临的机遇与挑战 [D]. 石家庄：河北经贸大学，2016.

[38] 杨璘璘. 基于大数据、服务"一带一路"的中国茶产品跨境电商出口现状分析及对策 [J]. 统计与管理，2016（10）：61-65.

[39] 李鹏博. 揭秘跨境电商 [M]. 北京：电子工业出版社，2015.

[40] 王荣. 跨境电商平台特点分析 [J]. 中国管理信息化，2017（6）：133-134.

[41] 阿里巴巴网络技术有限公司. 挡不住的跨境电商时代 [M]. 北京：中国海关出版社，2015.

[42] 陈建忠，赵世明. 移动电子商务基础与实务 [M]. 北京：人民邮电出版社，2016.

[43] 柯丽敏，洪方仁. 跨境电商理论与实务 [M]. 北京：中国海关出版社，2016.

[44] 吕宏晶. 跨境电子商务中产品定价的方法与技巧 [J]. 对外经贸实务，2016（2）：69-71.

[45] 麓山文化. 掘金移动互联：跨境电商如何挑战海外市场 [M]. 北京：清华大学出版社，2016.

[46] 刘春光. 跨境电子商务实务 [M]. 北京：电子工业出版社，2016.

[47] 王建. 跨境电子商务基础 [M]. 北京：中国商务出版社，2016.

[48] 徐帆. 跨境电子商务基础 [M]. 北京：中国铁道出版社，2017.

[49] 速卖通大学. 跨境电商数据化管理 [M]. 北京：电子工业出版社，2016.

[50] 王喜荣，余稳策. 跨境电商发展与传统对外贸易互动关系的实证分析 [J]. 经济与管理研究，2018，39（2）：79-86.

[51] 马慧敏，吴赟骅. 中国跨境电商经营模式的比较与选择 [J]. 区域经济评论，2018（2）：91-96.

[52] 钟峥. 我国跨境电商物流模式存在的问题与对策 [J]. 商业经济研究，2018（5）：107-109.

[53] 吕瑶. 我国零售进口跨境电商面临的问题与对策 [J]. 对外经贸实务，2018（3）：4-7.

[54] 孙志刚. 我国跨境电商现状及对策研究 [J]. 江苏商论，2018（2）：56-58，66.

[55] 孙从众. "互联网+跨境电商"背景下宁波海外仓发展现状研究 [J]. 长沙航空职业技术学院学报，2018，18（1）：107-111.

[56] 罗俊. 跨境电商 B2C 背景下产品详情页优化技巧分析：以阿里巴巴全球速卖通平台为例 [J]. 对外经贸实务，2018（4）：63-66.

[57] 王明媚. 中俄跨境电商合作态势研究 [J]. 商业经济，2018（2）：99-102.

[58] 何雯. 跨境电商与进出口贸易的发展机理研究 [J]. 商业经济研究，2018（5）：142-144.

[59] 喻金霞. 跨境电商退换货中存在的问题及对策研究 [J]. 河北企业，2018（5）：9-11.

附 录

全球速卖通禁限售违禁信息列表
（版本时间：2022年2月18日）

一、概述

平台禁止发布任何含有或指向性描述禁限售信息。任何违反本规则的行为，阿里巴巴有权依据《阿里巴巴速卖通的禁限售规则》进行处罚。

用户不得通过任何方式规避本规定、平台发布的其他禁售商品管理规定及公告规定的内容，否则可能将被加重处罚。

二、违禁信息列表

平台用户不得在阿里巴巴速卖通平台发布任何违反任何国家、地区及司法管辖区的法律规定或监管要求的商品。

全球速卖通违禁信息列表是平台禁止发布或限制发布的部分信息列表，仅供用户参考，但不能保证完整性、及时性和准确性。平台有权利根据法律规定、监管要求及平台自身规定对下列信息做增删和修改。同时，平台用户有义务确保自己发布的商品没有违反任何司法管辖区的要求。

除非特殊说明，阿里巴巴速卖通的禁限售规则同时适用于信息发布及《阿里巴巴国际站交易服务协议》中规定的线上交易行为。

阿里巴巴速卖通的禁限售规则同时适用于速卖通英文主站及其他多语言站点。如部分国家法律规定禁限售商品及因商品属性不适合跨境销售而不应售卖的商品，请以部分国家法律规定及平台最新公告为准。若中文版与英文版公告、公告内容与阿里巴巴平台其他规则存在差异，或有其他不尽详细事宜，阿里巴巴拥有最终解释权。

（一）毒品、易制毒化学品及毒品工具详解	
1. 麻醉镇定类、精神药品、天然类毒品、合成类毒品、一类易制毒化学品	严重违规，最高扣除48分
2. 二类易制毒化学品、类固醇	一般违规，6分/次
3. 三类易制毒化学品	一般违规，2分/次
4. 毒品吸食、注射工具及配件	一般违规，2分/次
5. 帮助走私、存储、贩卖、运输、制造毒品的工具	一般违规，1分/次
6. 制作毒品的方法、书籍	一般违规，1分/次
（二）危险化学品详解	
1. 爆炸物及引爆装置	严重违规，最高扣除48分
2. 易燃易爆化学品	一般违规，6分/次
3. 放射性物质	一般违规，6分/次
4. 剧毒化学品	一般违规，6分/次
5. 有毒化学品	一般违规，2分/次
6. 消耗臭氧层物质	一般违规，1分/次
7. 石棉及含有石棉的产品	一般违规，1分/次
8. 烟花爆竹及配件	一般违规，0.5分/次
（三）枪支弹药详解	
1. 大规模杀伤性武器、真枪、弹药、军用设备及相关器材	严重违规，最高扣除48分
2. 仿真枪及枪支部件	一般违规，6分/次
3. 潜在威胁工艺品类	一般违规，2分/次
（四）管制器具详解	
1. 刑具及限制自由工具	一般违规，6分/次
2. 管制刀具	一般违规，6分/次
3. 严重危害他人人身安全的管制器具	一般违规，6分/次
4. 一般危害他人人身安全的管制器具	一般违规，2分/次
5. 弩	一般违规，0.5分/次
（五）军警用品详解	
1. 制服、标志、设备及制品	一般违规，2分/次
2. 限制发布的警用品	一般违规，0.5分/次
（六）药品详解	
1. 处方药，激素类、放射类药品	一般违规，6分/次
2. 特殊药制品	一般违规，6分/次
3. 有毒中药材	一般违规，2分/次
4. 口服性药及含违禁成分的减肥药、保健品	一般违规，2分/次

续表

5. 非处方药	一般违规，2 分 / 次
（七）医疗器械详解	
1. 医疗咨询和医疗服务	一般违规，6 分 / 次
2. 三类医疗器械	一般违规，0.5 分 / 次
3. 其他医疗器械：除三类医疗器械外，其他需要专业人员指导操作的医疗器械	一般违规，0.5 分 / 次
（八）色情、暴力、低俗及催情用品详解	
1. 涉及兽交、性虐、乱伦、强奸及儿童色情相关信息	严重违规，最高扣除 48 分
2. 含有色情淫秽内容的音像制品及视频、色情陪聊服务、成人网站论坛的账号及邀请码	严重违规，最高扣除 48 分
3. 含真人、假人、仿真器官等露点及暴力图片	一般违规，2 分 / 次
4. 原味产品	一般违规，0.5 分 / 次
5. 宣传血腥、暴力及不文明用语	一般违规，1 分 / 次
（九）非法用途产品详解	
1. 用于监听、窃取隐私或机密的软件及设备	一般违规，6 分 / 次
2. 信号干扰器	一般违规，6 分 / 次
3. 非法软件及黑客类产品	一般违规，2 分 / 次
4. 用于非法摄像、录音、取证等用途的设备	一般违规，2 分 / 次
5. 非法用途工具（如盗窃工具、开锁工具、银行卡复制器）	一般违规，2 分 / 次
6. 用来获取需授权方可访问的内容的译码机或其他设备（如卫星信号收发装置及软件、电视棒）	一般违规，2 分 / 次
（十）非法服务类详解	
1. 政府机构颁发的文件、证书、公章、勋章，身份证及其他身份证明文件，用于伪造、变造相关文件的工具、主要材料及方法	严重违规，最高扣除 48 分
2. 单证、票证、印章、政府及专门机构徽章	严重违规，最高扣除 48 分
3. 金融证件、银行卡，用于伪造、变造相关的工具、主要材料及方法；洗黑钱、非法转账、非法集资	严重违规，最高扣除 48 分
4. 个人隐私信息及企业内部数据；提供个人手机定位、电话清单查询、银行账户查询等服务	一般违规，2 分 / 次
5. 法律咨询、彩票服务、医疗服务、教育类证书代办等相关服务	一般违规，2 分 / 次
6. 追讨服务、代加粉丝或听众服务，签证服务	一般违规，0.5 分 / 次
（十一）收藏详解类	
1. 货币、金融票证，明示或暗示用于伪造、变造货币、金融票证的主要材料、工具及方法	严重违规，最高扣除 48 分
2. 虚拟货币（如比特币）	一般违规，6 分 / 次

续表

3. 金、银和其他贵重金属	一般违规，2 分 / 次
4. 国家保护的文物、化石及其他收藏品	一般违规，2 分 / 次
（十二）人体器官、捕杀工具、活体动植物及一切形态的保护动植物详解	
1. 用于任何目的的人体骨架、器官及体液，塑化人体标本等商品，包括但不限于人体器官 / 遗体 / 遗骸 / 精子 / 卵子 / 血液，塑化人体标本等以及人体器官及遗体制作的标本等	严重违规，最高扣除 48 分
2. 重点和濒危保护动物活体、身体部分；公益保护动物（鲨鱼、熊、猫、狗等）；动物捕杀设备（塑化、剥皮服务；电捕机；捕兽夹；猫狗脱毛机）；以上动物制品	一般违规，2 分 / 次
3. 重点和濒危保护植物、地域性保护植物、保护植物标本及以上植物制品	一般违规，1 分 / 次
4. 植物种子	一般违规，1 分 / 次
5. 活体动植物及其制品	一般违规，0 分 / 次
（十三）危害国家安全及侮辱性信息详解	
1. 宣扬恐怖组织和极端组织信息	严重违规，最高扣除 48 分
2. 宣传国家分裂及其他各国禁止传播发布的敏感信息	严重违规，最高扣除 48 分
3. 涉及种族、性别、宗教、地域等歧视性或侮辱性信息	一般违规，2 分 / 次
4. 其他含有政治色彩的信息	一般违规，0 分 / 次
（十四）烟草详解	
1. 成品烟及烟草制品	一般违规，6 分 / 次
2. 电子烟液	一般违规，6 分 / 次
3. 电子烟器具、部件及配件	需要类目准入，若错放类目，0.5 分 / 次
4. 制烟材料及烟草专用机械	一般违规，0.5 分 / 次
5. 烟草图片禁售（使用含有烟液的图片或图片中有烟液展示）	一般违规，1 分 / 次
（十五）赌博详解	
1. 在线赌博信息	一般违规，2 分 / 次
2. 赌博工具	一般违规，2 分 / 次
（十六）制裁及其他管制商品详解	
1. 禁运物	一般违规，1 分 / 次
2. 其他制裁商品	一般违规，1 分 / 次
（十七）违反目的国 / 本国产品质量技术法规 / 法令 / 标准的、劣质的、存在风险的商品详解	
1. 经权威质检部门或生产商认定、公布或召回的商品；各国明令淘汰或停止销售的商品；过期、失效、变质的商品；无生产日期、无保质期、无生产厂家的商品	一般违规，2 分 / 次；严重违规，6 分 / 次

续表

2. 高风险及安全隐患类商品	一般违规，1分/次； 严重违规，6分/次
（十八）部分国家法律规定禁限售商品及因商品属性不适合跨境销售而不应售卖的商品详解	
1. 部分国家法律规定不允许或限制售卖的商品	根据不允许售卖商品的类别，平台有权按照禁限售违禁信息列表中已约定类别处理，包括扣分、商品屏蔽、删除等处置
2. 因商品属性不适合跨境销售而不应售卖的商品 [如香水、茶叶、普通食品（坚果、速食品、腌制食品）、活体植物、活体动物、虚拟商品等]	根据发布的此类商品禁售清单，卖家不应通过类目错放等方式发布任何平台不许售卖的产品，一经发现，平台有权采取退回、下架、冻结或关闭账号的处置
3. 不允许发布的盲盒/福袋商品（平台针对特定目的国另有规定除外）	每次扣2分删除商品； 情节严重的会对全店进行冻结

三、违规处理

平台有权根据发布信息本身的违规情况及会员行为做加重处罚或减轻处罚的处理。

恶意违规行为举例：包括但不限于采用对商品信息隐藏、遮挡、模糊处理等隐匿的手段，采用暗示性描述或故意通过模糊描述、错放类目等方式规避监控规则，同时发布大量违禁商品，重复上传违规信息，恶意测试规则等行为。对于恶意违规行为将视情节的严重性做加重处罚处置，如一般违规处罚翻倍，或达到严重违规程度，将关闭账号。

一般违规加重处罚：对于被认定为恶意行为的一般违规将做加重处罚处理（如发现同类重复违规行为，二次处罚分数加倍）。

处罚依据	行为类型	违规行为情节/频次	其他处罚
禁限售规则	发布禁限售商品	严重违规：48分/次（关闭账户） 一般违规：0.5~6分/次（1天内累计不超过12分）	1. 退回/删除违规信息； 2. 若核查到订单中涉及禁限售商品，速卖通将关闭订单，如买家已付款，无论物流状况均全额退款给买家，卖家承担全部责任

禁限售违规和知识产权一般侵权将累计积分，积分累积到一定分值，将执行账号处罚。

积分类型	扣分节点	处罚
知识产权禁限售违规	2 分	严重警告
	6 分	限制商品操作 3 天
	12 分	冻结账号 7 天
	24 分	冻结账号 14 天
	36 分	冻结账号 30 天
	48 分	关闭

备注:

(1) 一般违规:一天内(即首次违规处罚时间起 24 小时内)累计扣分不超过 12 分;

(2) 严重违规,每次扣 48 分,关闭账号;

(3) 全部在线商品及下架商品均在"平台抽样检查"范围内,如有违规行为会按照相关规定处罚;

(4) 以上商品列举并没有尽录不适宜在全球速卖通平台交易的商品,全球速卖通亦将不时地予以调整。

(5) 针对恶意规避等情节特别严重行为(包括但不限于采用对商品信息隐藏、遮挡、模糊处理等隐匿的手段规避平台管理,经平台合理判断账号使用人本人或其控制的其他账号已因严重违规事件被处罚,账号使用人本人或其控制的其他账号被国内外监管部门立案调查,或虽未立案但平台有理由认为有重大嫌疑等严重影响平台管理秩序或造成一定负面影响的情况),平台保留直接扣除 48 分,关闭账号的权利。

四、举报处理

举报方式及入口:AE 首页—Help—disputes & reports。

教师服务

感谢您选用清华大学出版社的教材！为了更好地服务教学，我们为授课教师提供本书的教学辅助资源，以及本学科重点教材信息。请您扫码获取。

》教辅获取

本书教辅资源，授课教师扫码获取

》样书赠送

电子商务类重点教材，教师扫码获取样书

清华大学出版社

E-mail: tupfuwu@163.com
电话: 010-83470332 / 83470142
地址: 北京市海淀区双清路学研大厦 B 座 509

网址: https://www.tup.com.cn/
传真: 8610-83470107
邮编: 100084